HANGIL
GREAT BOOKS

인류의 위대한 지적유산

HANGIL
GREAT BOOKS
144

관용론

볼테르 지음 | 송기형·임미경 옮김

한길사

HANGIL
GREAT BOOKS
144

Voltaire
Traité Sur La Tolérance

Translated by Song Ki-Hyung, Lim Mi-Kyung

Published by Hangilsa Publishing Co. Ltd., Seoul, Korea, 2016

볼테르

계몽주의 시대를 대표하는 인물로, 18세기 유럽의 전제정치와
종교적 맹신에 저항하고 진보의 이상을 고취했다.

장 칼라스 사건

개신교도였던 칼라스의 아들은 변호사가 되길 바랐으나 개신교도라는
이유만으로 꿈이 좌절되자 자살한다. 그런데 칼라스가 가톨릭으로 개종하려는 아들을
죽였다는 식으로 소문이 퍼진다. 누명을 쓴 칼라스는 결국 사형을 당한다.

최후의 작별

볼테르는 칼라스의 복권을 위해 놀랍도록 현대적인 여론전을 수행했다.
그는 판화작가 다니엘 호도비에츠키(Daniel Chodowiecki)에게 고문으로 초주검이 된
칼라스가 가족과 최후의 작별을 하는 장면을 판화로 제작하게 했다.

차형(車刑)에 처해지는 장 칼라스

1762년 5월 10일 오후 장 칼라스의 차형이 집행되었다. 그는 끔찍한
고통 속에서도 위엄을 유지하고 당당했다. 칼라스는 개신교도로 죽겠다고 말하며
하나님에게 재판관들을 용서해달라고 기도했다.

장 칼라스 사건을 계기로 고찰한

관용론

볼테르 지음 | 송기형 · 임미경 옮김

한길사

관용론

일러두기

1. 이 책은 Voltaire가 쓴 *Traité Sur La Tolérance*를 옮긴 것이다.
2. 볼테르가 붙인 각주는 따로 모아 「볼테르의 주석」으로 정리하였다. 본문에는 (Note 1), (Note 2), (Note 3)로 표시하였다. 본문에 1), 2), 3)으로 표시한 나머지 각주는 모두 옮긴이 주이다.

인간정신의 자유에 대한 옹호

송기형 건국대학 교수

임미경 서울대학 문학박사·불어불문학

유럽의 18세기는 전통적인 권위와 낡은 가치에 대항해 치열한 투쟁이 전개되었던 시대이다. 계몽주의의 세기로 불리는 이 시대에 지성인들은 진보의 이름을 내걸고 인간의 좀더 나은 삶을 위해 격렬하게 싸웠다. 이들이 구체제의 권위를 타파하기 위해 앞세운 무기는 보편적인 이성과 합리주의였다. 이러한 지적 투쟁을 통해 마침내 인간의 자유와 존엄을 억압해온 낡은 가치체제가 무너지고 개인의 행복이라는 새로운 가치에 기초를 둔 근대 시민사회가 수립되었던 것이다.

볼테르는 18세기의 문턱인 1694년에 태어나 프랑스 대혁명이 일어나기 11년 전인 1778년, 18세기의 대단원을 22년 앞두고 세상을 떠났다. 말하자면 볼테르는 18세기 전체를 살다 간 셈이다. 그는 전 생애를 통해서 누구보다도 열렬하게 시대와 인간의 오류를 고발했고, 권위를 경멸할 것을 가르쳤다. 그는 계몽주의를 대표하는 철학자였고, 또한 시인, 극작가, 비평가이자 역사가였다. 그는 명석한 지성을 통해 인간을 구속하는 모든 것, 특히 맹신에 물든 종교와 억압적인 전제정치를 합리적 이성의 이름으로 의심하고 부정할 것을 가르침으로써 구체제를 무너뜨리는 도화선을 제공했다. 이러한 그의 생애와 작품들을 요약하면 계몽의 시대인 18세기 그 자체라고 말할 수 있을 것이다.

그가 18세기 유럽 지성계의 수장이 될 수 있었던 이유는 그의 사상이 단지 낡은 가치의 파괴에서 그친 것이 아니라 앞으로 다가올 근대사회의 원리를 제시했다는 데 있다. 그것은 자유에 기초한 각 개인의 행복 추구라는 원리이다.

여기에 소개한『관용론』은 볼테르가 치열하게 전개해온 이러한 사상의 한 정점을 보여주는 역작으로서, 그 핵심은 인간정신의 자유에 대한 옹호이다. 종교적 편견과 맹신에 저항해서 인도주의의 이름으로 관용을 호소하는 이 책은 1762년에 일어난 칼라스 사건을 계기로 씌어졌다. 볼테르가 이 작품을 쓴 당시는 계몽주의 철학자들과 구체제의 낡은 가치가 매우 치열하게 겨루고 있을 때였다.

당시 유럽 전역에 큰 반향을 일으켰던 칼라스 사건의 전모와 이 사건을 재검토해 재심과 무죄판결을 이끌어내기까지 볼테르의 활약상을 간략히 소개하면 다음과 같다.

칼라스는 프랑스 남부 랑그도크 지방의 중심 도시인 툴루즈에 사는 68세의 상인이었다. 그는 개신교도였으나, 당시 프랑스 사회를 심각하게 양분하던 개신교와 가톨릭 사이의 광신적 대립에서 한 걸음 떨어져 모범적인 가장으로 평온하게 지내고 있었다.

그의 큰아들 마르크앙투안은 음울한 기질의 소유자로서 변호사가 되고자 했으나 개신교도라는 이유로 좌절되자 삶을 비관하고 있었다. 그러던 어느 날 칼라스의 집에 아들 친구가 초대받아왔는데, 식사를 마치고 환담을 하던 도중 큰아들이 자리를 떠나 아래층에서 목을 매고 말았다. 밤이 깊어 돌아가기 위해 일어선 손님과 그를 배웅하러 따라나온 아우가 형이 목매 죽은 것을 발견했다. 곧 아버지를 비롯한 가족이 달려와 시신을 땅에 눕히고 목의 끈을 풀었다. 검시했을 때 마르크앙투안이 살해당했다는 흔적은 나타나지 않았다.

이 사건을 보려고 모여든 군중 가운데 누군가가 칼라스의 큰아들이 가톨릭으로 개종하려 하였기 때문에 가족에 의해 살해되었다고 소리쳤다. 이런 근거 없는 소문은 맹신적이고 개신교도에게 적대적인 툴루즈 시민들 사이에 퍼져나갔고, 들뜬 여론에 격앙된 시행정관(市行政官)은 아무 증거도 없이 칼라스 가족을 체포했다.

첫 번째 심문에서 칼라스는 아들의 시신을 바닥에 놓인 상태에서 발견했다고 말했다. 당시 법에 따르면 자살자의 시신은 벌거벗겨 거리로 끌고 다니다가 교수대에 다시 매달게 되어 있었으므로, 칼라스는 죽은 아들이 그러한 지경에 처하는 것을 막으려고 허위진술을 한 것이다.

그러나 그는 곧 진술을 번복해 목을 맨 상태의 시체를 먼저 발견했다고 말했다. 거듭되는 가혹한 심문에도 칼라스의 가족은 범행을 부인했으나, 맹신과 편견에 오도된 판사들은 증거가 불충분한데도 이 가장에게 극형을 선고했다. 수레바퀴에 매달아 고문하다가 죽이는 차형(車刑)에 처해진 칼라스는 형벌의 고통 속에서도 죄를 시인하지 않고 죽어갔다. 남은 자녀들은 추방당하거나 유폐되었고, 그들의 모든 재산은 국가가 몰수했다.

이처럼 한 가족의 처참한 파멸과 함께 묻혀버릴 뻔했던 이 사건은 볼테르에 의해 되살아났다. 칼라스 사건의 전말을 우연히 알게 된 볼테르는 그 부당한 재판절차에 분개했고, 나아가 이 사건 속에 자신이 공격하고자 하는 구체제의 야만적 형벌제도의 문제점이 고스란히 담겨 있음을 직감했다. 그는 툴루즈 고등법원의 사건기록을 입수해서 분석하고, 칩거하던 칼라스 부인을 찾아가 국왕의 법정에 상고할 것을 권유했다. 사건을 파리로 옮겨온 볼테르는 이 문제에 관한 수많은 팸플릿을 써서 양식 있는 사람들의 정의감을 일깨웠다. 그의 노력으로 칼라스 사건의 부당성을 지적하고 재심을 요구하는 여론이 조성되었고, 당시 대법원 역할을 하던 국무참사회가 여론에 떠밀려 마침내 재심을 명령했다. 상고심은 툴루즈 고등법원이 무시했던 자료들을 재검토했고, 결국 칼라스의 큰아들이 자살한 것으로 판정했다. 결국 1765년 3월 9일 칼라스가 처형된 지 3년째 되던 바로 그날 칼라스의 무죄와 복권이 선고되었다. 칼라스 사건의 재심과 무죄판결은 인간의 자유와 존엄을 억압해온 구체제의 낡은 권위에 대한 정의의 승리이자, 야만적 형벌제도에 대한 계몽의 승리라고 할 수 있다.

볼테르는『관용론』의 첫 장에서 칼라스 사건을 요약하고 나서 이런 질문을 던진다.

광신에 눈이 멀어 죄를 범한 쪽은 재판관들인가 아니면 피고인가?

어느 경우이든 간에 분명한 점은 "가장 거룩한 신앙심도 그것이 지나치면 무서운 범죄를 낳게 되었다는 사실이다." 그런데 이러한 범죄는 이 사건이 처음이 아니다. 볼테르는 종교개혁과 그 결과를 상기시킨다. 살육과 화형, 끊임없는 내란과 두 국왕의 암살, 끔찍한 생바르텔르미 대학살 등등. 그러면서 볼테르는 다음과 같이 묻는다.

어떤 이들은 자비나 관용 그리고 신앙의 자유란 가증스러운 것들이라고 주장하지만, 그러나 진정으로 반문하건대 자비나 관용 그리고 신앙의 자유가 그와 같은 재앙을 초래한 적이 과연 있었던가?

이어서 볼테르는 철학적인 고찰을 시작한다. 광신에 사로잡힌 사람들이 주장하는 신앙의 불관용은 인간의 법에 기초한 것도 아니며, 자연의 법에 기초한 것도 아니다.

볼테르는 다음과 같은 점을 밝혀나간다. 우리에게 법을 가르쳐준 위대한 스승인 고대 로마인들은 불관용이라는 것을 알지 못했다. 그들이 기독교도들을 박해한 것은 단지 사회의 질서와 국가의 안녕을 위해서였다. 당시 로마인의 관점에서 볼 때 기독교도들은 사회를 교란하는 불순세력이었으니까. 초기 기독교도들도 신앙에 앞서 자신이 소속된 국가의 법과 관습을 존중해야 할 의무는 있지 않았던가. 인간은 자유로운 존재이므로 무엇을 믿거나 믿지 말아야 할 의무는 없지만, 그 신념의 자율적 행사는 공공의 질서와 안녕을 해치지 않는 범위 안에 한정되어야 하는 것이다.

그러나 로마인들과는 달리 기독교도들은 콘스탄티누스 황제가 이 종교를 공인한 이래로 끊임없이 서로를 박해해왔다. 종교로 인한 전쟁들,

거의 언제나 피로 물들었던 40번의 교회 분열, 신앙의 차이로 촉발된 풀 수 없는 증오 그리고 그릇된 종교적 열광이 낳은 모든 불행을 보라. 종교적 불관용은 이처럼 참혹한 결과를 낳아왔지만 이 역시 신의 법이 아니다. 예수 그리스도는 말과 행동으로 온유함과 인내와 용서를 가르치고 있다. 그러므로 "당신이 예수 그리스도를 닮고자 한다면 처형자가 아닌 순교자가 돼라."

볼테르는 역사와 『성서』, 강론, 도덕론을 뒤져 불관용에 대한 반론을 찾아낸다. 인간의 본성은 온유하고 자비로운 목소리로 관용을 설득한다. 관용은 성스러운 의무이다. 그런데 다른 한편에서는 여전히 인간 본성의 적인 광신이 광포하게 포효하고 있다. 우리가 말로는 매일 소리 높여 관용을 역설하면서도 실천하지 않는 것은 어떤 이해관계가 작용하기 때문이다. 불관용을 통해 다른 사람들의 양심을 구속함으로써 자신의 이익을 얻으려고 하는 것이다. 이것은 어리석음의 소산이다. 분명한 점은 종교적 믿음을 함께 하지 않는 사람들을 박해해서, 그들이 증오를 품게 하는 일은 아무런 이득도 가져오지 않는다.

다행히도 사람들은 점점 더 관용의 정신에 공감하고 있다. 볼테르는 말한다.

종교는 우리 인간이 이 세상을 사는 동안 그리고 죽은 후에도 행복해지기 위해 만들어졌다. 내세에 행복한 삶을 맞이하려면 어떻게 해야만 할까? 올바르게 살아야 한다. 그렇다면 현세의 삶을, 우리 인간의 비뚤어진 본성이 허락하는 범위 안에서 행복하게 누리려면 어떻게 해야 하는가? 관용을 알고 베풀 줄 알아야 한다.

인간의 행복을 위해 평화와 화합의 정신 그리고 불화와 증오의 정신 가운데서 과연 어느 것이 더 바람직한가.

어떤 사람들이 우리와 견해가 다르다고 해서 이 짧은 생애를 사는 동안 그들을 박해하는 것은 참으로 부조리하고 잔인한 일이다. 신이 내려야 할 판결을, 이 땅에 잠시 머물다가 사라질 티끌과도 같은 존재인 우리 인간이 미리 가로챌 권한은 없는 것이다.

그리하여 볼테르는 신을 향해 감동적인 기도를 올리고 있다. "인간이라 불리는 티끌들 사이에 존재하는 이 모든 사소한 차이들이 증오와 박해의 구실이 되지 않도록 해주소서"라고. 사람들이 자신의 형제를 미워할 것이 아니라 자기 영혼에 가해지는 폭압을 증오하게 해달라고 말이다.

이상에서 살펴본 대로『관용론』의 주제는 일차적으로 편협한 신앙심에 대한 비판과 인간정신의 자유에 대한 옹호이다. 종교적 맹신과 광신이 볼테르의 공격 대상이 된 이유는, 그것이 인간의 자유를 억압하고 행복을 방해하는 것들 가운데 하나이기 때문이다. 그에게 종교는 합리적 이성과 타협하기 힘들고, 따라서 철저히 투쟁해야 할 대상이었다. 이때 볼테르가 공격한 것은 종교 그 자체이기보다, 편견과 전통으로 무장한 채 자연에 어긋나는 예속을 강요하는 종교의 세속적 권력이라고 할 수 있다.

그는 사물의 기원을 탐구하는 것이 모든 원리 가운데서도 가장 강력한 파괴 원리임을 알고 있었고, 그리하여 역사를 이 공격의 수단으로 선택했다. 지금까지 절대적 권위로 무장하고 맹목적 복종을 강요하는 것의 기원을 파고 들어가 그 권위가 허구임을 폭로하는 방법론을 쓴 것이다. 볼테르는『관용론』에서도 역사를 억압적 권위에 대항하는 수단이자 자유를 지키기 위한 방법론으로 활용함으로써, 우리에게 무조건적 존경과 복종을 요구하는 모든 가치체계를 그 토대에서부터 부정하는 근대적 비평 방법을 제시하고 있다.

또한『관용론』은 구체제의 형벌제도를 공격함으로써 유럽의 양식 있는 사람들 사이에 인권에 입각한 근대적 형벌제도를 정립할 필요성을 일깨웠다. 이 책에는 광신과 편견에 의한 진실의 왜곡, 무자비한 고문에 의한 조작, 사형제도, 잔혹한 처형방법, 피고인의 인권을 묵살하는 재판

제도 등이 사실상 법의 이름으로 집행되는 무고한 시민에 대한 살인행위라고 비난하면서 인도주의와 정의를 호소하는 볼테르의 진지한 목소리가 담겨있다.

볼테르는 『관용론』의 마지막 장에서 이렇게 말한다. "나는 이 책을 통해 후일 열매를 맺게 될 씨앗을 하나 뿌렸다." 이제 "바야흐로 문명의 빛을 널리 퍼뜨리고 있는 이성의 정신에 모든 것을 맡기고 기다리는 일"만이 남아 있다라고.

그가 『관용론』이라는 씨앗을 뿌리며 기대했을 궁극적인 결실은 보편적인 이성을 통해 역설되고 옹호되는 '관용'의 승리였을 것이다. 그가 이 책을 통해 호소한 관용은 종교적 대립의 상처가 깊었던 당대의 시대적인 요청이었지만, 또한 시대를 초월한 보편적인 미덕이기도 했다. 그리고 보편적 미덕으로서 관용은 18세기가 내세웠던 이성이 후일 그 극단적 편협성을 드러내게 되었을 때 치료약으로 제시될 수 있었다.

앞에서 이야기했듯이, 볼테르를 비롯한 계몽주의 철학자들이 구체제의 권위를 타파하기 위해 무기처럼 치켜들었던 것은 데카르트에게 물려받은 합리적 이성이었다. 그 이성은 "올바르게 판단하고 참과 거짓을 구별하는 능력"으로서 "천성적으로 모든 사람에게 균등하게 배분"되어 있는 것이었다. 따라서 인간은 행복해지기 위해 억압 없이 자유롭게 이성을 발휘해야 한다는 것이 요구되었다. 이성은 구체제의 권위를 벗어버린 새로운 주체의 상징이었으며, 그것은 곧 진보라는 이름으로 정당화될 수 있었다.

하지만 두 차례의 세계대전, 나치의 유대인 학살을 비롯한 각종 인종말살, 냉전시기의 핵전쟁 위협 그리고 최근의 수많은 국지전과 테러로 점철된 20세기를 목격한 우리의 처지에서 볼 때 합리적 이성이 진정으로 인류의 진보와 행복에 이바지했는지에 대해서는 쉽게 동의하기 힘들 것이다. 이성이 진정 그 가치를 발휘하기 위해서는 다른 무엇보다 관용의 정신이 뒷받침되어야 한다. 그것이 이성이 지금까지의 그 수많은 좌절의 역사를 통해 얻어낸 결론이다.

관용(tolerantia)이란 소극적 인정과 방임을 넘어 다른 사고방식과 행위양식을 존중하고 자유롭게 승인하는 태도를 말한다. 『관용론』에서 다루고 있듯이 관용이란 일차적으로 종교적인 관용을 의미한다. 볼테르가 이 책에서 지적하는 것처럼 고대 로마인들은 피정복민들이 고유한 제식을 실행하고 전파하는 것을 허용했다. 그들이 기독교를 박해한 것은 종교적 이유에서가 아니라 기독교도들이 전통종교를 거부함으로써 사회적 결속을 해쳤기 때문이었다.

관용이 문제로 부각된 것은 절대적 진리를 요구하는 일신교의 정립과 함께였다. 『신약성서』나 테르툴리아누스 같은 초기 기독교 사상가들에게서 관용의 호소를 발견할 수 없는 것은 아니었지만, 기독교가 국교로 공인된 후부터 종교개혁 이후까지 관용의 정신은 무시되는 경우가 많았다.

그러나 계몽주의시대에 이르러 국가의 종교적 중립성과 함께 관용은 치열하게 요구되기 시작했다. 스피노자·로크·볼테르·실러 같은 사상가들이 관용의 열렬한 옹호자였다. 나아가 관용은 종교적 관계에서 인간사회 전반의 문제로 퍼져나갔다. 그렇다면 오늘날 관용은 어떻게 정의될 수 있을까.

개인적 태도로서의 관용은 타인이 어떤 종교·도덕·정치적 생각, 세계관을 지니고 있는지에 대한 무관심이 아니다. 즉 모든 규범과 가치의 상대성을 내세우는 관용은 허무주의의 구실이 될 뿐 진정한 관용이 아닌 것이다. 오히려 내가 아무리 확고한 신념을 지니고 있어도 다른 사람의 신념을 존중해야 한다는 것이 관용의 전제조건이다. 또한 관용은 모든 것을 관대하게 대하는 중립적 관찰자의 태도가 아니라, 나와 다른 존재 안에서도 가능한 한 가치를 발견하고 그것에 권리를 부여하고자 하는 태도이다. 이러한 관용은 어떤 인간도 절대 오류와 편견에서 벗어나지 못한다는 인식과 누구나 자기 관점에 얽매일 수 있다는 인식에 근거한다.

관용은 다른 사람을 ── 그들이 또 다른 사람의 권리를 침범하지 않는

한──자기의 생각을 표현하고 자기의 생각에 따라 행동할 권리를 가진 자유롭고 동등한 인격체로 인정하는 데 있다.

이러한 관용은 우리 사회가 자유와 인간에 대한 존중 위에 설 수 있게 해준다. 관용은 억압의 반대말이다. 사실 관용은 편협해지기 쉬운 사랑이나 구호에 그치는 자유보다 우리 사회에 더 필요한 것이라고 할 수 있다. 관용은 가장 겸손한 형태의 인간에 대한 사랑이며, 개인이 자신의 한계를 이겨냈다는 증거가 된다. 관용을 실현하기 위해서는 내부의 이기적 욕망을 이겨내야 하기 때문이다.

또한 관용은 우리를 선입견에서 해방시킴으로써 새로운 인식의 여지를 마련해주는 진리의 토대이기도 하다. 관용은 갈등을 적대적 대결로 몰아가는 것이 아니라 합리적 토의를 통해 공평하게 조정할 공간을 열어놓는다.

이제 우리는 자기의 유일한 존재만을 확신하는 '이성적이기만 한 자아(自我)'가 아님을 인식할 필요가 있다. 인간은 고립적이고 자아중심적인 욕망에 포로가 된 세계의 주인이 아니라, 그 이성의 쏨쏨이가 훨씬 성숙한 책임 있는 이웃으로서 서로를 마주하는 도덕적 연대의 주체여야 한다. 바로 이러한 점에서 관용이 절실한 것이다. 이 책이 관용의 중요성을 성찰하는 작은 계기가 되기를 바란다.

이 책은 2001년 '한국학술진흥재단 학술명저번역총서'로 출판되었던 것을 이번에 번역을 손보고 보강해 '한길그레이트북스'로 다시 내게 된 것이다. 처음 번역하고자 마음먹었을 때 용기를 주시고 도움을 아끼지 않으신 서울대학 법대 한인섭 교수님께 감사를 드린다. 그리고 역자들로서는 힘에 부칠 수밖에 없는 라틴어와 히브리어의 번역 때문에 여러 번 번거롭게 했으나 한 번도 귀찮은 내색 없이 도와주신 강대진, 김출곤 선생님께도 진심으로 감사드린다. 보완 과정에서 수원대학 사학과 이영림 교수님에게 많은 자문을 받았고 충남대학 사학과 김응종 교수님의 『관용의 역사』에서도 많은 도움을 받았다. 깊이 감사드린다. 한길사에도 감사드린다.

그러나 책을 다시 낸다는 기쁨보다는 참담한 심정이 훨씬 더 큰 것이 사실이다. 볼테르는 중세보다 크게 진보한 18세기에도 관용이 뿌리내리지 못했다고 개탄했다. 우리가 사는 21세기는 과거와 비교할 수 없을 정도로 물질문명이 발달했다. 그러나 나라 안팎을 막론하고 관용이 설 자리가 점점 더 줄어들고 있다. 국내에서는 돈과 권력이 이미 오래전에 모든 것을 장악한 탓으로 '돈치주의'라는 신어가 생겨났고 정치적 이념에 따라 사회가 완전히 양분되었다고 볼 수 있다. 국외에서는 기독교 문명권과 이슬람 문명권 사이의 끔찍한 유혈 충돌이 웅변하는 것처럼, 관용이란 단어를 입에 올리기조차 어렵게 되었다. 볼테르가 이 어지러운 21세기에 살고 있었다면 『관용론』 같은 책을 쓸 엄두도 내지 못했을 것이라고 생각한다. 지나친 비관론일까? 독자들의 판단에 맡긴다.

2016년 3월
송기형 · 임미경

제1장 장 칼라스 사건의 개관

1762년 3월 9일 툴루즈에서 정의의 이름을 빌려 집행한 칼라스의 사형은 참으로 특이한 사건으로서, 우리 시대와 후대의 사람들은 이 사건에 관심을 기울일 필요가 있다.

우리는 헤아릴 수 없는 전투에서 희생되는 수많은 사람의 죽음을 쉽사리 잊어버리지만, 그것은 그러한 죽음이 전쟁의 피할 수 없는 운명이기 때문만은 아니다. 전쟁터에서의 죽음이 곧 잊히는 까닭은 적의 칼날 아래 죽어간 사람들 역시 자신의 적을 죽일 기회가 있었으며, 자신을 전혀 방어하지도 못한 채 죽임을 당한 것이 아니기 때문이다. 위험과 기회가 동일하게 주어진 경우라면, 누군가 희생되었더라도 그리 놀랄 일도 없고 그에 대한 동정심까지 약해지는 법이다.

그러나 죄 없는 한 가장의 운명이 오류나 편견 또는 광신에 사로잡힌 자들의 판결에 맡겨진다고 하자. 이 피고인이 스스로를 변호하기 위해 내세울 것은 자신의 훌륭한 품성밖에 없다면 그리고 그의 생명을 심판하는 자들이 잘못 판단해서 무고한 그의 목을 베도록 한다면, 즉 재판관들이 판결을 통해 벌 받지 않고 살인을 저지를 수 있다면 어떻게 될까? 그렇다면 여론이 들고일어날 것이다. 사람들은 자기 자신에게 그런 경우가 닥칠까 봐 두려워하며, 시민의 생명을 보호하기 위해 세워진 재판정 앞에서 그 누구의 생명도 안전하지 않음을 알게 될 것이다. 그리하여 모두 입을 모아 그 무고한 사람의 복수를 요구하게 될 것이다.

　지금 이야기하고자 하는 이 끔찍한 사건에는 종교·자살·비속살해 문제가 얽혀 있다. 이 사건에서 밝혀야 할 것은 과연 아버지와 어머니가 신에 대한 복종을 입증하기 위해 아들을 교살했는가, 과연 아우가 형을, 또는 청년이 친구를 목매달아 죽였는가, 아니면 판사들이 잘못해서 죄 없는 아버지를 바퀴에 매달아 처형했는가, 그도 아니라면 왜 죄가 있는 어머니와 동생과 친구에게는 면죄부를 주었는가 하는 점이다.

　68세의 장 칼라스는 툴루즈에서 40여 년 이상 상업에 종사하며 살아왔다. 그는 자신을 아는 모든 사람에게 훌륭한 아버지로 인정받고 있었다. 그는 개신교도였으며, 그의 아내와 자식들 역시 개신교도였다. 그러나 그의 아들 가운데 한 명은 가톨릭으로 개종했다. 이 아들에게도 장 칼라스는 약간의 생활비를 대주고 있었다. 그는 사회의 모든 유대관계를 파괴하는 그 어처구니없는 종교적 광신과는 거리가 먼 사람이었으므로, 자기 아들 루이 칼라스의 개종을 용인했으며, 열성적인 가톨릭 신도인 하녀를 30년 동안이나 집에 두고 있었다. 그는 이 하녀에게 자신의 아이들을 모두 맡겨 양육하게 했다.

　장 칼라스의 장남인 마르크앙투안은 문학청년이었다. 마르크앙투안은 불안정하고 음울하며 격렬한 성격의 소유자라는 평판이 있었다. 이 젊은이는 상업에 투신하려 했으나 자신의 적성에 맞지 않았던 탓에 실패했다. 변호사가 되려고도 했으나 역시 좌절하고 말았다. 변호사가 되는 데는 가톨릭 신도임을 입증하는 증명서가 필요했으나, 그로서는 그것을 얻을 수 없었던 것이다. 이렇게 되자 그는 자살하기로 마음먹고 이런 결심을 친구에게 넌지시 내비쳤다. 이 젊은이는 자살에 대해 언급한 갖가지 책들을 찾아 읽음으로써 결심을 더욱 굳혀갔다.[1]

---

1) 칼라스의 장남 마르크앙투안은 당시 28세였다. 그는 세네카와 플루타르코스에 심취했고, 몽테뉴와 셰익스피어를 즐겨 읽었으며, 『햄릿』의 음울한 독백에 마음이 끌렸다고 한다. 책을 읽지 않는 시간에는 당구를 치거나 도박을 하며 소일했다.

어느 날 마르크앙투안은 도박을 하다가 돈을 잃었다. 그는 바로 이날 자신의 계획을 실행에 옮기기로 마음먹었다. 마르크앙투안의 친구이자 칼라스 가족과 친분이 있는 청년이 마침 전날(Note 1) 보르도에서 이곳에 와 있었다. 툴루즈의 유명한 변호사 아들인 라베스라는 이 청년은 19세로서 품행이 바르고 온화한 사람이었다. 그날 이 청년은 칼라스의 집에서 저녁 식사를 했다. 장 칼라스와 그의 아내, 맏아들인 마르크앙투안, 둘째 아들인 피에르가 그와 함께 음식을 나누었다. 저녁 식사를 마친 후, 이들 가족과 손님은 작은 거실로 자리를 옮겼다. 마르크앙투안은 모습을 감췄다. 얼마 후 라베스가 자리에서 일어섰다. 떠나는 라베스를 배웅하기 위해 피에르 칼라스가 그를 따라 계단을 내려왔다. 마르크앙투안의 모습을 발견한 것은 이 두 사람이었다. 마르크앙투안은 아래층에 있는 가게 문틀에 목을 매고 죽어 있었다. 그는 셔츠 차림이었으며, 겉옷은 개어진 채 계산대 위에 놓여 있었다. 셔츠는 전혀 구겨진 흔적이 없고 머리카락도 단정히 빗질 된 그대로였다. 몸에는 어떤 상처도 나 있지 않았다. 얻어맞은 멍 자국 같은 것은 전혀 없었던 것이다(Note 2).

여기까지가 변호인들이 제출한 문서에 적힌 사건의 세부 정황이다. 아들을 잃어버린 아버지와 어머니가 느꼈을 고통과 절망은 전혀 언급되지 않았다. 이웃 사람들이 이 부모가 울부짖는 소리를 들었다. 라베스와 피에르 칼라스는 정신이 달아날 정도로 당황해서 의사를 부르러 달려갔고 사법당국에 신고했다.

두 청년이 이런 일들을 하기 위해 뛰어다니는 동안 부모는 비탄에 잠겨 오열하고 있었다. 툴루즈 시민들이 칼라스의 집 주위에 모여들었다. 이들은 맹신에 빠져 있고 걸핏하면 극단적 감정에 휘말리는 사람들이었다. 툴루즈인들은 자기들과 같은 종교가 아닌 사람들을 마치 괴물 보듯이 했다. 이들은 앙리 3세가 시해되었을 때[2] 신에게 엄숙히 감사를 올렸

---

2) 가톨릭 동맹과 반목하던 프랑스 왕 앙리 3세는 1589년 8월 1일 생클루에서 도미니크회 수도사 자크 클레망에 의해 비수로 살해되었다. 앞서 1588년 12월 23일,

다. 또 이들은 앙리 4세를, 이 용감하고 선량한 군주를 프랑스 국왕으로 인정하려는 사람은 죽여버리겠다고 서약하기도 했다.[3]

한편 이 도시는 해마다, 200여 년 전 4,000명에 달하는 이교도 시민들을 학살했던 날이 돌아오면 행렬을 벌이고 환희의 불을 밝히면서 성대히 축하하고 있다. 참사회[4]는 여섯 번이나 판결을 내려 이 가증스러운 축제를 막으려 했지만 소용없었다. 툴루즈인들은 이날의 의식을 꽃놀이 축제[5]처럼 성대하게 거행하고 있다.

모여든 군중 가운데 어떤 광신자가 장 칼라스가 아들 마르크앙투안을 목매달아 죽였다고 외쳤다. 이런 외침이 여러 번 되풀이되자 순식간에 모든 사람이 동의하게 되었다. 다른 이들은 한술 더 떠서 죽은 아들이 다음날 가톨릭으로 개종할 예정이었다고 수군거렸다. 그래서 그의 가족과 라베스가 가톨릭을 증오한 나머지 그를 목매달아 죽였다는 것이다. 그다

앙리 3세는 가톨릭 동맹의 지지를 받던 앙리 드 기즈를 블루아 성으로 불러들여 참살하고, 그다음 날 그의 형제인 기즈 추기경도 암살했다. 자크 클레망은 신학자들에게 기즈 형제 살해 사건의 복수와 가톨릭의 수호를 위해서 저지르는 국왕 시해는 무죄라는 보증을 받고 가톨릭 동맹 측의 선동에 응했다. 앙리 3세는 숨을 거두면서 앙리 드 나바르(앙리 4세)를 후계자로 지명했다.

3) 위그노였던 앙리 4세는 앙리 3세의 뒤를 이어 왕위에 오른 뒤 1598년 생드니에서 가톨릭으로 개종했고, 낭트칙령을 공포해 30여 년 동안 지속한 종교전쟁을 끝냈다. 그러나 그는 왕위에 오른 뒤 한동안 가톨릭과 위그노 양편에게서 미움을 받았다.

4) 프랑스 구체제는 왕정이었지만, 왕은 자의가 아니라 자문을 받은 후에 모든 결정을 내렸다. 이런 자문을 담당하는 기구가 바로 (국왕)참사회(Conseil du roi)다. 가장 중요한 참사회는 국사 전반에 관해 논의하는 국무참사회(conseil d'Etat)였다. 국무참사회의 사법 분과는 청원심사관(maître des requêtes)들의 보고에 의거해 고등법원의 판결을 파기할 수 있었다. 국가 기구의 확대와 함께 다양한 참사회가 생겨났다. 국무참사회는 오늘날 국무회의의 전신인 셈이다.

5) Jeux floraux: 툴루즈의 전통적인 문학제. 12~13세기 이곳을 거점으로 세력을 확대했던 가톨릭 이단 종파인 알비파(Albigeois)가 로마 교황청과 프랑스 북부 귀족의 토벌군에 의해 궤멸된 후 황폐해진 남부 문화를 되살리고자 했던 몇몇 투르바두르(프랑스 남부지방의 음유시인)들에 의해 1323년 시작되었다. 이 축제는 오늘날까지도 이어지고 있다.

음부터는 아무도 이런 이야기를 의심하지 않았다. 온 도시 사람들은 바로 이 사건이 개신교도들이 지닌 신앙의 일면을 보여준다고 생각했다. 개신교도 부모는 자식이 개종하려고 할 때 그것을 막기 위해 자식을 죽일 의무를 짊어지고 있다는 것이었다.

사람들의 정신이 일단 동요하기 시작하면 그것을 진정시키기란 어려운 법이다. 곧 소문이 퍼져나갔다. 랑그도크 지방의 개신교도들이 그 전날 회합했으며, 이 회합에서 그들은 다수결로 사형집행인을 선출했다는 소문이었다. 이렇게 뽑힌 사람이 라베스인데, 이 청년은 하루 뒤에 자신의 선출 소식을 들었고, 그리하여 장 칼라스와 그의 아내, 아들 피에르를 도와서 친구이자 아들이며 형인 마르크앙투안의 목을 매달기 위해 보르도에서 이곳에 왔다는 것이다.

툴루즈의 시행정관 다비드 씨[6]는 떠도는 소문에 격앙했을 뿐만 아니라 사건의 신속한 처리를 과시하고 싶었다. 그래서 그는 규칙과 왕령을 무시한 법적 절차를 통해 이 죄인들을 투옥했다. 장 칼라스 가족과 가톨릭 신도인 하녀 그리고 라베스는 쇠사슬에 묶이는 신세가 되고 말았다.

교회는 그릇된 소송 절차 못지않게 파렴치한 증언명령서[7]를 인쇄해

---

6) 툴루즈 시행정관은 원래 사소한 위반사건의 판결권만을 가지고 있었으나 때로는 월권으로 고등법원 판사와 같은 권한을 부당히 행사하기도 했다. 당시의 시행정관 보드리그(David de Beaudrigue) 역시 자신의 사법권을 남용했다. 이 인물은 사납고 자만심이 강한 데다 품행이 단정치 못한 자였다고 한다. 그는 죄인의 유죄를 입증할 증거도 수집하지 않은 상태에서 칼라스 재판을 부당하게 진행함으로써, 이 사건에 누구보다도 큰 책임이 있었다. 칼라스 사건에 대한 재심이 진행되던 1765년 2월에 파면당한 그는 얼마 후 자살했다.

7) monitoire(à fin de révélations): 구체제 프랑스의 사법절차로서 증언이 부족한 형사사건의 증언을 확보하기 위해 시행했다. 특정 형사사건에 대한 증언을 촉구하는 문서를 국왕검찰관이 작성하고 교구 신부들이 신도들에게 배포했다. 고의적으로 증언하지 않거나 거짓으로 증언하면 파문으로 처벌했으므로 상당한 효과가 있었다. 구체제 사회에서는 신부들의 영향력이 그만큼 대단했던 것이다. 볼테르를 비롯한 철학자들의 비판에도 점점 더 늘어나다가 1789년 혁명 이후에 폐지되었다.

서 유포했다. 이보다 더한 일이 벌어지기도 했다. 마르크앙투안은 칼뱅파 신도였고 자살했으므로 그 시신을 말 뒤에 매달아 끌고 다니며 모욕을 주어야 마땅했다.[8] 그러나 사람들은 성대한 장례식을 갖추어 그를 생테티엔 교회에 묻었다. 주임신부가 이러한 신성모독에 항의했지만 소용이 없었다.

랑그도크에는 백색, 청색, 회색, 흑색 이렇게 네 개의 고행회[9]가 있었다. 고행회원들은 얼굴을 가린 채 두 개의 눈구멍만 뚫은 긴 뾰족 두건을 쓰고 다녔다. 이들은 이 지방 주둔사령관인 피츠 제임스 공작을 고행회에 끌어들이려 했으나 공작은 거절했다. 백색 고행회 회원들은 마르크앙투안 칼라스를 마치 순교자처럼 장중하게 장례를 지냈다. 그 장례식은 교회가 진짜 순교자를 위해 올린 그 어떤 축일의식보다도 더 성대한 것이었다.

그러나 이 장례의 의식은 끔찍했다. 관을 올려놓은 화려한 영구대(靈柩臺) 위에 마르크앙투안 칼라스를 상징하는 전신 해골을 세우고, 이 해골에 줄을 매달아 움직일 수 있게 장치했다. 해골의 한 손에는 종려나뭇잎[10]을, 다른 한 손에는 펜을 쥐여놓았다. 이 펜은 죽은 자가 개종 서약을 할 예정이었다는 의미였으나, 그 대신 부친의 사형 판결문에 서명하는 펜이 되었다.

스스로 목숨을 끊은 이 불행한 청년은 그리하여 시성식(諡聖式)만 올리지 않았을 뿐 세상 사람들에게 성인의 예우를 받았다. 그에게 기원을 드리는 사람들도 있었다. 어떤 이들은 그의 무덤으로 가서 기도했다. 기

---

8) 자살을 범죄로 인정한 법에 따라 툴루즈에서는 자살한 사람의 경우, 옷을 벗긴 시신을 수레에 싣고 거리를 돌아다니며 군중에게 돌과 흙을 던지게 했다. 그런 후 시신을 교수대에 매달았고, 자살자의 모든 재산을 몰수했다.
9) confrérie de pénitents: 가톨릭에서 성체거동 등의 의식을 공개적으로 거행할 때 참여하기 위해 조직된 일반 신자들의 조직으로 주교의 통제를 받는다. 특수한 의상을 입는데 그 색에 따라 백색, 흑색, 적색, 청색, 회색 고행회로 구분된다. 고행회원들은 자선사업을 남들이 모르게 해야 한다.
10) 순교의 영예를 뜻하는 상징물.

적을 행해달라고 청하거나, 그의 과거 행적을 되뇌고 다니는 사람도 있었다. 어떤 수도사는 성유골(聖遺骨)로 간직하기 위해 시신의 치아를 몇 개 뽑아냈다. 신심 깊은 한 여인은 귀가 잘 들리지 않았으나 종소리를 들었다고 말했다. 중풍이 들었던 신부는 구토제를 먹고 치료되었다. 이러한 기적들을 열거한 보고서가 작성되었다. 그 보고서를 쓴 사람은 툴루즈의 한 젊은이가 이 새로운 성인의 무덤 앞에서 몇 날 밤을 새워 기도한 끝에, 바라던 기적을 얻기는커녕 미쳐버리고 말았다는 증언은 감추고 기록하지 않았다.

툴루즈 고등법원[11] 판사들 가운데 몇 명은 백색 고행회에 소속되어 있었다. 그런 이유로 장 칼라스의 사형 판결은 불가피한 것으로 보였다.

툴루즈인들이 매년 벌이는 끔찍한 축제가 다가왔다. 그것은 4,000명의 위그노[12]를 학살했던 일을 기념하는 의식으로서, 1762년은 그 200주년이 되는 해였다.[13] 이 점이 장 칼라스 재판에 큰 영향을 미치게 되었다. 시내에는 이 성대한 축제를 위한 교수대가 세워졌다. 꾸며낸 이야기들로 격앙되어 있던 사람들에게 이런 일은 한층 더 큰 자극이 되었다. 이번 축제의 백미는 저 교수대 위에서 칼라스 일가를 바퀴에 매달아 죽이는 행사가 될 것이라고 누구나 거리낌 없이 말했다. 하나님의 뜻에 따라 이 죄인들을 우리의 신성한 종교에 제물로 바쳐야 한다는 것이었다. 이렇게 말하는 신의 소리를 들었다는 사람이 20명이나 나왔다. 그 목소리

---

11) 고등법원(Parlement)은 대혁명이 일어나기 전까지 국왕의 위임을 받아 재판권을 행사하던 최고법원이었다. 볼테르 시대에는 파리 고등법원을 비롯해 12개의 지방 고등법원이 있었다.

12) huguenot: 프랑스에서 개신교도의 반대파들이 종교전쟁 기간(1562~98)에 개신교도들에게 붙인 이름.

13) 여기서 볼테르가 언급하고 있는 학살이란 생바르텔르미(Saint-Barthélémy) 대학살(1572)보다 10여 년 앞서 1562년 5월 17일 성신강림 대축일에 있었던 사건이다. 박해에 지친 위그노들이 봉기해 툴루즈를 장악하려고 시도했으나 실패하고 약 4,000명이 몰살을 당했다. 당시 위그노 희생자들은 저항도 못 한 채 찬송가를 부르며 죽어갔다고 한다.

는 몹시도 화를 내고 있었다고 했다. 이러한 일이 바로 우리가 사는 시대에 일어나다니! 학문과 사상이 그토록 진보한 이 시대에 말이다! 수많은 아카데미가 설립되어 건전한 풍속을 고취하기 위해 노력하고 있는 때가 아닌가! 광신이 최근 이성이 이룩해놓은 성취에 격분해 더욱 미친 듯이 날뛰는 것 같다.

이 재판을 매듭짓기 위해 13명의 판사가 매일 회합했다. 칼라스 가족의 유죄를 입증할 증거란 있지도 않았고 있을 수도 없었다. 그러나 이 증거의 빈자리를 어긋난 신앙심이 대신 메웠다. 여섯 명의 판사는 장 칼라스와 그의 아들 그리고 라베스를 차형에, 장 칼라스의 아내는 화형에 처하자고 줄기차게 주장했다. 온건한 나머지 일곱 명은 심문을 통해 피고인들의 말을 들어볼 필요가 있다고 주장했다. 토론이 거듭되면서 상당한 시일이 지나갔다.

한 판사는 피고인들의 무죄와 범행의 불가능성을 확신하고 이들을 열심히 변호했다. 그는 사람들을 사로잡고 있는 가혹한 불관용에 인도적 열정으로 맞섰다. 툴루즈 주민 전체가 잘못된 신앙심에 오도되어 이 가엾은 피고인들의 처형을 빗발치듯 요구하고 있는 가운데서도 그는 칼라스 가족의 공개변호인이 되었다. 그러나 이 판사가 피고인들을 옹호하는 데 쏟는 열의만큼이나 맹렬한 어조로 유죄를 주장하는 판사가 있었다. 그는 과격하기로 소문난 사람이었다. 결국 두 판사 사이의 반목이 걷잡을 수 없이 커져서 두 사람은 서로에 대해 기피신청을 하기에 이르렀다. 두 사람은 시골로 물러나 버렸다.

그러나 뜻밖의 불운이 덮쳤다. 칼라스 가족을 옹호했던 판사는 자신에 대한 기피신청을 겸허하게 받아들였지만, 반대편은 법정으로 돌아와 자신이 재판할 권리도 없는 피고인들에 대해 유죄를 주장했던 것이다. 바로 이 한 표로 칼라스에 대한 차형 선고가 확정되었다. 애초에 온건한 편이었던 여섯 명의 판사 가운데 한 사람은 수없이 논쟁을 벌인 끝에 마지막 순간에 강경파로 돌아섰고, 이렇게 해서 결국 무죄 다섯 명 대 유죄 여덟 명으로 판결이 내려지고 말았다.[14]

한 가정의 아버지에게 가족을 살해했다는 죄로 극형을 선고할 경우, 판사들의 판결은 만장일치로 결정되어야만 한다. 왜냐하면 그처럼 기이한 범죄(Note 3)를 입증할 증거들이란 세상 사람 누구라도 수긍할 수 있을 명백한 사실에 근거해야만 하기 때문이다. 따라서 조금이라도 의심쩍은 면이 있으면 판사는 사형 판결문 서명을 미루어야 한다.

우리는 날마다 이성의 불완전함과 법률의 불충분함을 느끼고 있다. 그러한 결함이 초래하는 참담한 결과를, 단 한 사람의 주도로 시민을 차형에 처하는 경우보다 더 잘 보여주는 것이 있을까? 고대 아테네에서는 사형 판결을 내리려면 의사결정에 참여한 시민 반수의 찬성에 더해서 50명이 더 찬성해야만 했다. 이러한 점에서 우리는 무엇을 배우는가? 그리스인들이 우리보다 더 현명하고 인도적이었다는 사실을 확인하는 데 그칠 뿐이다.

68세 노인이며 오래전부터 다리가 부어오르고 쇠약해져 있던 장 칼라스가 보통 사람보다 훨씬 완력이 센 28세의 아들을 혼자 힘으로 목을 조르고 달아매기는 불가능하다. 그가 그렇게 하려면 그의 아내, 아들 피에르 칼라스, 라베스, 하녀가 함께 거들지 않으면 안 되었을 것이다. 이들은 그 무서운 일이 일어난 저녁 내내 함께 있었던 사람들이다.

그러나 다음과 같은 점으로 미루어 볼 때, 이들이 가장의 범죄를 도왔다는 추정 또한 아버지가 아들을 죽였다는 첫 번째 추정만큼이나 어처구니없는 것이다. 열렬한 가톨릭 신자인 하녀가 자기 손으로 키운 청년이 자신과 같은 종교를 사랑했다는 벌로 개신교도들에게 죽임을 당하는

---

14) 사임한 판사 대신에 새로운 판사가 충원되어 다시 13명이 되었다. 이 13명의 판사 가운데 일곱 명은 즉각 사형에 처하자는 의견이었다. 세 명은 고문을 한 다음에 비속살해가 입증되면 사형에 처하자는 의견이었다. 두 명은 마르크앙투안이 자살했는지를 더 조사해보아야 한다는 의견이었다. 한 명은 무죄라는 의견이었다. 따라서 즉각 처형에 대해 일곱 명 찬성, 여섯 명 반대였다. 그런데 긴 토의 끝에, 칼라스에게 호의적이었다고 여겨지던 판사 한 사람이 즉각 처형에 찬성함으로써 여덟 명 대 다섯 명이 된 것이다. 당시 법원은 두 표 차이 이상의 다수 의견으로 판결을 내렸다.

것을 어떻게 용납할 수 있었겠는가? 친구가 개종하려고 했다는 것을 몰 랐던 라베스가 그를 목 졸라 죽이려고 일부러 보르도에서 왔다는 것이 가능한가? 다정한 어머니가 과연 자식의 피를 손에 묻힐 수 있었겠는가? 이들 모두가 한 청년을 목매달아 죽였다고 하지만, 이들이 전부 힘을 합 해도 만만치 않을 만큼 힘이 센 청년을 그처럼 아무 흔적도 없이 해치울 수 있었을까? 한참 동안 격렬한 저항이 있었을 것이고, 끔찍한 비명을 질러 이웃 사람들이 모여들었을 것이고, 수없이 맞아 몸에 멍이 들었을 것이고, 옷은 찢어지고 말았을 것이지만, 이런 일은 전혀 없었다.

설령 비속살해가 있었다고 쳐도, 피고인들 모두가 그 자리에 계속 함 께 있었으므로 그들을 똑같이 처벌해야 했다. 장 칼라스의 아내, 피에르 칼라스, 라베스 그리고 하녀에게 죄가 없다는 것은 분명했다. 또 아버지 혼자 범죄를 저지를 수 없었다는 것도 분명했다. 그런데도 툴루즈 고등 법원은 아버지 한 사람에게만 차형을 선고했다.

차형을 선고한 동기도 재판의 다른 모든 부분과 마찬가지로 어처구니 없는 것이었다. 장 칼라스의 처형에 찬성한 판사들은 다음과 같은 주장 으로 나머지 판사들을 설득했다. 이 허약한 노인은 처형의 고통을 이길 수 없을 것이고 그래서 형틀에 묶이면 자기 죄와 공모자들의 죄를 자백 하리라는 논리였다. 그러나 판사들은 칼라스의 형을 집행하면서 당황할 수밖에 없었다. 이 노인은 바퀴에 묶여 죽어가면서도 하나님을 불러 결 백의 증인으로 삼았으며 또한 잘못을 저지른 판사들을 용서해달라고 기 도했던 것이다.

판사들은 첫 번째 판결과는 완전히 모순된 두 번째 판결을 내려 어머 니와 아들 피에르, 라베스 청년 그리고 하녀를 석방하려고 했다. 그러나 판사들 가운데 한 사람이 다음과 같은 사실을 일깨워주었다. 살해가 행 해진 것으로 추정되는 시간 동안 피고인들은 모두 함께 있었으므로, 남 은 피고인들 전부를 석방한다는 것은 이미 처형당한 가장의 결백을 인 정하는 것이나 다름없다. 따라서 첫 번째 판결의 잘못을 시인하는 결과 가 되며, 이렇게 되면 그들은 자신들의 실수에 대해 스스로 죄를 물어야 한다는 것이었다.

그리하여 판사들은 아들 피에르 칼라스를 추방하기로 했는데, 다음과 같은 이유로 볼 때 이러한 결정 역시 경솔하고 불합리한 것이었다. 피에르 칼라스는 형제를 살해한 죄가 있거나 또는 죄가 없는 두 경우 가운데 하나이다. 죄가 있다면 부친의 경우처럼 그를 차형에 처해야 한다. 죄가 없다면 그를 추방할 이유가 없는 것이다. 그러나 판사들은 그의 부친이 처형당하면서 겪은 무시무시한 고통과 죽어가면서도 보여준 감동적인 신앙심에 두려움을 느낀 나머지 마침내 방법을 궁리해냈다. 아들에게는 자비를 베풂으로써 자신들의 명예를 보전하려 했던 것이다. 그들은 자비를 베푼다는 것이 한 번 더 불의를 저지르는 짓이라는 사실을 무시했다. 그들은 가난하고 의지할 데 없으며 어디를 가더라도 인정받지 못할 이 청년을 추방하는 일 따위는, 자신들이 앞서 내린 부당한 판결에 비하면 아무것도 아니라고 생각했다.

사람들은 피에르 칼라스가 갇혀 있는 감옥으로 찾아가 만약 개종하지 않으면 부친과 같은 방식으로 처형하겠다고 협박했다. 이것은 이 젊은이가 진실을 서약한 후에 증언한 내용이다(Note 4).

피에르 칼라스는 이 도시를 떠나는 길에 사람들을 개종시키는 일을 하던 신부를 만났다. 신부는 피에르 칼라스를 툴루즈로 다시 데리고 왔다. 그는 도미니크회 수도원에 감금되었고, 가톨릭 신앙의 모든 의식을 수행하도록 강요받았다. 그의 부친이 처형당한 대가로 그를 살려주었다는 점을 강조하기 위한 것 같았다. 이제 그들의 종교는 복수를 했으므로 만족한 듯이 보였다.

칼라스의 딸들은 모친에게 빼앗아 수녀원에 유폐시켰다. 남편이 뿌린 피로 온몸이 젖은 아내는 숨이 끊어진 맏아들을 가슴에 부둥켜안아야 했고 차남이 추방당하는 것을 지켜보았으며 이제는 딸들마저 빼앗겼다. 그녀는 모든 재산을 몰수당했고, 먹을 것도 희망도 없이 세상에 홀로 남겨졌다. 그녀는 극도의 불행에 짓눌려 죽어가고 있었다. 이 끔찍한 사건의 모든 상황을 꼼꼼히 검토해보고 몹시 충격을 받은 몇몇 사람이 홀로

칩거하던 칼라스 부인을 찾아내서, 왕에게 재심(再審)을 탄원하라고 권유했다.

그녀는 정신과 육체가 소진된 터라 자기 한 몸조차 지탱할 수 없는 상태였다. 영국에서 태어나 어린 시절 프랑스의 시골로 옮겨와 살았던 그녀는 파리라는 도시의 이름만 들어도 겁을 먹었다. 그녀는 프랑스 왕국의 수도는 랑그도크의 중심지인 툴루즈보다 훨씬 더 무자비한 곳이 틀림없다고 생각했다. 그러나 죽은 남편의 오명을 씻어야 한다는 의무가 결국은 그녀에게 자신의 연약함을 떨치고 일어나게 했다. 칼라스 부인은 자신의 목숨을 내던질 각오를 하고 파리로 왔다. 놀랍게도 그녀를 맞이한 것은 따뜻한 환대와 동정 어린 도움의 손길들이었다.

지방에서는 광신이 이성을 무력하게 만들고 있었다. 그에 반해서 파리에서는, 아무리 광신이 기승을 부린다 해도 이성이 더 강력한 힘을 발휘했다.

파리 고등법원의 유명 변호사인 보몽 씨(氏)가 제일 먼저 그녀를 옹호하고 나섰다. 그는 이 사건에 대한 의견서를 썼고 여기에 15명의 변호사가 서명했다. 역시 유창한 변론으로 명성 높은 루아조 씨가 칼라스 가족을 위해 소송취의서(訴訟趣意書)를 썼다. 참사회 변호사 마리에트 씨는 청원서를 작성했는데, 이 문서는 사람들에게 확신을 심어주었다.

법을 수호하고 죄 없는 이를 옹호하기 위해 나선 이 세 명의 고결한 변호사들은 변론서 출판에서 나오는 수익을 칼라스의 미망인에게 양도했다(Note 5). 파리와 유럽 전체가 이 불행한 여인에 대한 동정으로 술렁였으며, 재심을 요구하는 목소리가 높아갔다. 세간의 여론이 참사회의 판결보다 먼저 판결을 내린 셈이었다.

동정심은 행정부에까지 퍼졌다. 관리들이란 계속해서 쌓이는 업무로 인해 종종 동정심과는 담을 쌓고 지내며, 불행한 모습들을 늘 대하는 터라 한층 무감동해지는 법이다. 하지만 그들도 이 사건 앞에서는 마음을 열었다. 모친은 딸들을 볼 수 있게 되었다. 이들은 사흘에 한 번씩 만났다. 상복을 입은 이들 모녀가 눈물을 쏟는 정경은 입회인들마저도 눈물을 홀리게 했다.

그러나 이 사건이 종교와 관련된 것이었으므로 이 가족에게는 아직도 싸워야 할 적들이 남아 있었다. 프랑스에서 '독신자'(篤信者)(Note 6)라고 불리는 많은 사람은 스스럼없이 이렇게 외쳤다. 잘못된 판결을 시인하도록 툴루즈 고등법원 판사 여덟 명을 내몰기보다는, 죄 없는 개신교도 노인을 수레바퀴에 매달아 처형하는 편이 낫다는 것이었다. "칼라스 일가보다는 법관들이 더 많다"라는 표현까지 동원되었다. 칼라스 가족은 사법부의 명예를 지키기 위해 희생되어야 한다는 주장이었다.

이런 사람들은 판사들의 명예는, 그 누구의 경우나 마찬가지로, 자신의 잘못을 인정하고 시정하는 데 있다는 점을 간과하고 있었다. 교황이 추기경들의 보좌를 받는다고 해서 과오를 범하지 않는다고 믿을 프랑스인은 없다. 마찬가지로 여덟 명의 툴루즈 판사들이 과오를 저지를 수 있다고 왜 생각하지 못하는가. 양식이 있고 편견에 치우치지 않은 다른 모든 사람은, 참사회가 특별한 정황들로 인해 툴루즈 고등법원의 판결을 파기하지 않는 일이 일어난다 해도 유럽 전체가 그 판결을 거부할 것이라고 확신했다.

지금까지 이 경악스러운 사건이 처한 상황을 간단하게 살펴보았다. 편파적이지 않고 인정 많은 인물들이 종교적 관용, 관대함, 동정심에 대한 자신의 견해를 세상 사람들에게 펼쳐 보이려는 생각을 품게 되었다. 우트빌 신부[15]는 사실을 과장하고 왜곡한 장광설에서 관용의 미덕을 가리켜 '극악무도한 도그마'라고 부르고 있지만, 이성의 눈으로 보면 이러한 미덕은 인간의 '본원적 특성'이다.

툴루즈 고등법원 판사들이 군중의 광신에 휩쓸려 죄 없는 가장을 수레바퀴에 매달아 처형했다는 것은 전례 없이 끔찍한 일이다. 아비와 어미

---

15) Claude François Houtteville(1686~1742): 볼테르가 여기서 장광설로 매도하고 있는 대상은 우트빌의 사실들을 통해 입증된 기독교의 진리(La Vérité de la Religion Chrétienne prouvée par les faits)이다. 이 책은 1740년 재판본이 나왔으나, 많은 비판과 반론을 불러일으켰다.

가 맏아들을 목매달아 죽였으며, 이 범죄를 다른 아들과 죽은 이의 친구가 거들었다고 주장하는 것도 인간의 본성에 어긋나는 일이다. 이 두 가지 가운데 어느 경우이든 분명한 점은, 가장 거룩한 신앙심도 지나치면 무서운 범죄를 낳게 된다는 사실이다. 그러므로 종교가 자비로워야 할지 아니면 가혹해야 할지를 검토하는 일은 우리 인간을 위해 도움이 될 것이다.

제2장 장 칼라스의 처형에서 얻은 각성

　백색 고행회 회원들의 행동은 죄 없는 사람을 극형으로 몰아가는 계기가 되었다. 이들은 한 가정 전체를 파멸시키고 뿔뿔이 흩어지게 했으며, 불의를 저지른 자에게나 돌아가야 할 수치를 오히려 그 불의에 희생된 사람에게 퍼부었다. 백색 고행회 회원들이, 우리의 야만적 관습이 정한 대로, 그 시신이 끌려다니며 모욕을 받아야 할 자살자를 서둘러 성인으로 추대하는 바람에 선량한 가장이 수레바퀴에 묶여 고문을 당한 끝에 죽었다. 이처럼 불행한 과오를 저지른 사람들은 자기 죄를 죽을 때까지 참회해야 한다. 이 고행회 회원들은 판사들과 더불어 참회의 눈물을 흘려야만 한다. 누군지 알아볼 수 없게 온몸을 감싼 저들의 긴 백의와 얼굴을 감춘 가면을 벗고 모두가 보는 앞에서 그렇게 해야 할 것이다.

　우리는 모든 고행회를 존경한다. 이 단체들이 고행과 자선을 겸한다는 점에서 모범적이기 때문이다. 그러나 이들 고행회가 국가에 아무리 크게 이바지한다 하더라도, 그것으로 이들이 일으킨 그 끔찍한 죄악을 상쇄할 수 있을까? 고행회는 종교적 열정이라는 바탕 위에 세워졌다. 그런데 랑그도크에서 이 열정은 가톨릭 신도들이 위그노들을 배척하도록 부추기고 있다. 이곳 사람들은 자기 형제들을 미워하기로 맹세한 것 같다. 그 돈독한 신앙으로 미워하고 박해하기는 해도, 사랑하고 돕는 일은 없으니 말이다. 예전에 수공업자들과 '신사들'이 결성한 몇몇 신도조합들에서

처럼 만약 광신자들이 고행회를 이끈다면 어떻게 되겠는가?

어떤 유창하고 박식한 법관이 들려준 이야기에 따르면, 그런 신도조합들에서는 걸핏하면 환영을 보았고 또 그런 일을 당연시했다는 것이다. 만약 광신자들이 고행회 내부에 '묵상실'이라 불리는 어두침침한 방들을 만들어 그 사방 벽에 뿔과 갈퀴를 곤추세운 악마와 화염이 이글거리는 지옥과 십자가와 칼들을 그려놓고, 이런 그림 위에 예수 그리스도의 신성한 이름을 덧붙인다면 어떻게 되겠는가? 이미 정신이 홀려 눈이 휘둥그레진 사람들이, 자신들의 지도신부에게 길든 나머지 쉽사리 달아오르는 상상력을 품게 된 사람들이 이 그림을 보면 무슨 생각을 하게 되겠는가?

너무도 잘 알려진 사실이지만, 고행회들이 위기를 초래했던 때가 있었다. 중세에는 편달고행자(鞭撻苦行者)들[1]이 분란을 일으켰다. 가톨릭 동맹[2]도 이러한 종교적 결사들에 의존했다. 무엇 때문에 이렇게 편을 갈라 자신을 다른 사람들과 구별하는가? 자신들이 더 완전한 존재라고 생각했던 것일까? 그랬다면 그것은 나머지 국민에 대한 모욕이 아닐 수 없다. 그들은 모든 가톨릭 신도들이 고행회에 가입하기를 바랐던 것일까? 머리에 뾰족 두건을 둘러쓰고 얼굴을 가린 채 작은 눈구멍 두 개만을 내놓고 다니는 사람들이 온 유럽에 우글거린다면 얼마나 가관이겠는가! 진정 그들은 하나님이 이런 우스꽝스러운 차림새를 몸에 맞춘 의복보다 더 좋아한다고 생각하는가?

---

1) 대중 앞에서 자신을 매질하며 고행하던 중세의 광신도들.

2) 프랑스 종교전쟁의 참화를 빚어낸 한 축이었던 가톨릭 동맹은 1576년 기즈 공작의 주도로 결성되었다. 주목적은 점차 세력을 확대하는 위그노에 대항해 가톨릭 교회를 보호하고, 특히 개신교도인 앙리 드 나바르의 프랑스 왕위계승을 저지하는 것이었다. 가톨릭 동맹은 에스파냐의 펠리페 2세와 교황 그레고리우스 13세의 지원을 받았다. 동맹의 대외적 명분은 그릇된 길에 빠진 왕을 견제해서 프랑스의 종교적 통일성을 유지하는 것이었으나, 기즈 공작의 형제들인 마이엔 공작 그리고 추기경인 랭스의 대주교가 이 동맹을 이끌면서 점차 기즈 가문의 왕위계승이라는 사적인 야심을 드러내게 되었다.

이것보다 더 심각한 문제가 있다. 이러한 차림새는 종교적 논쟁의 가운데서 한 당파의 제복이 됨으로써 상대편이 경계의 무기를 들게 한다. 이로써 일종의 정신적 내전(內戰)이 유발될 수 있고 결국은 불길한 파국으로 이어질지도 모른다. 광신자들이 극단으로 치닫는 만큼 국왕과 대신[3]들이 현명하게 대처하지 못할 경우 그런 사태가 일어날 수 있는 것이다.

우리는 기독교도들이 교리를 둘러싸고 논쟁을 벌인 이래로 얼마나 큰 대가를 치러왔는지 잘 알고 있다. 4세기부터 오늘날에 이르기까지 무수한 사람이 교수대에서 또는 전쟁터에서 피를 흘렸다. 다음 장에서는 종교개혁으로 인해 야기된 전쟁과 참화를 이야기해보자. 그리고 프랑스에서 종교개혁의 근원은 무엇이었던가를 살펴보자. 그 엄청난 재앙을 간략하나마 진솔하게 살펴보기만 해도, 이제껏 몰랐던 사람들은 눈을 뜨게 될 것이고 양식 있는 이들은 공분을 느낄 것이다.

---

3) ministre: 엄격한 의미의 대신은 국무참사회에 참석해서 왕과 함께 국사를 처리하는 고위관리를 가리킨다. 구체제 프랑스에서 대신은 일반적으로 여섯 명이었다. 사법 분야를 관장하던 대상서(chancelier), 재정 분야의 재무총감(contrôleur général des finances) 외에 네 명의 국무비서(secrétaire d'Etat)가 그들이다.

제3장 16세기 종교개혁에 대한 이해

　문예부흥을 통해 인간의 정신이 계몽의 빛을 맞이하기 시작하자, 악습에 대한 비판이 전반적으로 제기되었다. 모두 동의하고 있듯이 이러한 비판은 정당한 것이었다.

　교황 알렉산데르 6세는 드러내놓고 교황의 지위를 돈으로 샀으며, 그가 낳은 다섯 명의 사생아는 부친의 지위를 이용해서 이익을 나누어 챙겼다. 그 아들 가운데 하나인 추기경 보르자 공작[1]은 부친인 교황과 합세해 비텔리 가(家), 우르비노 가(家), 그라비나 가(家) 올리베레토 가(家)를 비롯한 수많은 귀족 가문을 파멸시키고 재산을 가로챘다. 역시 야심가였던 교황 율리우스 2세[2]는 프랑스 왕 루이 12세를 파문하고 왕

---

1) Cesare Borgia(1475년경~1507): 교황 알렉산데르 6세(1431~1503)의 서자(庶子)로 "이탈리아 최고의 미남"이며 놀랄 만큼 총명했다고 한다. 부친이 교황이 된 다음 해인 1493년 추기경이 되었으나 종교적 소명보다는 정치적 성향이 강한 인물이었던 탓에 1498년 추기경의 지위를 포기하고 프랑스 왕족과 결혼해 이탈리아 중부에 자신의 공국(公國)을 세우기도 했다. 호전적이고 가차 없는 행동가이자 야심만만한 책략가였던 그의 정책을 관찰한 마키아벨리는 그를 새로운 '군주'의 본보기로 인용했다.
2) Julius II(1443~1513): 로마 교황(재위 1503~13)으로 당대 교황들에 걸맞게 탐욕과 부패의 화신이었다. 성직매매를 통해 교황에 선출된 그는 성직매매를 통한 교황선출을 금지했다. 업적 가운데 하나는 군사력을 동원해 프랑스의 이탈리아 지배를 막은 것이다. 또 그는 미켈란젤로의 친구였고 브라만테와 라파엘로를 비

의 영토를 가장 먼저 점령한 자에게 넘겨주겠다고 선언했으며, 자신이 직접 투구와 갑옷 차림으로 이탈리아의 한 지역을 전쟁의 참화로 몰아 넣었다. 율리우스 2세의 후임 레오 10세는 향락 비용을 충당하기 위해 면벌부를 만들어 마치 시장에서 상품을 매매하듯이 팔아넘겼다. 이처럼 거듭되는 파렴치한 행위들에 항의한 사람들, 즉 종교개혁가들은 적어도 도덕적으로는 아무 잘못이 없다. 그렇다면 정치적으로는 그들에게 잘못을 돌릴 수 있는 것일까?

종교개혁가들은 예수 그리스도가 성직록 취득 헌납금(聖職祿 取得 獻納金)을 강요한 적이 없으며 재물을 구하려 한 적도 없다고 말했다. 또한 현세의 삶을 위해서건, 내세를 위해서건 면벌부를 판 적이 없다. 그러므로 우리가 이런 것들에 대한 값을 외국인 교황에게 치러야 할 필요가 없다는 주장이었다.

성직록 취득 헌납금, 로마 교황청에서 진행되고 있는 소송들 그리고 지금까지도 존속하고 있는 '관면'(寬免)[3]의 비용으로 치러야 할 금액이 1년에 50만 프랑[4] 정도라고 해도, 분명한 것은 프랑수아 1세 이래 250년 동안 1억 2,500만 프랑에 달하는 돈을 우리가 지급해왔다는 사실이다. 화폐 가치의 차이를 고려할 때 이러한 금액은 오늘날에는 약 2억 5,000만 프랑에 이른다. 후대 사람들도 놀라워할 이 어처구니없는 세금을 폐지하자고 주장한 사람들이 개신교도들이었다. 그러므로 이 점에 있어 그들이 프랑스 왕국에 큰 해악을 끼친 것은 아니라는 사실을, 또한 그들이 못된 신하들이라기보다는 뛰어난 회계사들이었다는 사실을 인정한다고 해서 신성모독이라고 할 수는 없다. 덧붙여 지적할 점은 종교개

롯한 예술가들을 강력히 후원한 교황이었다.

3) 프랑스어로 'dispense'(영어로는 'dispensation'). 가톨릭에서 특별한 경우에 신자들에게 교회법의 제재(制裁)를 면제해주는 행위를 말한다.

4) 프랑스 구체제에서 리브르(livre)와 프랑(franc)은 같은 의미로, 실제로는 통용되지 않는 명목화폐였다. 은화인 1에퀴(écu)가 통용되고 그 시세는 조금씩 변해 처음에는 3리브르였으나 18세기 중반에는 6리브르가 되었다. 1795년의 화폐 개혁으로 에퀴 은화(6리브르)를 5프랑 은화로 바꾸었다.

혁가들이야말로 유일하게 그리스어를 읽고 고대 그리스·로마의 문화에 접할 수 있는 사람들이었다는 사실이다. 그들이 어떤 잘못을 저질렀다 할지라도, 오랫동안 캄캄한 무지 상태에 머물러 있던 인간정신이 깨어나 발전할 수 있었던 것은 그들 덕분임을 감추지 말자.

그러나 종교개혁가들은 첫째, 절대 의심해서는 안 되는, 게다가 성직 자들에게 많은 수익을 가져다주는 연옥(煉獄)의 존재를 부정했다. 둘째, 그들은 경배해야만 할, 더구나 성직자들에게는 한층 더 많은 이익을 남 겨주는 성유물(聖遺物)을 경배하지 않았다. 셋째, 그들은 지극히 존중되 어온 교리들을 공격했다(Note 7). 바로 이러한 이유로 그들에게 돌아온 대답은 화형이었다.

독일에서는 종교개혁가들을 보호하고 급료를 주면서 고용했던 왕이 파리에서는 그들을 박해하는 행렬의 선두에서 행진했다. 행렬의 절정은 수많은 불쌍한 종교개혁가의 처형이었다. 처형은 다음과 같은 방식으로 이루어졌다. 나무 위에 걸쳐놓은 긴 들보 끝에 죄인을 매달고, 이 들보의 다른 한쪽 끝을 잡아당겨서 맞은편 끝을 올리거나 내릴 수 있게 했다. 사 형수가 매달린 아래쪽에는 큰 장작불을 피워놓고 사형수를 번갈아 아래 로 내렸다가 위로 끌어올리곤 했으며, 매달린 이들은 그 높이에 따라 끔 찍하기 짝이 없는 고통을 겪었다. 그들은 가장 길고 처참한 단말마의 고 통 속에서 숨을 거두었는데, 이러한 처형 방법은 그 어떤 잔인성도 미처 생각해내지 못했던 것이다.

프랑수아 1세가 세상을 떠나기 얼마 전, 프로방스에서는 고등법원의 몇몇 판사들이 메랭돌과 카브리에르의 주민들에게 반감을 지닌 성직자 들의 사주를 받아 국왕에게 군대 파견을 요청했다. 이 지방 주민 19명에 게 사형 판결을 내렸는데 그 판결의 집행을 지원해달라는 명분이었다. 그러나 군대가 죽인 사람은 여자, 노인, 아이의 구별 없이 6,000명에 달 했고 30개의 마을이 잿더미가 되었다.[5]

---

5) 1545년, 엑스 고등법원은 도페드 남작이 지휘하는 군대에 메랭돌과 카브리에르

그때까지 세상에 알려지지 않은 채 살던 이 시골 사람들에게 잘못이 있다면 그것은 그들이 보(Vaud)의 주민으로 태어났다는 점이다.[6] 이것이 그들의 유일한 죄이다. 그들은 300여 년 전부터 황무지와 산비탈에 자리 잡고 엄청난 노동을 쏟아 부어 이 땅을 비옥하게 일구어냈다. 전원적이고 평온한 그들의 생활은 태고의 순박함을 간직하고 있었다. 그들은 자신들이 생산한 과일을 팔기 위해서가 아니면 인근 마을로 나갈 일이 없었다. 그들은 재판이라든가 전쟁 따위는 모르고 살았다. 그들은 자신을 방어할 줄 몰랐다. 사람들은 이러한 그들을 마치 울타리 안에 짐승을 몰아넣고 사냥하듯이 죽였다(Note 8).

무자비하기도 했지만 애정 편력과 개인적 불행으로 더 기억에 남아 있는 프랑수아 1세가 죽은 후 수많은 개신교도는 끔찍한 수난들의 희생자가 되었다. 뒤부르 판사[7]의 처형에서 바시의 학살사건[8]에 이르기까지 박해는 더욱더 심해졌고, 이로 말미암아 박해받던 사람들은 스스로 무기를 들게 되었다. 개신교도들은 화형대의 불길에 삼켜지고 사형집행자의 칼날 아래 쓰러지면서도 그 수가 더욱 늘어났다.

처음의 인내는 곧 분노로 바뀌었다. 그들은 적들이 보여준 잔인성을

의 이교도들을 섬멸할 것을 명령했다. 이 마을들은 철저히 짓밟혔고 주민은 한 사람도 남김없이 학살당했다.

6) 현재 스위스 땅인 보에는 16세기까지 발도파의 잔존세력이 남아 있었다. 발도파는 12세기 말 프랑스 리옹에서 피에르 발도(Pierre Valdo)가 창시한 엄격한 『성서』 중심의 기독교 분파이다. 이 교파는 인근 나라들로 전파되었으나 1217년 발도의 사망 후 박해가 심해져서 점차 자취를 감췄다가 16세기 종교개혁으로 개신교에 흡수되었다.

7) A. Dubourg(1520~58): 당시 개신교도 박해에 항의했던 법관으로, 그 역시 장대에 매달려 화형당했다.

8) 1562년 3월 1일, 샹파뉴 지방 오트마른에 있는 바시(Wassy)에서 이곳을 지나가던 프랑수아 드 기즈의 부하들이 농가 헛간에서 예배를 보던 개신교도들과 싸움을 벌인 끝에 개신교도들을 학살한 사건. 60명의 개신교도가 살해당하고 200여 명 이상이 부상했다. 이 사건은 이후 프랑스 전역에 걸쳐 벌어질 신구교도 무장투쟁의 계기가 되었다. 바시는 1591년 가톨릭 동맹에 짓밟혔다.

그대로 모방했다. 아홉 번의 내전이 프랑스를 살육으로 뒤덮었다. 그 사이 한동안의 평화는 전란보다도 더 큰 재앙을 불러왔는데 바로 생바르텔르미 대학살[9]이었다. 이는 인간이 저지른 죄악의 연대기에서도 그 유례를 전혀 찾아볼 수 없는 사건이었다.

가톨릭 동맹은 앙리 3세를 암살한 데 이어 앙리 4세를 암살했다. 앞서는 도미니크회 수도사의 손을 빌려 그리고 다음에는 푀양회의 일원인 불한당의 손을 빌려 저지른 짓이었다.[10] 어떤 이들은 자비나 관용 그리고 종교의 자유는 가증스러운 것이라고 주장한다. 그러나 진정으로 반문하건대, 자비나 관용, 종교의 자유가 그와 같은 재앙을 초래한 적이 과연 있었던가?

---

9) 생바르텔르미 축일의 학살(1572. 8. 24): 프랑스의 가톨릭 세력이 샤를 9세의 모친 카트린 드 메디치의 음모에 따라 파리에서 위그노들을 학살한 사건. 16세기말 프랑스 전역을 참화로 몰아넣었던 종교전쟁 기간에 발생한 사건으로, 그 배후에는 프랑스 궁정 내의 정치적·종교적 알력이 자리 잡고 있다. 당시 희생자 수는 파리에서만 3,000명 정도로 추산된다. 이 사건을 계기로 위그노들은 왕권에 복종하라는 칼뱅의 원칙을 버렸으며, 특정한 상황에서는 반란세력과 폭군을 살해하는 행위가 정당화될 수 있다는 견해를 지니게 되었다.

10) 앙리 4세는 1610년 5월 14일 마차를 타고 거리를 지나던 중, 푀양회(Feuillants) 소속 라바야크(Ravaillac)라는 광신도에게 암살당했다. 푀양회는 원래 시토(Citeaux) 수도원에 속해 있었으나, 교황 식스투스 5세의 허락을 얻어 1586년 독립된 교단이 되었다. 이들은 두건이 달린 흰옷을 입었으며 아주 엄격한 규율을 고수했다.

제4장 종교의 자유는 위험한 것인가

　라틴어 대신 어설픈 프랑스어로 신에게 기도를 올리는 길 잃은 우리 형제들에게 너그러운 관용을 베푼다면, 그것은 그들의 손에 무기를 쥐어주는 결과가 될 거라고 주장하는 사람들이 있다. 그리하여 자르나크, 몽콩투르, 쿠트라, 드뢰, 생드니 등등[1]의 전투와 같은 참화가 또다시 벌어지게 되리라는 것이다. 과연 그렇게 될는지는 나로서는 예언자가 아닌 터라 모르겠다. 그러나 내가 보기에, "이 사람들은 내가 그들에게 악하게 대했을 때 무기를 들고 맞섰으니, 따라서 내가 그들에게 선하게 대할 때도 무기를 들고 맞설 것이다"라는 주장은 논리적이지 못하다.

　감히 나는 가장 높은 자리에서 국민을 통치하는 분들, 또 앞으로 고위직에 오를 분들과 더불어 아래와 같은 문제들을 신중하게 검토해보려고 한다. 종교의 자유를 허용하면 가혹한 박해가 유발했던 것과 똑같은 반발이 일어나리라고 우려하는 태도가 타당한 것일까? 어떤 상황에서 일어났던 일이 다른 상황에서도 그대로 일어난다는 보장이 있는가? 시대의 분위기, 사람들의 사고방식, 풍습이란 언제나 변하지 않는다는 말인가?

　물론 위그노들도 우리 가톨릭교도가 그랬던 것처럼 광신에 도취했고

---

1) 프랑스 종교전쟁 당시 가톨릭과 위그노 사이에 벌어졌던 전투의 격전지들이다.

피로 더럽혀졌다. 그러나 오늘날 우리와 함께 사는 그들이 자기 선조들처럼 잔인한가? 우리가 누리고 있는 시대, 눈부시게 진보하는 인간의 이성, 사람들의 정신을 일깨우는 양서(良書)들, 건전한 사회 풍속이 위그노 지도자들에게도 스며들었고 그들은 자신들을 따르는 신자들의 마음에 이러한 것들을 전파했다. 50여 년 전부터 유럽 거의 모든 지역의 상황이 달라져 왔음을 우리는 깨닫고 있다.

모든 나라에서 강력한 통치자들이 국정을 확고히 했고 풍속은 건전해졌다. 정규군의 지원을 받는 경찰력의 확대에 힘입어, 예전처럼 칼뱅파 농부들이 수확기에서 다음 파종기 사이에 서둘러 군대를 편성해 가톨릭 농부들을 상대로 전투를 벌였던 그 혼란한 시절의 무정부 상태가 더 이상 되풀이될 염려는 없어졌다.

시대가 다르면 처방도 달라야 한다. 옛날에 소르본 대학 신학자들이 잔 다르크를 화형에 처하자는 청원서를 제출한 적이 있다고 해서, 앙리 3세의 통치권 상실을 선언하고 파문했다고 해서, 위대한 앙리 4세의 추방을 결의했다고 해서, 오늘날 소르본 대학을 없앤다면 어처구니없는 일이 될 것이다. 그 광란의 시대에 극단적 행위를 저질렀던 프랑스 왕국의 다른 기관과 단체들을 단죄하려는 시도도 분명 어리석은 짓이다. 과거의 일에 대해 시대가 다른 오늘날에 이르러 죄를 묻는 것은 정당하지 않다. 그것은 1720년 마르세유에 페스트가 돌았다는 이유로 지금 그곳 주민들 전부에게 약을 먹이는 것만큼이나 정신 나간 짓이다.

1585년 로마의 교황 식스투스 5세가 왕에 대항해 무기를 드는 모든 프랑스인에게 9년 동안 죄를 사해주겠다는 제안을 했다고 해서,[2] 예전에 카를 5세의 군대가 그랬던 것[3]처럼 우리도 로마를 징벌하러 갈 것인가?

---

2) 교황 식스투스 5세(재위 1585~90)는 교황청을 개혁한 것으로 유명하다. 그러나 그는 당시 가톨릭과 위그노 사이의 종교전쟁(1562~98)으로 혼란 상태에 있던 프랑스에서 개신교가 확산되는 것을 막기 위해 앙리 4세를 위그노라는 이유로 파문했다가 곤경에 처하기도 했다.

3) 로마 약탈은 1527년 5월 6일 교황령의 수도 로마를 침략한 신성로마제국의 황

교황청이 다시는 그런 미친 짓을 저지르지 못하게 하는 것만으로 충분하지 않다는 말인가?

독단적인 정신이 불러일으키는 광분과 잘못 이해된 극단적 기독교 신앙은 프랑스에서 그랬듯이 독일과 영국, 네덜란드에서까지 참으로 많은 피를 뿌리고 참담한 재앙을 초래했다. 그렇지만 오늘날 그 나라들에서는 신앙의 차이가 아무런 갈등도 불러일으키지 않는다. 유대교, 가톨릭교, 그리스정교, 루터파, 칼뱅파, 재세례파,[4] 소치니파,[5] 메논파,[6] 모라비아교[7]를 비롯한 수많은 다른 교파의 신도들이 형제로서 더불어 살면서 사회의 행복에 함께 이바지하고 있는 것이다.

지금 네덜란드인들은 고마루스[8] 같은 사람이 등장해 예정설에 대한 논박을 벌임으로써 재상의 목을 베었던 일[9] 같은 것이 또다시 일어나게

제 카를 5세의 군대 일부가 통제에서 벗어나 로마 시내에서 무차별적으로 약탈을 자행한 사건이다.

4) Anabaptistes: 종교개혁과 함께 출현한 개신교도계 종파로서 재침례파라고도 한다. 이들은 비자각적(非自覺的)인 유아세례를 비성서적이라고 보며, 자각적인 신앙고백 이후의 세례만이 유일한 세례라고 주장해 세례지원자에게 다시 세례를 베풀었다.

5) 이탈리아 유니테리언파 신학자 소치니(Fausto Sozzini, 1539~1604)의 학설을 이어받아 16세기 말부터 17세기에 걸쳐 활동한 기독교 일파. 그리스도의 중요한 교의인 속죄, 삼위일체설을 부정했다.

6) 네덜란드 종교개혁가 메노 시몬스에 의해 창시된 메노나이트 교회의 신도들을 가리킨다. 재세례파 가운데 최대 교파로서, 그 한 갈래인 보수적 개신교도 아미시(Amish)는 주로 미국 펜실베이니아, 오하이오, 인디애나 등에서 새로운 문명을 거부하면서 집단을 이루어 살고 있다.

7) 18세기에 창설된 개신교 교파. 15세기 보헤미아와 모라비아(체코슬로바키아 중부지방)에서 후스파 운동을 일으킨 보헤미아 형제단이 기원이 되었다.

8) Franciscus Gomarus(François Gomar, 1563~1641): 칼뱅파 신학자이며 교수였던 그는 자유주의적인 견해를 지닌 신학자 야코부스 아르미니위스와 예정설 논쟁을 벌임으로써 네덜란드의 개신교회 전체를 논쟁의 장으로 몰고 갔다.

9) 고마루스파는 가톨릭과 유대교 신도들은 물론이고 고마루스파 이외의 다른 개신교도들에 대한 관용에 반대했는데, 여기에 반발한 훌륭한 정치가 얀 반 올텐바르네벨트(John van Oldenbarnevelte)는 정치와 관련된 종교논쟁에 휘말렸다가 결국 반역죄로 처형당했다.

될까 염려하지 않는다(Note 9). 런던에서는 제식과 법복을 놓고 장로파와 성공회가 다시 논쟁을 벌여 왕이 교수대에서 피를 흘리게 될 것을 우려하는 사람은 없다(Note 10). 주민이 증가하고 생활이 풍족해진 아일랜드에서는 가톨릭 신도들이 신에게 제물로 바친다는 구실로 두 달 동안이나 개신교도들을 학살한 일은 다시는 일어나지 않을 것이다. 당시 가톨릭 신도들은 개신교도들을 산 채로 파묻고, 교수대에 어머니를 매달고 그 어머니의 목에 다시 딸을 매달아 함께 숨이 끊어지는 모습을 보고, 임신한 여인의 배를 갈라 채 자라지도 않은 태아를 끄집어내서 돼지와 개의 먹이로 던져주고, 죄수를 꽁꽁 묶어 칼을 쥐게 하고는 그들의 아내, 아버지, 어머니, 딸의 가슴 위로 포박된 손을 끌어당겨 가족끼리 서로 죽이게끔 함으로써 이들 모두를 죽이는 동시에 지옥으로 떨어뜨리는 만행을 저질렀다.

이와 같은 만행은 이 사건이 벌어지던 당시 아일랜드에서 장교로 복무하던 라팽 드 투아라[10]가 증언한 내용이며, 또한 영국의 갖가지 연보와 역사에도 기록되어 있는 것으로, 장차 어떠한 일도 그 잔혹성을 흉내내지 못하리라는 것은 분명하다. 종교의 누이인 철학, 오직 철학만이 맹신으로 인해 그 오랜 세월 동안 피로 물들어온 인간의 손에서 무기를 내려놓게 할 수 있었다. 그리고 인간의 정신은 그릇된 도취에서 깨어난 후, 편협한 신앙에 휩쓸려 자행한 극단적인 폭력에 경악했다.

우리 프랑스에도 루터교가 가톨릭교보다 우세한 풍요로운 지방이 있다. 알자스 대학은 루터교도들이 이끌며, 또 이들이 시 행정의 일부를 담당한다. 알자스가 프랑스 국왕의 영토가 된 이후[11] 이 고장의 평온을 해치는 아주 사소한 종교적 분쟁도 일어난 적이 없다. 그 이유는 무엇인

---

10) Paul de Rapin de Thoyras(1661~1725): 프랑스의 군인, 역사가. 칼뱅파였던 그는 낭트칙령을 폐지한 1685년의 퐁텐블로칙령 후에 영국으로 망명해서 『영국사』를 썼다.
11) 알자스는 독일 30년전쟁을 종결한 베스트팔렌 조약(1648)에 따라 프랑스의 영토가 되었다.

가? 그것은 바로 이곳에서는 신앙을 이유로 박해받는 사람이 없기 때문이다. 그야말로 "누군가의 마음을 절대 구속하려 하지 마라. 그러면 누구라도 당신에게 설복될 것이다"라는 말이 입증되는 경우이다.

군주와 같은 종교를 믿지 않는 사람들도, 지배적인 종교에 속하는 사람들이 누리고 있는 지위와 명예를 공유해야 한다고 주장하는 것이 아니다. 영국에서 가톨릭교도들은 왕위 요구자[12]의 당파를 지지한다고 여겨지고 있는 터라 공직에 오를 수 없다. 그들에게는 이중의 세금까지 부과된다. 그러나 이 점을 제외하면 가톨릭교도들도 시민의 모든 권리를 누리고 있다.

프랑스의 몇몇 주교들은 교구에 칼뱅파 신자들이 살도록 용인하는 것이 자신들의 명예나 이익에 해가 된다고 생각하는 것이 아닐까 하는 그리고 이러한 점이 관용에 가장 큰 장애가 되는 것이 아닐까 하는 의혹이 제기되어왔다. 나로서는 그렇게 생각하지 않는다. 대부분의 프랑스 주교들은 사고와 행동에서 자신들의 출생에 어울리는 고귀함을 보여주는 뛰어난 사람들이다. 그들은 자비로우며 관대하다. 이것이 그들이 받아야 할 올바른 평가이다. 다만 그들이 유념해야 할 점은, 자신의 교구에 사는 개신교도들이 박해를 받아 외국으로 도망치면 그곳에서 가톨릭으로 개종할 리는 없으리라는 사실이다. 반대로 개신교도들이 목자의 곁으로 되돌아온다면 그들을 가르쳐 교화하고 모범을 보여 설복할 수 있다. 그러면 주교들은 그들을 개종시켰다는 명예를 얻고 수익도 줄어들지 않을 것이다. 그리고 교구민의 수가 많으면 많을수록 성직(聖職)은 더 많은

---

12) 여기서 왕위 요구자란 제임스 2세의 아들인 가톨릭교도 제임스 에드워드 스튜어트(James Edward Stuart), 손자 찰스 에드워드(Charles Edward)를 가리킨다. 1700년 말에 윌리엄 3세가 후사 없이 병석에 눕고, 장차 여왕으로 즉위하게 되어 있던 앤은 하나뿐인 아들을 잃었다. 이러한 상황에서 국외 망명 중이던 제임스 2세의 추종세력들이 해외에서 세력을 확대하기 시작하자, 영국 의회는 제임스 에드워드에게 왕위가 돌아가는 것을 막기 위해 1701년 왕위계승법을 제정했다. 이 법은 왕위계승에 대한 규정과 함께 장차 영국왕은 영국 국교회 신자여야 한다는 조항을 명문화했다.

이익을 남겨주는 법이다.

폴란드 바르미아의 주교에게는 재세례파 교도인 소작인과 소치니파 교도인 징세청부업자(fermier)가 있었다. 사람들이 그에게, 한 사람은 동일본질(consubstantialité)[13]을 믿지 않으니까 쫓아버리고, 다른 사람은 아들에게 15세가 된 다음에야 세례를 주었으니까 내쫓으라고 권유했다. 주교는 대답했다. 그들은 내세에는 영원히 지옥에 떨어지게 되겠지만 현세에는 아주 필요한 사람들이라고.

우리가 몸담은 유럽이라는 작은 세계를 벗어나 지구의 다른 곳에서는 어떤 일이 벌어지고 있는지 살펴보자. 오스만제국의 술탄은 서로 다른 종교를 믿는 20개의 부족을 평화롭게 통치하고 있다. 콘스탄티노플에서는 20만에 달하는 그리스정교도들이 아무런 위험도 없이 생활한다. 이슬람 교전(敎典) 해석자가 그리스정교의 총주교를 임명하고 황제에게 데려가 알현케 한다. 이곳에서는 로마 가톨릭이 총대주교를 두는 것 역시 용인되고 있다. 술탄은 그리스의 몇 개 섬에 가톨릭 주교들을 임명해 파견하면서(Note 11), 다음과 같은 말을 덧붙인다.

짐은 이 사람에게 명하노니, 키오스 섬[14]에 가서 주교로 재임하면서 그들의 관습과 정해진 의식에 따라 다스리도록 하라.

오스만제국에는 야고보파, 네스토리우스파,[15] 그리스도 단의론자(單

---

13) 성부와 성자, 성신은 동질(同質), 동체(同體)라는 삼위일체설의 교리를 가리킨다. 기독교에서는 성부·성자·성신을 동일한 신격으로 간주한다. 하나님 아버지인 유일신은 아들인 그리스도로서 이 세상에 내려와 성령의 형태로 인류에게 구원의 복음을 전파했다는 것이다. 삼위일체설은 325년 니케아 공의회에서 정통교리로 공인되었다.
14) 에게 해 서부에 있는 그리스령 섬. 소아시아 반도의 서쪽 끝으로 호메로스의 출생지이기도 하다. 1415년 이후 오스만 튀르크에 복속되었다. 1822년 그리스 독립전쟁 때 많은 기독교계 주민들이 튀르크인들에게 학살당하거나 노예로 팔려간 일이 있다. 발칸전쟁(1912~13) 이후 그리스에 재통합되었다.

意論者)[16]들을 비롯해 콥트 교회[17] 신도, 성 요한 기독교도, 유대교도, 조로아스터교도, 바니아(Bania)[18]들도 살고 있다. 오스만제국의 역사서에는 이들 종교 가운데 그 어떤 것도 반란을 일으켰다는 기록을 찾아볼 수 없다.

인도, 페르시아, 타타르에서도 사람들은 종교의 자유를 누리고 있으며 마찬가지로 평화롭다. 표트르 대제[19]는 자신의 광대한 제국에 온갖 종류의 종파를 허용했다. 그의 제국에는 상업과 농업이 번성했다. 또한 정치 단체가 다양한 종파 때문에 피해를 당한 적은 없다.

중국의 통치자들은 우리가 알고 있는바, 4,000년보다도 더 오랜 세월동안 유일신(唯一神)에 대한 경배를 근간으로 하는 하나의 종교만을 채택해왔다.[20] 그렇지만 중국의 통치자들은 백성들이 부처를 믿는 것도, 수많은 불교승려들도 용인했다. 승려들은 현명한 법적 장치를 통해 줄곧 억제하지 않으면 자칫 위협적인 존재가 될 집단인데도 그렇게 했던 것이다.

중국 역사상 가장 지혜롭고 너그러운 통치자인 옹정제(擁正帝)[21]가

---

15) 콘스탄티노플 총대주교 네스토리우스(Nestorius, ?~451)의 교설을 신봉하는 기독교의 한 종파.

16) 성육신의 그리스도는 신인양성(神人兩性)을 갖추고 있으나 의지(意志)는 오직 하나라는 주장의 신봉자들을 말한다.

17) 그리스도의 단성설(單性說)을 신봉하는 교회로 알렉산드리아 총주교 관할인 이집트 기독교의 일파. 칼케돈 공의회에서 알렉산드리아 총주교 디오스코루스가 이단으로 단죄(454년 죽음)된 데 반발해 국민적 교회로 독립했다.

18) Bania, Baniyā: 산스크리트어로 교역이라는 뜻의 vánijya에서 유래한 말. 대금업자와 상인들로 구성된 카스트로 인도 북부와 서부 지역에 살고 있다.

19) Pyotr I(1672~1725, 재위 1682~1725): 러시아 황제. 발트 해, 카스피 해 연안까지 영토를 늘리고 새로운 수도 상트페테르부르크를 건설했다.

20) 중국의 옛 종교가 지배자이자 창조자로서의 유일신 숭배라고 말할 수는 없다. 여기서 볼테르가 말하는 유일신은 선과 악을 판결하는 어떤 초월적 존재의 개념으로 이해해야 한다.

21) 청나라의 제5대 황제(1678~1735, 재위 1722~35). 강희제의 넷째 아들이다. 선황 강희제는 티베트를 복속시키고 예수회 선교사들을 받아들인 바 있다. 가톨

예수회 선교사들을 추방했던 것은 사실이다. 그러나 그것은 이 황제가 종교의 자유를 허락하지 않았기 때문이 아니다. 예수회 선교사들이 박해를 받은 이유는 반대로 이들 선교사가 종교의 자유를 부정했기 때문이었다. 예수회 선교사들은 『진귀한 편지』(*Lettres curieuses*)라는 책에서 이 훌륭한 군주가 자신들에게 한 말을 이렇게 옮기고 있다.

짐은 당신네 종교가 다른 사람들의 종교를 인정하지 않는다는 사실을 알고 있소. 당신네가 마닐라와 일본에서 어떻게 했는지도 아오. 당신들은 선황이셨던 부친을 기만했소. 짐까지 속일 수 있으리라고는 기대하지 마시오.

황제가 선교사들에게 했던 말을 처음부터 끝까지 읽어보면 그가 참으로 현명하고 관대한 사람이라는 사실을 깨닫게 될 것이다. 궁정에 온도계와 통풍기를 소개한다는 구실로 왕자를 꾀어내 달아난 적이 있는 유럽 의사들을 어떻게 그가 용인할 수 있었겠는가? 그리고 이 황제가 우리 유럽의 역사를 읽을 기회가 있어서 가톨릭 동맹과 화약음모사건[22] 시대에 대해 알게 된다면, 그는 뭐라고 평할 것인가?

옹정제로서는 세계 반대쪽에서 자국으로 파견되어온 예수회, 성 도미니크회, 성 프란체스코회, 재속 신부들이 자기들끼리 벌이고 있는 남부끄러운 싸움에 질릴 지경이었다. 이 성직자들은 진리를 설파하러 와서는

릭 선교사(宣敎史)에 따르면 옹정제는 강희제와는 달리 예수회 선교사를 박해했다고 한다.

22) 영국의 가톨릭교도들이 의회를 폭파하고 제임스 1세와 왕비 및 제임스 1세의 큰아들을 시해하려고 꾸민 음모(1605. 11. 5). 가이 포크스를 비롯한 음모의 주동자들은 제임스 1세가 더 이상의 종교적 관용을 베풀지 않는 데 불만을 품은 열렬한 가톨릭교도들이었다. 이들은 국왕과 대신들 및 의원들이 살해된 이후 혼란한 상황을 틈타 가톨릭교도들이 정권을 장악할 수 있을 것으로 기대하고 웨스트민스터 궁 바로 아래까지 뻗어 있는 지하저장실에 20통 이상의 화약을 숨겼다가, 의회가 열리기 전날 밤 발각되었다.

서로를 헐뜯는 일에 열중하고 있었던 것이다. 황제가 취한 조치는 외국에서 온 이 훼방꾼들을 되돌려보낸 것뿐이었다. 그 추방의 방식 또한 얼마나 온화했던가! 그는 외국선교사들이 편안히 귀국할 수 있도록 그리고 도중에서 성난 백성들에게 봉변을 당하지 않도록 자상한 배려를 아끼지 않았다. 중국 황제가 외국선교사들을 추방하면서 보여준 태도는 관용과 인류애의 본보기가 되었다.

일본인은 신앙에 대해 세상에서 가장 너그러운 민족이다(Note 12). 일본에는 12개의 온화한 종교가 이미 뿌리내리고 있었고, 이 나라에 들어간 예수회는 13번째 종교가 되었다. 그러나 예수회는 다른 종교를 용인하지 않았던 탓에 알다시피 내전이라는 결과를 초래했다. 이 내전은 가톨릭 동맹과 개신교 동맹 사이의 전쟁만큼 끔찍한 것은 아니었으나 온 나라를 비탄으로 몰아넣었다. 기독교는 결국 자신들이 불러온 피바다 속에서 파국을 맞이했다. 일본인들은 나라의 문을 닫아걸고 세계에 대해 등을 돌렸다. 그들은 우리 유럽인들을, 영국인이 자기네 나라로 파견한 선교사들처럼 사납고 잔인한 자들이라고 간주했다. 일본과의 교류가 필요하다는 점을 인식한 콜베르[23]는 그들과 통상관계를 수립하려고 노력했다. 그러나 그들은 우리가 전혀 필요하지 않은 터라 소용없는 일이었다. 그들은 콜베르의 제의를 완강하게 거부했던 것이다.

이상에서 살펴본 대로 유라시아 대륙 전체를 통해 입증된 점은, 종교적 불관용을 공포하거나 정책으로 시행하는 것은 옳지 않다는 사실이다.

대서양 건너편 세계로 눈을 돌려 아메리카 대륙의 캐롤라이나를 살펴보자. 캐롤라이나의 법률은 탁월한 철학자 존 로크가 입법한 것이다. 이곳의 법률에 따르면, 종교가 법적으로 승인받기 위해서는 한 가족의 가장인 신도가 일곱 명만 있으면 된다. 이러한 종교의 자유 때문에 무질서

---

23) Jean-Baptiste Colbert(1619~83): 프랑스의 정치가. 루이 13세 때 재상 마자랭에게 발탁되었고 루이 14세 시대에 승승장구해 재상과 다름없는 권력을 휘둘렀다.

가 초래된 적은 없다. 프랑스가 이를 본받아야 한다는 뜻에서 이러한 예를 드는 것은 아니다. 여기서 말하고 싶은 점은, 종교의 자유가 극단적으로 허용된다 하더라도 아주 사소한 불화조차 일어나지 않는다는 사실이다. 하지만 신생 식민지에서 지극히 유용하고 이로운 일도 유서 깊은 프랑스 왕국에는 적절치 않을 수 있다.

　사람들이 조롱의 뜻으로 퀘이커 교도(Quakers)라고 부르는 그 소박한 사람들은 어떠한가? 그들의 관습은 어쩌면 우스꽝스러울지도 모른다. 그러나 그들의 덕성스러운 품행은 전 세계인들에게 평화를 가르쳐주지 않았던가? 비록 소용없는 일이었지만 말이다. 펜실베이니아에는 퀘이커 교도들이 10만 명 가량 살고 있다. 그들이 보금자리를 건설한 행복한 땅에는 그 어떤 반목이나 논쟁도 찾아볼 수 없다. 필라델피아라는 그들의 도시 이름은 그들에게 모든 사람은 형제라는 사실을 늘 일깨우는 것으로, 아직도 종교적 관용을 모르는 국민들에게는 배워야 할 본보기이자 질책이 되고 있다.

　결론적으로 말해서 관용은 절대 전란을 초래한 적이 없었다. 오히려 불관용이 파괴와 살육을 일으켰다. 그러므로 지금의 문제는 아이가 서로 자기 아들이라고 주장하는 두 어머니를 두고 판결을 내리는 것과 같다. 한 어머니는 아들이 사람들 손에 죽기를 택했고, 다른 어머니는 자기 아들을 살리기 위해 차라리 양보했던 것이다.

　여기서 나는 국가에 돌아갈 정치적 이득이라는 측면만을 다루고 있다. 나는 당연히 신학을 존중한다. 다만 이 글에서는 사회의 물질적이고 정신적인 행복에 대해서 논했다는 점을 강조하고 싶다. 바라건대 모든 공정한 독자들께서는 위의 사실들을 고찰해 잘못된 점은 바로잡고 잘된 점은 널리 알려 주었으면 한다. 관심 있는 독자들이 서로의 생각을 나눈다면 언제나 글쓴이보다 더 깊이 있는 성찰에 도달하는 법이다(Note 13).

제5장 관용의 허용

계몽된 식견과 너그러움을 갖춘 대신이라면, 온정 있고 지혜로운 고위 성직자라면, 신민이 많을수록 이익이 되며 자신의 영광은 신민이 누리는 행복에 달려 있다는 사실을 아는 군주라면 지금 내가 쓰고 있는 이 미완성의 조악한 글에 관심을 기울일 것이라고 감히 추측한다. 이 글에 결점이 있더라도 그는 자신의 지혜로 메워줄 것이다. 그는 자신에게 이런 물음을 던질 것이다.

땅을 경작하고 가꾸는 일꾼의 수를 늘리기 위해, 더 많은 세금을 거두기 위해, 국가가 한층 번영하기 위해 나는 어떠한 위험을 감수해야 할 것인가?

베스트팔렌 조약[1]을 통해 마침내 종교의 자유를 얻지 못했더라면 독일은 아마 지금 서로 죽인 가톨릭교도, 루터파 신도(복음주의자), 개혁파 개신교도, 재세례파의 유골들로 뒤덮인 폐허가 되어 있을 것이다.

---

1) 독일 30년전쟁을 종결시킨 조약(1648. 10. 24). 유럽사상 최초의 국제회의로서 베스트팔렌 오스나브뤼크에서 조인되었다. 이 조약은 종교의 자유를 인정함으로써 소수 개신교도를 다수 가톨릭교도에게서 보호하고 종교분쟁의 종식을 천명했다.

프랑스에서도 보르도, 메스, 알자스 등지에는 유대인들이 살고 있다. 또한 다른 지방에는 루터파, 몰리니스트,[2] 얀선주의자[3]들이 있다. 그렇다면 칼뱅파 개신교도들도 우리 가운데서 살도록 포용할 수 없는 것일까? 런던에서 가톨릭교도들이 용인되는 경우와 비슷한 조건을 만들어주고 말이다. 종파가 늘어날수록 각 종파는 덜 위협적이게 된다. 많은 수의 종파가 공존한다는 점이 그들 각각을 약화시키는 것이다. 그들 모두는 공정한 법에 따라 견제를 받는다. 그들이 요란한 집회를 열거나 공개적으로 다른 종파를 헐뜯거나 반란을 꾀하는 일은 법으로 금지된다. 이 법은 강제력을 띠고 예외 없이 시행되고 있다.

상당수의 칼뱅파 가장들이 외국에서 많은 재산을 축적했으며, 또 이들은 고향으로 돌아오고 싶어 한다는 사실을 우리는 알고 있다. 그들이 요구하는 것은 자연법이 지켜지고, 자기들 결혼의 유효성이 인정되고, 자녀들이 안전하게 자라서 부모에게 상속받을 권리를 보장받으며, 개개인의 자율성을 보장받는 것뿐이다. 그들은 개신교 교회를 공인해줄 것을 주장하지 않으며, 시 재정에 대한 권한이나 고위직에 오를 권리를 요구하지도 않는다. 이러한 권리는 런던에 사는 가톨릭교도들도, 그 밖의 여러 개신교도 국가에 사는 가톨릭교도들도 누리지 못하는 것이기 때문이다. 어떤 특정 종파에 많은 특권과 안전한 지위를 주자는 것이 아니다. 다만 사람들이 평화롭게 살도록 하자는 것이다. 그러려면 예전에는 필요했을지도 모르지만 이제는 더 이상 쓸모가 없어진 칙령들을 완화해야 한다. 우리가 이 나라 내각에 취해야 할 조치를 지시할 수는 없다. 이 불

---

2) 에스파냐 예수회 수도사 루이스 데 몰리나(Luis de Molina, 1535~1600)가 주장한 신학설(몰리니즘)의 추종자들을 말한다. 몰리나가 "신은 은총을 믿는 모든 사람에게 지복에 이르는 힘을 베푼다"고 설파한 것이 토마스 아퀴나스의 설에 반대된다고 해 논쟁이 벌어졌다. 이것이 이른바 '은총논쟁'이다.

3) 네덜란드 신학자 코르넬리우스 얀세니우스(Cornelius Jansenius, Cornelis Otto Jansen, 1585~1638)의 교의에 기원을 둔 얀선주의 추종자들을 일컫는다. 얀선주의는 예수회와 격렬한 논쟁을 벌이다가 루이 14세에게 탄압을 받고 크게 위축되었다.

행한 개신교도들을 위해 탄원할 수 있을 뿐이다.

그들이 이 사회에 유용하게 이바지하도록 만들 방법, 또한 전혀 위협적이지 못한 존재가 되게 할 방법이야 얼마나 많은가! 우리 내각과 참사회가 신중한 정책과 공권력을 조화시키면 아주 쉽게 그 방법들을 찾아낼 수 있을 것이다. 이미 다른 많은 나라에서 그런 방법들을 사용해 좋은 결과를 낳고 있다.

칼뱅파에도 광신자들은 분명 존재한다. 그러나 광신자 수에서는 가톨릭교도 가운데서도 얀선주의의 '경련하는 자'[4]들이 타의 추종을 불허한다. 이 나라에서 생메다르 묘지의 천박한 광인들은 사소한 문제로 취급되었지만, 칼뱅파의 광신도들은 모두 죽임을 당하고 말았다.

광신도 수를 감소시킬 묘안이 있다면 그것은 광신이라는 이 정신의 질병에 이성의 빛을 쐬는 방법일 것이다. 이성이라는 요법은 인간을 계몽하는 데 효과는 느리지만 절대 실패하지 않는 처방이다. 이성은 온화하고 인정미가 있다. 이성은 너그러움을 불러일으키고 불화를 잠재운다. 이성은 미덕을 확고히 하며, 기꺼운 마음으로 법에 복종하도록 함으로써 더 이상 강제력으로 법을 유지할 필요가 없게 만든다.

오늘날 양식 있는 사람이라면 누구나 종교적 열광을 조롱한다는 점은 상당히 중요하다. 그 조롱이 모든 광신자가 정도를 벗어나서 과격화하는 것을 막는 강력한 방책이 되기 때문이다. 지나간 시간은 전혀 존재한 적이 없었던 것처럼 간주하면 된다. 현재 우리가 있는 지점에서부터, 각 나라가 도달해 있는 상태에서부터 출발해야 한다.

---

4) convulsionnnaire: 얀선주의 광신자들을 일컫는 말이다. 1727년 젊은 얀선주의 지도자 프랑수아 드 파리(François de Pâris)가 금욕생활의 결과로 사망했는데, 그의 무덤이 안치된 생메다르 묘지에서 몇 가지 신비스러운 치유의 사례가 일어났다. 이를 신이 내려준 확증이라 여긴 수천 명의 신도가 무덤 앞에 무릎을 꿇고 황홀경에 빠져 경련을 일으키며 열광했다고 한다. 루이 15세는 이곳을 폐쇄했다. 그러나 도취 상태에 빠져 경련을 일으키며 교회와 국가의 몰락을 예언하는 광신도들의 수는 줄지 않았고, 그들의 도덕적 무질서는 당대 지식인들이 기독교의 기적에 대해 회의적인 결론을 내리는 근거가 되었다.

아리스토텔레스의 범주들(catégories)[5]에 반하는 주장을 펴는 사람들을 단죄해야 한다고 믿었던 때가 있었다. 그들은 자연은 진공을 두려워한다는 이론에 반대하고, 사물의 본질을 부정하고, 보편적인 것은 개별적인 것의 일부라는 주장을 받아들이지 않았다. 유럽에는 주술(呪術)에 관련된, 진짜 마녀와 가짜 마녀를 구별하는 방법에 관련된 100여 권이 넘는 판례집이 전해온다. 한때는 메뚜기를 비롯한 농작물에 피해를 주는 해충의 구제법이 빈번하게 동원되었으며, 그것은 지금도 여러 관습 속에 남아 있다.

그러나 그러한 일이 벌어지던 시대는 이미 지나갔다. 이제는 아무도 아리스토텔레스, 메뚜기, 마녀 같은 것을 거론하지 않는다. 예전에는 그토록 중요하게 여겨졌으나 지나고 보면 심각한 광증에 불과했던 예는 아주 많다. 이런 광증은 아직도 때때로 고개를 들곤 한다. 그러나 극단적 광기가 낳은 결과를 본 사람들은 진저리를 쳤고 마침내 광기는 종식되었다. 오늘날 카르포크라테스파, 에우튜케스파, 그리스도 단의론자, 네스토리우스파, 마니교도 등등을 자처하는 사람이 있다면 어떻게 될까? 옛날 옷차림대로 주름장식 깃을 달고 꼭 끼는 저고리를 입고 있는 사람을 대하듯이 모두 웃어댈 것이다.

프랑스는 예수회 신부인 르텔리에[6]와 두생[7]이 우니제니투스 교서(教書)[8]를 작성해서 로마 교황청으로 보낸 사건을 계기로 눈을 뜨기 시

---

5) 카테고리(Catégorie)란 그리스어 'Kategorein'에서 유래한 말로 보통 근본적 개념, 최고 유개념(類槪念)의 뜻으로 사용된다. 아리스토텔레스는 『오르가논』(*Organon*)에 포함된 논문 「범주론」(Catégoriae)에서 이 용어를 어떤 술어 형식을 가리키는 데 사용하며 실체, 양, 질, 관계, 장소, 시간, 위치, 상태, 능동, 수동 등 열 개의 범주를 들었다. 아리스토텔레스의 10범주는 중세기까지는 가장 완벽한 것으로 받아들여졌다.

6) Michel Le Tellier(1643~1719): 시골 출신이지만 예수회 신학교에서 두각을 나타내서 루이 14세의 고해신부가 된 인물로 얀선주의 탄압을 주도했다.

7) Louis Doucin(1652~1726): 예수회 신학자로서 얀선주의 탄압을 주도했다.

8) Unigenitus: 정식 명칭은 Unigenitus Dei Filius. 얀선주의자 파스키에 케스넬(Pasquier Quesnel)의 『프랑스어 신약성경과 도덕에 관한 사색』(*Nouveau Testament*

작했다. 이 두 사람은 아직도 무지의 시대에, 자기들이 주장하는 것이면 아무리 어처구니없는 것이라 해도 사람들이 무조건 믿고 따르던 시대에 살고 있다고 착각했다. 이들은 모든 시대의 보편적인 진리, "그 누구라도 부당하게 파문당할 것이 두려워 자신의 의무를 게을리해서는 안 된다" 라는 명제를 부정했다. 이러한 태도는 바로 이성을 추방하고, 프랑스 교회의 자유를 부정하고, 도덕의 기초를 무너뜨리는 것이었다. 이것은 결국 사람들을 향해 "하나님은 우리에게 명하시기를, 만약 불의를 당할 것이 두려우면 의무를 저버려도 된다고 하셨다"라고 말하는 셈이었으니까 말이다. 이보다 더 뻔뻔하게 양식(良識)을 외면한 경우는 없었다.

그러나 로마 교황의 고문 신학자들은 이러한 후안무치를 간과하고 말았다. 이들의 설득에 넘어간 교황은 우니제니투스 교서가 필요하며 프랑스 국민이 원하고 있다고 믿었다. 그는 이 교서를 승인해서 보냈고 그 결과는 우리가 아는 바와 같다. 만약 로마 교황청이 그 결과를 예견했더라면 이 교서의 내용이 완화되었을 것은 분명하다. 이 문제를 둘러싸고 격렬한 논쟁이 벌어졌고, 결국 국왕이 신중하고 올바른 조치를 통해 그것을 진정시키기에 이르렀다.

개신교도가 우리 가톨릭교도와는 다른 주장을 내세우고 있는 조항들 대부분에서도 사정은 위의 경우와 다를 바 없다. 그 가운데는 전혀 중요하지 않은 것들도 있다. 물론 중요한 조항들도 있지만, 그것들이 한때 불러일으켰던 격렬한 논쟁의 열기가 이제는 식어버린 탓에, 오늘날엔 개신교도들도 설교 도중에 거론하지 않는다.

그러므로 과거가 혐오스럽고 진절머리가 나는 바로 지금, 이성이 개가를 올리는 이 시대야말로 사회의 화합을 도모할 기회이다. 신앙논쟁이라는 이름으로 창궐했던 전염병은 물러가고 있다. 이 흑사병과도 같은 질

---

en français aves des réflexions marales, 1693)에 담겨 있는 101가지 신학적 진술들을 단죄한 교서이다. 얀선주의를 억압하려던 루이 14세의 요청에 따라 1713년 9월 8일 교황 클레멘스 11세가 발행한 교서이다.

병에서 벗어났으므로 이제 필요한 것은 온화한 식이요법이다. 고향을 등졌던 망명자들이 겸허하게 다시 집으로 돌아올 수 있도록 하는 것이 국익에 도움이 된다. 이러한 조치는 인도주의적 관점에서 볼 때 당연한 것이고 이성에 비추어서도 바람직한 것이다. 그러니 정치인들은 이러한 조치를 두려워해서는 안 될 것이다.

제6장 불관용은 자연법인가

자연법은 자연이 모든 사람에게 가르쳐주는 법이다. 당신이 자녀를 길렀다면 그 아이는 당신을 아버지로서 존경하고 길러준 은혜에 감사해야 한다. 당신이 직접 밭을 갈아 농사를 지었다면 당신은 그 땅에서 나는 생산물을 소유할 권리가 있다. 당신이 약속했거나 약속을 받았다면 그 약속은 지켜져야 한다.

인간의 법은 반드시 이러한 자연의 법을 토대로 만들어져야 한다. 그리고 자연의 법과 마찬가지로 인간의 법에서도 보편적인 원칙은 세상 어디서나 바로 다음과 같은 것이다. "네가 타인에게 당하고 싶지 않은 일을 너 역시 타인에게 하지 마라." 이러한 원칙을 따른다면, 한 사람이 다른 사람에게 "내가 믿는 것을 믿어라. 만약 믿지 못하겠다면 너를 죽이겠다"라고 어떻게 말할 수 있겠는가. 하지만 포르투갈, 에스파냐, 고아[1]에서는 그렇게 외치고 있다. 오늘날 몇몇 나라에서는 좀 누그러뜨려 "믿어라, 아니면 너를 증오하겠다. 믿어라, 아니면 온갖 방법으로 너를 괴롭히겠다. 이 짐승 같은 자여, 네가 나와 같은 종교를 갖지 않겠다는 말은 네게 종교가 없다는 말이다. 그러므로 너는 이웃과 지역의 지탄을 받아 마땅하다"라고 말하는 선에서 그치기도 한다.

---

1) Goa: 인도 서남 해안 지방.

이렇게 행동하는 것이 인간의 법에 근거한 것이라면, 일본인은 중국인을 미워해야 할 것이다. 마찬가지로 중국인은 시암(타이) 사람들을, 시암에서는 갠지스 강가에 사는 사람들을, 이 사람들은 인더스 강 유역 주민들을 박해해야 할 것이다. 몽골인은 길 가다가 처음 만난 말라바르인[2]의 가슴에 칼을 꽂을 것이고, 말라바르인은 페르시아인의 목을 졸라야 할 것이고, 페르시아인은 터키인을 학살하게 될 것이다. 그리고 세상 모든 사람은 기독교도들을 향해 덤벼들 것이다. 우리 기독교도들은 아주 오래전부터 서로서로 파멸시키기 위해 혈안이 되어 있지 않았던가.

이렇게 볼 때 종교가 다르다고 서로서로 박해하도록 하는 법은 어리석고 잔인한 것이다. 이것은 호랑이 같은 맹수들에게나 어울릴만한 법이다. 아니 그보다 더 끔찍하다. 왜냐하면 호랑이들은 먹을 것을 다툴 때만 서로를 물어뜯지만, 우리 인간은 말 몇 마디 때문에 서로를 죽였던 것이다.

---

2) 말라바르(Malabar)는 인도 서해안 남부지역. 여기서 볼테르는 말라바르인이라는 말로 힌두교도를 가리키고 있다.

제7장 고대 그리스에도 종교적 박해가 있었을까

역사를 통해 우리가 어렴풋이나마 알고 있는 민족들은 모두 자신들의 다양한 종교를 서로를 이어주는 연결고리로 여겼다. 종교를 통해 그들은 서로의 공통점을 확인했던 것이다. 인간들 사이에서와 마찬가지로 신들 사이에도 일종의 상호환대권(相互歡待權, l'hospitalité)이 있었다. 이방인이 마을에 들어가면 그가 가장 먼저 해야 할 일은 그 고장에서 숭배하는 신들에게 경배하는 것이었다. 그것이 자신의 적이 섬기는 신들이라 할지라도 그 일을 소홀히 한 적은 전혀 없었다. 트로이인들은 그리스인들을 편드는 신들에게도 기원을 올리곤 했다.

알렉산드로스 대왕은 리비아 사막으로 가서 아몬 신에게 신탁을 구했다. 이 신을 그리스인들은 제우스라고 불렀고, 로마인들은 주피터라고 불렀다. 그렇지만 주피터든 제우스든 그들은 각자 자신들의 신을 섬겼다. 군대가 도시를 포위 공격할 때면 이들은 그 도시 수호신들의 환심을 사기 위해 제물을 바치고 기원을 올리곤 했다. 이처럼 전쟁의 한가운데서도 종교는 사람들을 결합하고 때로는 그들의 난폭함을 완화해주었다. 비록 그 종교에 의해 비인간적이고 잔인한 행동을 저지르는 경우도 있었지만 말이다.

내가 잘못 알고 있을 수도 있지만, 문명을 지닌 고대 민족들 가운데 그 어떤 민족도 자유롭게 생각할 권리를 막았던 것 같지는 않다. 그 민족들은 각각 자신들의 종교를 갖고 있었다. 내가 보기에 그들은 인간을 대하는 것과 마찬가지 방식으로 신들을 대했다. 다시 말해 그들 모두는 지고의 신이 존재한다는 것을 인정했지만, 그 지고의 신 아래 그와 연결된 수많은 하위 신이 있다고 생각했다. 그들이 품고 있는 종교적 개념은 단 하나였으나, 그것을 표현하는 데서는 다양한 개별적 방식을 허용했던 것이다.

고대 그리스인들은 종교적 감정이 매우 강한 민족이었지만, 에피쿠로스학파가 신과 영혼의 존재를 부인하는 것을 기꺼이 용인했다. 그들은 창조자에 대해 지녀야 할 신성한 개념에 모욕을 퍼부은 다른 학파들도 용인했다. 그 결과 이들 학파는 모두 자유롭게 자신들의 학설을 펼칠 수 있었다.

소크라테스는 고대인들 가운데 창조자의 존재를 가장 올바른 방식으로 이해한 사람이었다. 그는 그 대가로 죽임을 당했다. 말하자면 그는 자신이 발견한 신성(神性)을 위해 순교한 셈이었다. 고대 그리스인들이 개인이 지닌 견해를 빌미로 삼아 사형을 선고한 것은 그가 유일한 경우였다. 소크라테스가 이런 이유로 사형선고를 받은 것이 사실이라면, 이는 종교적 불관용을 역설하는 편에서 볼 때 절대 내세울 거리가 되지 못한다. 신을 찬양한 사람만 벌을 받았고, 신을 잘못된 개념으로 이해한 사람들은 영예를 안았기 때문이다. 종교의 자유에 반대하는 사람들이, 소크라테스의 재판관들이 제공한 그 가증스러운 선례를 끌어다가 자기들의 주장을 뒷받침할 근거로 삼는 일은 내가 보기에는 전혀 타당하지 않다.

분명한 점은 소크라테스가 자신을 맹렬히 증오하는 반대파에게 희생되었다는 사실이다. 그는 당대의 소피스트, 웅변가, 시인들을 불구대천의 적으로 만들고 말았는데, 이들은 모두 학당에서 학생들을 가르치는 사람들이었다. 또한 소크라테스는 상류층 자제의 교육을 맡던 모든 가정교사의 반감을 샀다. 플라톤이 남겨놓은 대화에서 소크라테스 자신이 털어놓은 바에 따르면, 그는 이 집 저 집을 돌아다니며 가정교사들에게 그들이 무지할 뿐이라는 점을 증명해보이곤 했다. 이러한 처신은 신탁[1]이 가장 현명한 인간이라고 선언한 그에게 어울리지 않는 것이었다.

그의 적들은 신관(神官)과 오백인회(五百人會)[2]의 위원을 그에게 보내 격렬한 비난을 퍼붓게 했다. 나로서는 그 비난의 내용이 정확히 무엇이었는지 모르겠다. 다만 그의 『변명』을 통해서 어렴풋이 짐작할 뿐이다. 소크라테스에 대한 일반적인 비난은, 그가 청년들에게 종교와 국가에 반기를 들게 하는 위험한 사상들을 불어넣고 있다는 것이었다. 이러한 비난은 동서고금을 통틀어 모든 중상모략꾼이 사용하는 방법이다. 그렇지만 법정에서는 확인된 사실만을 다루어야 하고, 피고의 기소 이유는 정확하고 상세해야 한다. 소크라테스의 재판은 전혀 그렇지 못했다. 우리가 아는 사실은 처음에는 220명이 소크라테스의 편을 들었다는 것뿐이다. 따라서 오백인회에는 220명의 현자(賢者)가 있었다고 볼 수 있다. 이는 많은 숫자이다. 아마도 다른 어느 재판정에서도 이렇게 많은 현자를 찾을 수는 없을 것이다. 어쨌든 다수의 평결은 '독배에 의한 사형'이었다.

그러나 아테네인들이 사건의 전모를 냉정히 되짚어본 다음에는, 소크라테스를 고발한 자들과 판결을 내린 자들을 몹시도 증오하게 되었다는 점을 기억하자. 이 판결의 주모자인 멜리투스는 자신이 저지른 불의로 인해 사형을 선고받았고, 나머지 사람들은 추방당했다. 그리고 소크라테스를 추모하는 신전이 건립되었다. 철학이 핍박을 받은 다음에 이처럼 모욕을 되갚고 명예를 회복한 적은 없었다. 결론적으로 소크라테스의 경우는 우리가 종교적 불관용에 맞서 내세울 수 있는 가장 강력한 논거이다. 아테네인들은 이방(異邦)의 신들, 자신들이 알지 못하는 신들을 위해서도 제단을 세웠다. 그들이 다른 모든 민족에게 관대했을 뿐만 아

---

1) 소크라테스를 가장 현명한 사람이라고 선언한 델포이 신전의 신탁을 가리킨다.
2) 고대 아테네의 심의위원회 불레(boulē)를 가리킨다. 불레의 위원은 처음에는 400명이었으나, 기원전 508년 클레이스테네스가 위원 수를 500명으로 늘렸다. 불레의 가장 중요한 임무는 민회에서 토론하고 승인할 심의 초안을 마련하는 것이었다.

니라 다른 민족들의 종교에 대해서도 존중심을 지니고 있었다는 사실을 보여주는 데 이보다 더 설득력 있는 예가 있는가?

이성을 외면하지도 않고 문학에도 조예가 있으며 성실하고 애국심이 깊은 신사분[3]이 얼마 전 생바르텔르미 대학살을 정당화하면서 그 근거로 포키스전쟁(la guerre des Phocéens, 신성전쟁神聖戰爭)[4]을 들었다. 그는 이 전쟁이 종교·교리·신학적 논거를 수호하기 위해 벌인 전쟁이었기나 한 듯이 '신성한 전쟁'이라고 이름 붙였다. 그러나 이는 틀린 말이다. 이 전쟁의 목적은, 모든 전쟁의 핵심이 그렇듯이, 영토의 소유권을 빼앗기 위한 것이었다. 보룃단은 신앙의 상징이 아니다. 그 어떤 그리스의 도시도 견해의 차이를 이유로 전쟁을 벌이지는 않았다. 이 겸손하고 온화한 신사분이 주장하는 바는 도대체 무엇인가? 우리가 또 한 번의 신성한 전쟁을 벌여야 한다는 것인가?

---

3) 여기서 볼테르가 언급하고 있는 사람은 말보 신부(l'abbé de Malvaux)로서, 그는 『종교적 불관용에 대한 신앙과 인도주의적 정신의 일치』(*Accord de la Religion et de l'Humanité sur l'Intoléance*, 1762)를 썼다. 말보 신부와 그의 저술은 제24장에서 한 번 더 다루어진다.

4) 고대 그리스에서 아폴론 신의 델포이 성역을 수호하려던 도시국가들이 연합해, 성역을 침범한 도시들과 세 차례에 걸쳐 싸운 전쟁을 말한다. 포키스(Phocis)는 고대 그리스의 중부지역을 가리킨다.

제8장 로마인들도 인정한 종교의 자유

로물루스 시대부터 기독교도들이 제국의 신관들과 논쟁을 벌이던 시대에 이르기까지, 고대 로마인들 가운데는 그 어떤 사람도 종교적 신념 때문에 박해를 받은 적이 없다. 키케로는 모든 것을 회의했으며 루크레티우스는 모든 것을 부정했다. 그렇지만 그들은 아주 작은 비난도 받지 않았다. 대담한 지적 방종을 누린 사람들도 있었다. 박물학자 플리니우스[1]는 저술 첫머리에서 신의 존재를 부정하고, 신이 있던 자리에 대신 태양을 놓았다. 키케로는 지옥에 대해 이렇게 말했다.

그러한 것이 존재한다는 말은 아주 어리석은 노인들조차 믿지 않는다.

유베날리스는 이렇게 쓰고 있다.

아이들도 지옥이 있다고는 전혀 생각하지 않는다(『풍자』 II, 152행).

---

1) Gaius Plinius Secundus(기원후 23~79. 8. 24): 고대 로마의 정치가, 군인이며 학자였다. 그는 총 37권의 『박물지』(*Historia Naturalis*)로 유명한데, 이것은 티투스 황제에게 바친 대백과전서로 100명의 정선된 저술가를 동원해 2만 항목을 수록한 당시 예술·과학·문명에 관한 정보의 보고이다.

또한 로마의 연극에서는 다음과 같은 노래가 불리고 있었다.

죽음 후에는 아무것도 없다오. 죽음조차 아무것도 아닌 것을(세네카, 『트로이아의 여인들』, 제2장 끝 부분의 코러스).

이러한 견해들은 비난받아 마땅하다. 이러한 말들은 복음서를 읽은 적이 없는 민족들이 한 이야기로 치부될 때나 겨우 용서받을 수 있을 것이다. 그들의 주장은 분명히 잘못되고 불경스러운 것이다. 그렇다고 해도 우리는 여기서 다음과 같은 결론을 내리지 않을 수 없다. 이러한 견해들이 아주 작은 논란도 불러일으키지 않은 것으로 보아 로마인들은 아주 관대한 사람들이었다고 말이다.

로마의 원로원과 시민들이 고수한 대원칙은 이러한 것이었다.

신들을 향한 모욕에 분개하는 일은 오직 신들의 몫이다.

이 지배자 민족의 관심은 어떻게 하면 세계를 정복하고 통치하고 개화시킬까 하는 것뿐이었다. 그들은 우리 프랑스인의 정복자였으나 또한 법을 가져다준 사람들이었다. 카이사르는 우리를 굴종시켰고 법률과 놀이를 주었다. 그러나 그는 자신이 로마의 대신관(大神官)이었음에도 우리에게 드루이드[2]들을 외면하도록 강요하지는 않았다.

로마인들이 모든 종교를 신봉한 것은 아니었으며, 모든 종교를 공인한 것도 아니었다. 하지만 이들은 모든 종교를 허용했다. 누마[3]가 통치하던 시절만 해도 로마인들에게는 어떤 종교적 숭배물이나 우상도 없었다. 그러나 얼마 후 그리스인들이 이들에게 신들의 세계를 열어주었다.

---

2) druide: 갈리아족 사회에서 종교, 사법, 교육을 담당한 신관.
3) 누마 폼필리우스(Numa Pompilius): 로마 전설에 따르면, 누마는 로마 공화정 건립(기원전 509년경) 이전의 로마 7왕 가운데 두 번째 왕이다. 그의 치세는 기원전 715~637년이라고 한다.

로마인들은 그리스인들이 가르쳐준 대로 신들, 종족의 조상들(majorum gentium)의 상(像)을 세웠다. 그리고 12표법(十二表法)[4]에 규정된 "외국신을 숭배하지 마라"라는 조항에 따라, 공식적인 숭배 대상은 원로원이 승인한 상위 신들로만 한정되었다.

로마에는 이시스 신의 신전도 있었으나 티베리우스 황제[5]에 의해 파괴되었다. 티베리우스 황제가 이시스 신전을 없앤 이유는 이 신전의 제관들이 문두스에게 매수되어, 그가 아누비스 신으로 가장해 폴리나라는 여인과 함께 신전에서 동침하도록[6] 했기 때문이었다고 한다. 그러나 이런 이야기를 한 사람은 요세푸스[7]뿐이었다. 그는 당시에 살지도 않았으며 무엇이든 쉽게 믿고 과장하는 사람이었다. 티베리우스 황제 치세처럼 양식과 교양이 빛나던 시절에 상류층 여인이 그처럼 어리석게도, 자신이 아누비스 신의 사랑을 받아 몸을 맡긴다는 생각을 했으리라고 믿기는 어렵다.

이러한 일화가 사실이든 허구이든 확실한 점은, 로마인들이 이집트 신

---

4) 기원전 451~450년경에 제정한 것으로 추정되는 고대 로마 최초의 법전.
5) Tiberius(기원전 42~기원후 37): 아우구스투스의 뒤를 이은 제2대 로마황제. 우여곡절 끝에 아우구스투스의 양자가 되어 황제 자리를 계승한 후 제국의 영토와 제도를 보존하기 위해 노력했다. 재위 초기에는 지혜롭고 절제된 통치의 모범을 보였고 힘과 무력을 과시하기도 했으나, 만년은 공포정치로 점철되었다. 특히 기원후 27년 67세의 나이로 이탈리아 남부 여행 중 들른 카프리 섬에서 머물며 지낸 10여 년의 기간에서 괴물 티베리우스의 전설이 생겨났다.
6) 폴리나는 로마 상류층 여인으로 이시스 신을 섬기는 무녀였는데, 자신에게 반한 데키우스 문두스의 구애를 거절했다. 그러나 문두스는 신전 제관들의 도움을 얻어 아누비스(Anubis)로 가장해 폴리나와 동침했다. 아누비스는 머리는 자칼, 몸은 사람인 사자(死者)의 신으로 이시스 숭배 속에 등장한다. 문두스는 자신의 속임수를 폴리나에게 털어놓고 말았고, 폴리나는 자신의 남편에게 일러 황제가 문두스와 공범인 제관들을 처벌하게 했다는 것이다. 이 사건은 폰티우스 필라투스가 유대 총독으로 있었던 시절에 퍼졌던 로마의 추문 가운데 하나로 실제 사건인지는 알 수 없다.
7) Flavius Josephus(37년경~100년경): 유대인 제사장이며 역사가로서 고대 유대역사에 대한 중요한 저술을 남겼다.

들을 위한 신전을 로마에 세우는 데 공적으로 동의했다는 사실이다. 유대인들은 이미 포에니전쟁[8] 때부터 로마에서 장사하고 있었으며, 아우구스투스 황제 시대 이래로 이곳에 자신들의 교회당들을 건립했다. 유대교도의 교회당들은 오늘날 로마에서 볼 수 있는 것처럼 언제나 이 도시에 자리 잡고 있었다. 로마인들이 관용을 인간의 권리 가운데서 가장 신성한 것으로 여겼다는 사실을 이보다 더 잘 보여주는 예가 있을까?

우리가 들어온 바로는, 종교를 이유로 누군가를 박해해본 적이 없는 로마인들이 기독교도들이 출현하자마자 이들을 박해했다고 한다. 그러나 내 생각에 이러한 이야기는 아주 잘못된 것이다. 성 바울의 경우만 보아도 그 오류는 명백하다. 「사도행전」을 보면 다음과 같은 일화가 나온다(Note 14). 모세의 율법을 깨뜨리고 대신 예수 그리스도를 세우려고 했다는 이유로 유대인들이 성 바울을 고발하자 성 야고보가 성 바울에게 이렇게 권했다고 한다. "그들이 사도께 퍼붓는 비난은 전부 거짓이며, 사도께서는 여전히 모세의 율법을 지키고 계시다는 사실을 세상 사람들에게 알리기 위해 머리를 깎고 네 명의 유대인과 더불어 유대 성전에 들어가서 참례하는 것이 좋겠습니다."

그리하여 성 바울은 기독교도였음에도 이레에 걸쳐 온갖 유대교의 의식을 이행하러 갔다. 그러나 미처 이레가 지나기도 전에 아시아에서 온 유대인들이 그를 알아보았다. 그리고 그가 유대인들뿐만 아니라 이방인들까지 성전에 데리고 들어갔다며 신성모독이라고 몰아세웠다. 그들은 사도 바울을 붙잡아 펠릭스 총독 앞으로 끌고 갔으며, 그 후임자인 베스도 총독에게 사도의 처벌을 호소했다. 유대인 무리는 재판정에서 성 바울을 사형에 처하라고 요구했으나, 이에 대해 베스도는 다음과 같이 대

---

8) 로마와 페니키아의 식민 도시 카르타고의 전쟁. 지중해 세계의 패권을 둘러싸고 기원전 3세기 중엽에서 기원전 2세기 중엽까지 세 차례에 걸쳐 벌어졌다. 고대에서 세계대전의 양상을 띤 이른바 동서 결전으로서, 로마가 도시국가에서 벗어나 지중해 세계 전체에 걸친 세계대국으로 발전하는 전환점이 되었다. 포에니라는 말은 라틴어로 페니키아인을 가리킨다.

답했다.

　한 사람에게 자신을 고발한 사람들을 대면해 자유롭게 자신을 변호할 기회를 주지도 않고 죄를 선고하는 것은 절대 로마인들의 법이 아니다(Note 15).

로마 행정관의 이와 같은 답변이 더욱더 놀라운 이유는, 그가 성 바울을 하찮게 여겼을 뿐 아니라 매우 경멸했던 것 같기 때문이다. 자신의 판단력을 어리석게도 과신한 나머지 그는 성 바울을 광인(狂人)으로 치부했고, 사도의 면전에서 그의 미치광이 같은 행동을 지적하며 이렇게 말하기도 했다.

　너의 많은 학식이 너를 미치게 했다[9](Note 16).

이런 점으로 미루어 볼 때, 로마 총독 베스도가 자신의 눈에 하찮아 보이는 낯선 인물을 보호하게 되었던 것은 그가 로마법의 공정성에만 귀기울인 덕분이다.

『신약성서』에도 로마인들이 박해자가 아니며 공정했다고 나와 있다. 성 바울을 미워해 반기를 들었던 사람은 로마인들이 아니라 유대인들이었다. 예수의 동생 성 야고보를 돌로 치라고 지시한 자도 사두개파의 유대인이었지 로마인이 아니었다. 성 스테파노에게 돌을 던진 자들도 유대인들뿐이었다(Note 17). 그리고 성 바울이 개명(改名)하기 전에 사형집행자의 일을 하고 있었을 때도, 그가 로마 시민으로서 사형을 집행했던

---

9) 대한성서공회 발행 『관주성경전서』(제61판, 1980)에는 이 장면이 다음과 같이 서술되어 있다. "바울이 이같이 변명하매 베스도가 크게 소리하여 가로되 바울아 네가 미쳤도다. 네 많은 학문이 너를 미치게 한다 하니, 바울이 가로되 베스도 각하여, 내가 미친 것이 아니고 참되고 정신 차린 말을 하나이다"(「사도행전」 26장 24절).

것은 절대 아니었다.

초기의 기독교도들이 로마인과 다툴 일이 없었다는 것은 분명하다. 기독교도들의 적은 유대인들밖에 없었다. 기독교도들은 유대인들에게서 분리되어 다른 길로 가야 했던 것이다. 교인들이 자기들의 종파를 저버린 사람들에게 얼마나 무자비한 증오를 퍼붓는지 우리는 잘 알고 있다. 로마의 유대교 교회당들도 틀림없이 격분으로 들끓었을 것이다. 이에 대해 수에토니우스[10]는 『황제들의 생애』(제25장)에서 이렇게 쓰고 있다.

로마의 유대인들이 예수의 사주를 받아 끊임없이 소동을 일으켰으므로, 이들을 로마 밖으로 쫓아냈다.

수에토니우스가 '예수의 사주를 받아'라고 쓴 것은 틀린 말이다. 이는 그가 당시 로마에서 지극히 하찮게 취급받던 유대 민족의 세부 사정을 몰랐던 탓이다. 그러나 그는 종교적 분란들에 대해서는 제대로 알고 있었다. 수에토니우스가 이 책을 쓴 것은 2세기 하드리아누스 황제가 통치하던 시대로서, 당시 로마인들은 기독교도들과 유대인들을 똑같은 무리라고 여겼다. 수에토니우스의 이 구절은 로마인들이 최초의 기독교도들을 괴롭히기는커녕, 오히려 기독교도들을 박해하던 유대인들을 억압했다는 것을 보여준다.

로마인들은 원로원이 이 도시에 사는 유대교도들에게 관용을 베풀었듯이, 유대교도들 역시 기독교도들에게 분가해서 나간 형제를 대하듯 관용을 베풀기를 바랐다. 실제로 로마인들의 이러한 관용에 힘입어, 추방되었던 유대인들도 얼마 안 있어 다시 돌아왔다. 유대인들은 공직에 나

---

10) Gaius Suetonius Tranquillius(기원후 69년경~122 이후): 로마의 전기작가. 특히 『황제들의 생애』는 율리우스 카이사르부터 도미티아누스까지 초기 황제들에 관한 소문과 추문을 그 사실 여부에 상관없이 흥미 있게 곁들인 책으로, 로마의 사회상 그리고 도덕적·정치적으로 부패했던 로마 지도자들의 생활상을 생생하게 담고 있다.

서는 것이 법으로 금지되어 있었음에도 높은 지위를 얻기까지 했으며, 우리는 이러한 사실을 디온 카시우스[11]와 도미티우스 울피아누스[12]의 저술을 통해 알고 있다(Note 18). 이상과 같은 점들로 미루어 볼 때, 예루살렘을 파괴한 후에 유대인들에게 명예와 지위를 내렸던 로마의 황제들이 교수대와 사자들을 동원해 기독교도들을 살해했다는 것이 과연 사실이겠느냐는 의문을 품지 않을 수 없다. 그들은 기독교를 유대교의 한 종파로 간주하고 있었기 때문이다.

네로 황제는 기독교도들을 박해했다고 한다. 타키투스[13]에 따르면, 기독교도들은 로마에 불을 질렀다는 죄를 뒤집어쓰고 성난 군중의 폭력에 내맡겨졌다는 것이다. 기독교도들이 그런 혐의를 뒤집어쓴 이유가 그들의 신앙 때문인가? 물론 아니다. 그것은 몇 년 전에 네덜란드인들이 바타비아에서 중국인들을 학살한 사건이 종교 때문이라고 말할 수 없는 것과 마찬가지다.[14] 네로 황제 시대에 불운한 유대교도들과 기독교도들이 당한 재앙을 종교적 불관용 탓으로 돌리는 것은 무모한 일이다(Note 19).

---

11) Dion Cassius(기원 후 155~?): 그리스어로 로마사를 집필한 역사가이다.
12) Domitius Ulpianus(?~228): 로마제국의 법학자이자 관리였다. 명료하고 수려한 필체로 법에 대한 많은 글을 썼으며 당대 이론을 해석하고 정리하는 데 탁월한 능력을 발휘했다. 그의 저작들은 유스티니아누스 법전 편찬에 큰 영향을 주었다.
13) Tacitus(56년경~120년경): 로마의 웅변가이며 역사가. 라틴어로 글을 쓴 사람 가운데 가장 뛰어난 산문작가로 꼽는다.
14) 바타비아(Batavia)는 자카르타의 옛 이름이다. 자바 섬의 북쪽 해안에 자리 잡은 바타비아는 네덜란드가 극동지역에 개척한 식민지의 중심도시였다. 이곳에 살던 여러 민족들 가운데 특히 중국인들은 식민지 지배자인 네덜란드인들에게 극악한 탄압을 받았다. 볼테르가 여기서 언급하고 있는 학살은, 1740년 네덜란드 군인에 의해 1만 2,000여 명의 중국인이 도륙당한 사건이다.

제9장 순교자들

　그 이후로 기독교의 순교자들이 생겨났다. 순교자들이 어떤 이유로 사형을 선고받고 죽음에 이르게 되었는지 정확하게 알기란 극히 어렵다. 그러나 초기 로마 황제들 치하에서는 오로지 종교만을 이유로 죽임을 당한 사람은 없었다고 나는 믿고 싶다. 모든 종교를 용인하고 있었기 때문이다. 모든 종교를 허용한 마당에, 특정 종교를 믿는 하찮은 사람들을 찾아내서 박해할 이유가 있었겠는가?

　티투스, 트라야누스, 안토니누스 피우스, 데키우스[1] 같은 로마황제들은 잔인한 사람이 전혀 아니었다. 이 황제들이 로마제국 내의 모든 사람이 누리고 있는 자유를 유독 기독교도들에게만 허용하지 않았다고 볼 수 있을까? 로마인의 종교가 아닌 다른 비교(秘敎)들, 즉 이시스 여신,[2] 미트라 신,[3] 아시리아 여신 숭배 같은 이교(異敎)들도 아무런 제재를 받

---

1) 이 로마 황제들의 재위 기간은 다음과 같다. 티투스: 79~81, 트라야누스: 98~117, 안토니누스 피우스: 138~161, 데키우스: 249~251.

2) Isis: 고대 이집트와 그리스와 로마에서 숭배한 최고의 여신. 'Isis'란 이집트어 'Iset'를 그리스어로 번역한 것이다. 신화에 의하면, 이시스는 대지의 신 게브와 천공(天空)의 여신 누트의 딸인데 오빠 오시리스의 아내가 되어 호루스를 낳았다. 의학·결혼·곡물의 여신이며 부덕(婦德)의 모범으로, 세트(Set)에게 죽임을 당한 오시리스를 살려냈다고 한다.

3) Mithra: 북유럽 신화에서 광명의 신으로, 이 신을 숭배하는 밀의종교(密議宗敎)

지 않고 있는 터에, 오직 기독교도들에게만 밀교숭배(密敎崇拜)의 죄를 물었겠는가? 그러므로 기독교도들이 박해를 받은 데는 다른 이유가 있었음이 틀림없다. 기독교 순교자들이 피를 흘리게 된 데는 국익에 기인한 특별한 증오의 감정이 작용했으리라는 것이다.

예를 들자면, 성 라우렌티우스[4]가 로마 총독 코르넬리우스 세쿨라리스에게 자신이 맡아서 보관하던 기독교도들의 재물을 내놓기를 거부했을 때, 로마의 총독과 황제는 당연히 화내지 않았겠는가. 그들은 성 라우렌티우스가 이 돈을 가난한 사람들에게 나누어주었다는 것을, 그래서 자비롭고 거룩한 일을 했다는 것을 모르고 있었으므로 그를 반역자로 간주하고 결국 죽이게 되었던 것이다(Note 20).

성 폴리에욱투스[5]의 경우를 살펴보자. 그가 처형된 이유가 단지 그의 믿음 때문이었을까? 폴리에욱투스는 데키우스 황제[6]의 전승(戰勝)에 감사해 신들에게 제물을 바치던 신전으로 가서 제사장들을 꾸짖고 제단을 뒤엎고 신상들을 부숴버렸다. 세상에 어느 나라에서 이처럼 무도한

가 기원전 1세기 전반 로마제국에 널리 유포되어 신흥 종파인 기독교와 경쟁관계를 형성했다. 미트라의 기원은 고대 인도, 이란의 민족시대까지 거슬러 올라간다. 미트라 숭배는 기원전 3세기경 페르시아에서 성행하다가 그리스·로마로 전파되었는데, 특히 군인층에 널리 퍼졌다.

4) 로마의 일곱 부제(副祭) 가운데 한 명이었던 성 라우렌티우스는 258년 발레리아누스 황제의 박해 기간에 순교했다. 로마 총독이 교회의 재물을 요구하자, 그는 교회의 재산을 분배해준 가난한 사람들을 모아놓고 "이들이 교회의 재산입니다"라고 대답했다고 한다.

5) 성 폴리에욱투스는 아르메니아의 멜리테네(현재 터키 동부의 말라타)에서 순교한 기독교인이다. 250년에 로마 데키우스 황제의 박해를 받은 것으로 추정된다. 그는 그리스정교회에서 큰 존경을 받는 성인으로서 엄숙한 선서를 할 때의 수호성인이 되었다. 그러나 폴리에욱투스가 실재한 인물이었음을 증명할 근거는 없으며, 그의 고난에 대해 전해지는 이야기들도 대부분 전설로 간주한다.

6) 데키우스 황제(201~251, 재위 249~251): 248년 군부가 추대해 필리푸스 황제를 퇴위시키고 즉위했다. 250년 자신의 정통성을 강화할 목적으로 모든 시민에게 로마의 신들에 대한 제사를 명했고, 기독교도들이 이를 거부하자 박해했다. 그는 최초로 로마제국 전역의 기독교도를 박해한 황제로 기록되었다.

행동이 용서될 수 있겠는가? 어떤 기독교도는 디오클레티아누스 황제의 칙령[7]을 공개적으로 찢어버림으로써, 이 황제 통치 말년의 두 해 동안 자신의 교우들이 모진 박해를 받게 했다. 이 기독교도의 열의는 진정한 의미의 믿음이 아니다. 그리하여 그는 참으로 불행하게도 자신의 종파를 짓밟은 재앙의 원인이 되고 말았다. 당시에는 무분별한 종교적 열정이 때때로 폭발했고, 여러 교부(教父)들이 이를 단죄하기까지 했다. 아마도 이처럼 어긋난 신앙심이 기독교도들에게 퍼부어진 모든 박해의 원인이 되었을 것이다.

나는 초기 성찬(聖餐)형식론자들[8]을 초창기 교회의 기독교도들과 비교할 생각은 전혀 없다. 오류를 진실 옆에 나란히 놓고 비교할 수야 없기 때문이다. 그러나 장 칼뱅의 선임자인 파렐[9]이 아를에서 저질렀던 행동은 성 폴리에욱투스가 아르메니아에서 행했던 일과 동일한 것이다. 당시 거리에서는 예배 행렬이 펼쳐지고 있었다. 파렐은 동료 몇 명을 이끌고 행렬 가운데 은수사(隱修士) 성 안토니우스[10]의 상을 메고 가던 수도사

---

7) 로마 황제 디오클레티아누스(245~316, 재위 284~305)가 303~304년 발표한 네 개의 칙령을 말한다. 디오클레티아누스 황제는 칙령을 발표하면서 처음에는 유혈박해를 하지 않겠다고 약속했으나 곧 제국 전역에서 매우 가혹한 박해가 자행되었다. 당시 이름이 밝혀지지 않은 기독교도가 칙령을 찢어버리는 일이 있었는데, 이 사람은 산 채로 불태워졌다고 한다.

8) 16세기에 벌어졌던 성찬형식논쟁에서, 성찬에 그리스도가 현존함을 부정하고 성찬은 그리스도의 희생사(犧牲死)를 기념하는 것에 불과하다고 주장한 츠빙글리와 칼뱅파 신도들을 가리킨다.

9) Guillaume Farel(1489~1565): 스위스의 종교개혁가. 프랑스 도피네 지방에서 태어났고, 파리 대학을 다니면서 르페브르 데타플의 영향을 크게 받았다. 개혁파에 들어가 루터의 설교에 공감했다. 1521년 설교자가 되어 각지를 돌아다녔다. 칼뱅의 협력을 얻어 제네바와 로잔에서 활약하다가 1538년에는 칼뱅과 함께 제네바에서 추방되어 뇌샤텔을 중심으로 활동했다. 프랑스의 종교개혁에 큰 영향을 미쳤다.

10) Saint Antonius(251년경~356년경): 이집트의 가톨릭 사제로서 멤피스에서 태어났다. 20세 무렵 가족과 헤어져 수도원에 들어가 은둔 생활을 시작했으며, 약 20년간 나일 강 유역의 숲 속에 살았다. 305년경 은수사원(隱修士院) 제도를 창설해 공동생활을 시작하고 지도를 맡았다. 311년 박해시대에 알렉산드리아로

76

들을 덮쳤다. 수도사들을 때려서 쫓아버린 그는 성 안토니우스 상을 빼앗아 강물에 던져버렸다. 파렐은 그 대가를 죽음으로 치러야 했으나, 재빨리 달아나서 처형을 피했다.

만약 그가 수도사들을 향해 자신은 까마귀가 은수사 성 안토니우스에게 빵 반 덩어리를 부리로 물어서 가져다주었다는 이야기나, 성 안토니우스가 켄타우로스[11]나 사티로스[12]와 더불어 대화를 나누었다는 이야기 따위는 믿지 않노라고 항의했더라면, 그는 질서를 어지럽혔다는 거센 비난을 떠안게 되었을 것이다. 하지만 이와는 달리 그가 그날 밤 행렬이 끝난 뒤 까마귀, 켄타우로스, 사티로스의 이야기를 조용히 검토했더라면 비난받을 일도 없었을 것이다.

안티노우스[13]가 제2위 신들의 반열에 오르는 것도 용인했을 로마인들이, 의인(義人)을 평화롭게 섬긴 죄밖에는 없는 사람들을 모두 잡아다가 갈가리 찢어 사자의 밥으로 던져주었다니, 과연 그럴 수 있었을까! 'Deus optimus maximus'(至高至善의 神)라는 말이 증명해주듯이, 로마인들은 지고의 신(Note 21), 모든 하위 신들의 지배자인 최고 신의 존재를 인정했던 것으로 보인다. 그러한 로마인들이 유일신을 경배했다는 이유만으로 기독교도들을 박해했을까?

로마 황제 치하에서 기독교도들에 대한 이단 심문이 단 한 번이라도 있었다고는, 즉 기독교도들이 황제가 보낸 사람에게 신앙 문제로 조사받은 적이 있었다고는 믿기 어렵다. 신앙 문제에서 로마인들은 유대인, 시리아인, 이집트인, 바르드,[14] 드루이드, 철학자 그 누구도 괴롭힌 적이

가서 신도들을 격려하고 많은 기적을 행했다고 전해진다.

11) 그리스 신화에 등장하는 반인반마(半人半馬)의 괴물.

12) 그리스 신화에서 대자연의 생명력을 나타내는 풍요의 신.

13) Antinous: 비티니아의 클로디오폴리스 출신 청년으로서 관능적인 아름다움을 지녔다고 전해진다. 이 미청년은 하드리아누스 황제의 사랑을 받았으나 나일 강에 스스로 몸을 던지고 말았다. 하드리아누스 황제는 그의 이름을 따서 도시 이름을 짓고 기념 메달을 주조했으며, 나아가 그를 신들의 반열에 올려놓고 숭배하기 위한 신전들을 건립했다.

없다. 이런 사실로 볼 때, 그 당시 순교자들이 생겨난 이유는 그들이 가짜 신들을 거부했기 때문이었다. 가짜 신들에 대한 경배를 거부했다는 점에서 순교자들은 지극히 지혜롭고 경건했다고 볼 수 있다. 그러나 어쨌든 그들은 자신들의 신을 정신적으로 그리고 진정으로 섬기는 데 만족하지 않고, 기존 종교에 대해 격렬하게 맞섰다. 바로 그래서 기존 종교가 아무리 어리석은 것이었다 할지라도, 순교자들이 종교의 자유를 부정했다고 말할 수 있는 것이다.

테르툴리아누스[15]도 『호교서』(護教書)에서 당시 기독교도들을 반란분자로 간주했다는 점을 인정했다(Note 22). 물론 그러한 비난은 부당한 것이었다. 하지만 이를 통해서 알 수 있는 것은, 기독교도들이 로마 행정관들을 격앙시킨 이유가 단지 그들의 종교 때문만은 아니었다는 사실이다. 테르툴리아누스가 털어놓기를, 기독교도들은 황제들의 승전을 기념하기 위한 국가적 축제가 열렸을 때 대문을 월계수 가지로 장식하기를 거부했다는 것이다(Note 23). 이처럼 모난 행동은 쉽사리 대역죄로 간주될 수 있었다.

로마의 법이 기독교도들을 가혹하게 다스린 최초의 경우는 도미티아누스 황제(51~96, 재위 81~96) 시대였다. 그러나 당시의 조치는 기독교도들을 1년 동안 추방하는 것으로 그쳤다. 이에 대해 테르툴리아누스는 "(로마인들은) 손쉽게 기독교의 시작을 억눌렀으나, 이후 쫓아냈던 자들까지도 돌아오게 했다"라고 썼다(『호교서』, 제5장). 열정적인 문체로 명성 높던 락탄티우스[16]도, 도미티아누스 황제에서 데키우스 황제에 이르

---

14) barde: 켈트족의 음유시인.

15) Quintus Septimus Florens Tertullianus(155~222): 초기 기독교의 저술가. 문학, 철학, 특히 법률에 넓은 교양을 지녔으며 저명한 법률가로서 활약했다. 로마의 기독교 박해 당시 신자들의 영웅적 순교에 감동해 기독교로 개종했고, 이후 기독교 호교를 위해 노력했다. 신학에 관한 많은 저작을 남겼으며, 특히 정열적인 문장가로 유명하다.

16) Lucius Caecilius Firmianus Lactantius(240~320): 로마의 기독교 호교론자이며 신학자. 북아프리카 누미디아 지방에서 출생했으나 니코메디아로 가서 수사학

는 기간 동안 기독교 교회가 평화와 번영을 누렸다는 주장에 동의한다 (Note 24). 락탄티우스에 따르면, 이 기나긴 평화는 '가증스러운 짐승' 데키우스가 기독교 교회를 탄압하면서부터 사라졌다는 것이다. 기독교 신도들이 고난을 겪게 된 것은 "여러 해 뒤에 가증스러운 짐승 데키우스가 나서서 교회를 박해했기 때문이다."

나는 이 자리에서 박식한 도드웰 씨(氏)[17]가 순교자들에 대해 피력한 소감을 반박할 생각은 없다. 그러나 만약 로마인들이 기독교를 그토록 박해했다면, 로마 원로원이 이례적인 형벌로 그토록 많은 죄 없는 사람들의 목숨을 빼앗았다면, 기독교도들을 끓는 기름 속에 던지고 원형경기장에서 맹수들이 벌거벗겨진 그들의 딸들을 갈기갈기 찢어버렸다면, 그러한 로마인들이 어째서 기독교 초기의 로마 주교들은 모두 그대로 두었단 말인가?

성 이레나이우스[18]는 초기 로마 주교들 가운데 단 한 사람 텔레스포루스[19]만이 139년에 순교했다고 인정했지만, 사실 텔레스포루스가 죽임을 당했다는 증거는 어디에도 없다. 제피리누스[20]는 18년 동안 로마의 기독교 교회를 이끌었고 219년에 평온하게 삶을 마쳤다. 초기 교회

을 가르쳤다. 300년경 기독교로 개종했고, 기독교 박해가 시작되자 신학 저술에 전념했다. 밀라노칙령(313년)으로 기독교가 공인될 무렵 콘스탄티누스 대제의 초빙을 받고 트리어로 가서 궁정 신학자가 되어 황제의 종교정책 수행을 도왔으며, 황제의 맏아들 크리스푸스를 가르쳤다.

17) Henry Dodwell the younger(?~1784): 영국 신학자로 저서로는 『논증을 초월한 기독교』(Christianity not founded on Argument, 1742)가 있다.

18) Saint Irenaeus: 초대교회 교부 가운데 한 사람으로 제자인 히폴리투스와 함께 대표적인 초기 가톨릭 논쟁자로 꼽힌다. 생존 시기는 2세기 무렵으로 추정되며 프랑스 리옹의 주교로 봉직했다.

19) Telesphorus: 그리스 출신으로 127년경부터 로마의 주교로 재임했고 139년경 사망했다. 텔레스포루스는 성 이레나이우스의 증언으로 순교가 증명된 2세기의 유일한 교황이다. 시신은 바티칸에 묻혔다고 전해지지만 확인되지 않았다.

20) St. Zephyrinus: 198~217(219)년 사이에 로마의 교황으로 재위했다. 교황 빅토르 1세의 후임으로 오랫동안 교황자리에 있었으나 그에 대해 알려진 사실은 거의 없다.

의 순교자 명부에는 최초의 교황들이 거의 전부 들어가 있다. 그러나 그 것은 당시에는 '순교'라는 말이 그 원래의 의미로 사용되었기 때문이다. 그때는 순교가 '증언'의 의미였지 '고난'의 의미가 아니었던 것이다.[21]

교회 저술가들에 따르면, 그리스도 탄생 이후 300여 년 동안 56회의 공의회가 열렸다고 한다. 기독교도들이 누린 이러한 자유가 무자비한 박해와 어떻게 양립할 수 있겠는가?

물론 기독교도들에 대한 박해가 없었던 것은 아니다. 그러나 그 박해가 사람들이 말하는 것처럼 그토록 가혹한 것이었다면, 글을 통해 기존 종교를 맹렬히 공격했던 테르툴리아누스가 편안한 죽음을 맞이했을 수는 없었을 것이다. 당연한 일이지만, 로마 황제들은 테르툴리아누스의 『호교서』를 읽지 않았다. 아프리카에서 건너온[22] 알려지지 않은 책자 하나가 전 세계를 통치해야 하는 황제들의 관심을 끌지는 못했으리라. 하지만 아프리카 지방 총독과 가까이 지내는 사람들 가운데는 이 책을 본 사람들이 분명 있었을 것이고, 그들은 그 저자에 대해 반감을 품었음이 틀림없다. 그런데도 테르툴리아누스는 전혀 고난을 겪지 않았다.

오리게네스[23]는 알렉산드리아에서 기독교를 공개적으로 설파했지만 그렇다고 죽임을 당하지는 않았다. 이교도들을 대할 때나 기독교도들을 대할 때나 거침없이 주장을 펼치던 그는 이교도들 앞에서는 그리스도를 알렸고 기독교도들 앞에서는 삼위일체(三位一體)를 부정했다.[24] 바로 이러한 오리게네스도 켈수스를 반박하는 세 번째 저술[25]에서 솔직히 인

---

21) 순교를 뜻하는 프랑스어 'martyre'는 라틴어 'martyrium'에서 유래한 것이다. 그 어원은 '증인'의 의미를 지닌 그리스어 'martur'로서, 순교자 'martyr'라는 말도 여기서 생겨났다.

22) 테르툴리아누스(Tertullianus)는 북아프리카의 카르타고 출신이다.

23) Oregenes(185년경~245년경): 초대교회의 가장 중요한 신학자, 성서학자로 꼽힌다.

24) 오리게네스는 성자를 성부보다 열등하다고 주장함으로써, 성부와 성자의 동일 본질을 부정한 4세기 이단 아리우스파의 선구가 되었다는 비판을 받는다.

25) 『켈수스를 반박하며』(Contra Celsum)를 가리킨다. 이 책은 2세기 반(反)기독교

정하고 있다. 그때까지 "순교자들은 매우 드물었으며 그것도 이따금 있었을 뿐이다. 그러나 기독교도들은 자신의 종교를 온 세상에 알리기 위해서라면 무슨 일도 마다치 않았다. 그들은 도시로 성읍으로 마을로 돌아다니며 기독교를 전도했다."

다른 종교의 성직자들이 기독교도들의 끊임없는 전도 여정에 대해 세상을 어지럽히고 있다고 비난을 퍼부었으리라는 점은 분명하다. 그러나 늘 사납고 쉽게 격분하며 겁 많은 이집트인들조차 기독교도들의 포교를 용인했다. 이집트인들은 고양이 한 마리를 해친 죄로 어떤 로마인을 갈가리 찢어서 죽였던, 역사를 통틀어 경멸받아 마땅한 민족이었다. 비록 피라미드에 경탄하는 사람들이 그 어떤 반론을 내세운다 할지라도 이 점은 분명한 사실이다(Note 25).

오리게네스의 제자인 '이적(異蹟)의 사도'(타우마투르구스Thaumaturgus, 기적을 일으키는 사람) 성 그레고리우스[26]만큼 이교의 제사장이나 총독의 분노를 불러일으켰던 사람은 없었을 것이다. 어느 날 밤 성 그레고리우스에게 신의 심부름꾼인 노인과 온몸이 빛으로 둘러싸인 여인이 찾아왔는데, 여인은 성모 마리아였으며 노인은 사도 요한이었다. 성 요한은 그레고리우스에게 하나님의 말씀을 일러주었고, 그레고리우스는 이 말씀을 세상에 널리 전하러 다녔다.

네오카에사레아에 갔을 때 그는 퍼붓는 비를 피하고자 어느 신전에서 밤을 새우게 되었다. 그 신전은 신탁이 내려지는 곳이었다. 그레고리우스는 이 신전에서 십자가를 되풀이해서 그렸다. 다음날 신전의 대제사장은 몹시 당황했다. 이제껏 자신의 부름에 응답하곤 했던 신들이 돌연 침묵을 지키며 아무런 신탁도 내리지 않았던 것이다. 대제사장은 다시 신들을 불렀다. 신들이 나타나 대제사장에게 말하기를 이제는 불러도 오지

철학자 켈수스의 『참된 교리』(*Alethes logos*)를 조목조목 반박했다.

26) 폰투스의 그레고리우스라고도 불린다. 270년경 사망했으며 수많은 비범한 일을 행했다는 전설 때문에 '이적의 사도'라는 별칭이 생겨났다.

않겠다고 했다. 그레고리우스가 이 신전에서 밤을 보내며 성호를 그었으므로 더 이상 이 신전에 머물 수 없다는 것이었다.

대제사장은 그레고리우스를 잡아오게 했다. 잡혀 온 그레고리우스는 대제사장에게 대답했다. "나는 악마들을 어디서든 마음대로 쫓아낼 수 있으며, 또 어디든 원하는 대로 불러올 수 있다." 대제사장이 말했다. "그렇다면 그들을 다시 내 신전으로 불러달라." 그러자 그레고리우스는 손에 쥔 책에서 찢어낸 조각 위에 이렇게 썼다. "그레고리우스가 사탄에게 명한다. 너는 이 신전으로 다시 돌아오라." 그는 이 말을 쓴 조각을 제단 위에 올려놓았다. 그러자 악마들이 그레고리우스의 명에 복종했고 예전처럼 신탁을 내렸다. 그런 다음 그레고리우스가 악마들을 다시 내쫓았으므로 그 후에는 신전에서 신탁을 들을 수 없었다.

'이적의 사도' 성 그레고리우스의 이와 같은 일들은 니사의 그레고리우스[27]에 의해 전해졌다. 우상을 섬기던 신관들은 분명 성 그레고리우스에 대해 격분했을 것이고 행정관에게 그의 처벌을 호소했을 것이다. 그러나 신관들의 가장 큰 적이었던 성 그레고리우스는 아무 박해도 받지 않았다.

전하는 말에 따르면, 성 키프리아누스[28]는 처형당한 첫 번째 카르타고 주교였다고 한다. 성 키프리아누스의 순교가 있었던 해는 서기 258년이다. 따라서 아주 긴 기간 동안 카르타고에서는 종교 때문에 죽임을 당한 주교는 없었던 셈이다. 성 키프리아누스가 어떤 비난을 받았는지, 그의 적들은 누구였는지, 그가 무슨 이유로 아프리카 지방 총독의 반감을 샀는지에 대해서 당시의 역사를 통해 우리가 알 수 있는 것은 전혀 없다. 성 키프리아누스가 로마 주교 코르넬리우스[29]에게 보낸 편지에는 이런

---

27) Gregorius de Nyssa(335~395): 신학자이며 호교론자였다. 사람들의 입으로 전해지던, 그레고리우스가 펼친 기적들을 기록했다.

28) Saint Cyprianus(200년경~258): 발레리아누스 황제 시대에 처형됨으로써 주교로서는 아프리카 최초의 순교자가 되었다.

29) Saint Cornelius(?~253): 데키우스 황제의 박해가 뜸해졌을 때 교황으로 선출되

글귀가 있다.

최근 카르타고 사람들은 나에 대한 반감을 드러내고 있습니다. 나를 사자들에게 던져주라고 외치는 소리를 두 번이나 들었습니다.

사나운 카르타고인들의 격분이 결국은 키프리아누스의 죽음을 초래했다는 점은 분명하다. 하지만 발레리아누스 황제가 머나먼 로마에서 종교를 이유로 그에게 사형을 선고하지는 않았다는 점 역시 분명하다. 발레리아누스 황제는 자신의 도시 안에 있는 코르넬리우스조차도 그냥 내버려두지 않았는가.

겉으로 드러난 원인 밑에는 종종 알려지지 않은 많은 원인이 숨어 있다. 마찬가지로 박해에는 숨어 있는 많은 동기가 복합적으로 작용한다. 그러므로 위대한 인물들이 고난을 겪게 한 숨겨진 원인을 수세기가 지난 후에 정확하게 가려내기는 불가능하다. 하물며 자신과 뜻을 함께하는 사람들 이외에는 달리 세상에 알려지지 않은 사람의 경우, 그 죽음의 숨겨진 원인을 어떻게 알아낼 수 있겠는가.

'이적의 사도' 성 그레고리우스와 알렉산드리아의 주교 성 디오니시우스[30]가 사형을 당한 것은 절대 아니라는 점에 주목하자. 이 두 사람은 키프리아누스와 같은 시기에 생존해 있었다. 이들은 적어도 카르타고의 주교인 성 키프리아누스만큼 잘 알려졌을 텐데, 어째서 박해를 당하지 않고 평온하게 살았을까? 어째서 이 두 사람에게는 아무 일도 없었는데 성 키프리아누스는 죽임을 당해야 했을까? 성 키프리아누스는 권력을 지닌 개인적인 적들의 중상모략으로, 흔히 종교문제로 가장되는 정치적 동기 때문에 희생당한 것으로 보이지 않는가? 반대로 성 그레고리우

있다(재위 251~253).
30) Saint Dionysius(200년경~265년경): 231년경 오리게네스의 후계자로 선출되고 247년경 알렉산드리아의 주교가 되었다.

스와 성 디오니시우스는 다행히도 사람들의 적의(敵意)를 모면했던 것이다.

관대하고 공정한 트라야누스 황제의 통치 아래서 성 이그나티오스[31]가 단지 기독교 박해에 휘말려 죽임을 당했을 리는 없다. 그것은 성 이그나티오스가 로마로 호송될 때 다른 기독교도들이 그를 동행하며 위로하는 일이 허락되었던 것만 보아도 알 수 있다(Note 26). 당시 안티오크에서는 빈번히 폭동이 발생했는데, 이그나티오스는 늘 소란하고 불안정한 이 도시에서 비밀리에 주교로 봉직하고 있었다. 아마도 악의에 찬 사람들이 이 소요사태의 원인을 죄 없는 기독교도들의 준동 탓으로 돌렸고, 이러한 비난에 주목한 행정당국은 진상을 오해하게 되었을 것이다.

성 시메온의 경우도 마찬가지다. 그는 로마인의 첩자로 고발당해 페르시아 왕 사푸르 2세 앞으로 끌려갔다. 그의 순교에 관한 이야기를 보면, 사푸르 2세가 성 시메온에게 태양을 숭배할 것을 제안했다고 한다. 그러나 잘 알다시피 페르시아인은 태양을 숭배하지 않았다. 그들에게 있어서 태양은 사물을 관장하는 지고의 존재, 사물의 창조자인 오로마즈(Oromase) 또는 오로스마드(Orosmade)[32]의 상징이자 구현이었다. 이처럼 페르시아인들도 조물주의 존재를 인정하고 있었던 것이다.

디오클레티아누스 황제가 즉위한 이후로 줄곧 기독교도들을 박해했다고 떠들어대는 사람이 있다면, 그에 대해서는 아무리 너그러운 사람이라 하더라도 분개하지 않을 수 없을 것이다. 이 점에 대해서는 카이사레아의 에우세비오스[33]가 명백한 근거를 제공해주고 있다. 그가 남겨놓은

---

31) Saint Ignatios(?~110년경): 시리아 안티오크(Antioch)의 주교를 지냈다. 안티오크 교회가 박해당했을 때 성 이그나티오스는 사형선고를 받고 다른 죄수와 함께 로마로 호송되었다. 당시 그가 로마로 끌려가는 길목마다 교회의 대표들이 나와 다음 도시까지 동행해주었다고 한다.

32) 조로아스터교의 우주론에 등장하는 오르마즈드를 말한다. 오르마즈드는 빛에 거주하는 존재로 어둠에 거주하는 아흐리만과 투쟁하면서 세계의 역사라는 광대한 드라마를 만든다.

33) Eusebios de Caesarea(263~339): 초대교회의 교부로서 325년 니케아 공의회에

증언은 반박할 여지가 없다. 그는 콘스탄티누스 황제의 총신이자 찬미자로서 콘스탄티누스 이전 황제들을 끊임없이 깎아내렸다. 그랬던 그가 느닷없이 이전 황제들을 칭송했으므로 우리로서는 주목하지 않을 수 없다. 그가 한 말은 다음과 같다(Note 27).

오랜 세월 동안 로마의 황제들은 기독교도들에게 호의를 베풀어왔다. 몇 개 지방의 통치를 기독교도들에게 맡겼으며, 궁정에도 많은 신자가 살았다. 황제들은 기독교도와 혼인을 맺은 적도 있었다. 디오클레티아누스 황제는 프리스카를 황후로 선택했고, 딸은 막시미아누스 갈레리우스[34]의 아내가 되었다.

이처럼 결정적인 증언에 비추어, 우리는 디오클레티아누스 황제에 대한 비방을 이제는 거두어들여야 할 것이다. 갈레리우스가 박해를 교사한 시점이 이 황제가 19년간이나 너그럽고 호의적인 통치를 펼친 후라면, 거기에는 우리가 모르는 어떤 정치적 계산이 숨어 있음을 의심해봐야 하지 않을까?

우리가 익히 들어온 대로 오로지 종교 때문에 학살당했다는 테반 또는 테비안 군단(테베 군단)의 전설은 불합리하기 그지없다. 이 군단이 아시아에서부터 생베르나르 고개를 넘어왔다는 것은 믿기지 않는 이야기이다.[35] 갈리아족이 일으킨 반란을 평정하기 위해, 그것도 반란이 진압된

서 활약했다.

34) Gaius Galerius Valerius Maximianus (?~311): 기독교를 박해한 로마황제(재위 305~311). 철저한 로마 정통 다신교 숭배자로서, 디오클레티아누스 황제를 설득해 기독교를 박해하도록 한 인물이다.

35) 전설에 의하면, 테베 군단은 동방에서 온 6,600명의 기독교도들로 구성된 군대로서 성 마우리키우스가 지휘하고 있었다. 이 병사들은 이교의 신들에게 제물 바치기를 거부했고 그 때문에 로마인의 명령에 따라 모조리 학살당했다고 한다. 생베르나르 고개(산 베르나르디노 고개)는 스위스 남동부 레폰틴 알프스 산맥에 위치하고 있다. 산 베르나르디노라는 고개의 이름은 10세기 초 이곳에서 전

지 1년 후에 이들을 아시아에서 불러들였다는 것도 있을 수 없는 일이다. 또한 200명만 있으면 충분히 한 군대 전체를 저지할 수 있었을 좁은 고갯길에서, 보병 6,000명과 기마병 700명이 도살당했을 리도 없다.

이 살육전이라는 것에 대한 진술은 다음과 같은 명백한 거짓으로 시작된다. "온 땅이 디오클레티아누스의 폭정 아래 신음하고 있을 때 하늘은 순교자들로 가득찼다"라는 것이다. 그러나 이 학살이 일어났다고 추정되는 286년은, 디오클레티아누스 황제가 기독교도들을 관대하게 대했던 시기이고 당시 로마제국은 태평성대를 누리고 있었다. 결론적으로 테반 군단은 존재하지도 않았다고 보아야 한다. 따라서 이 사건의 자초지종을 놓고 온갖 토의를 해보았자 쓸데없는 일이 될 뿐이다.

로마인들처럼 자존심 강하고 분별 있는 민족이 노예로 부리고 있었던 이집트인들, 즉 카노푸스[36]의 비천한 자들을 모아 군단을 편성했을 리는 없다. 그것은 로마인들이 유대인들로 군단을 만들었을 리 없는 것과 마찬가지이다. 로마제국의 주력군이던 32개의 군단 가운데도 테반 군단이라는 이름은 눈에 띄지 않는다. 그러므로 이 이야기는 무녀(巫女)들이 예수 그리스도의 기적을 예언한다며 펼쳐 보이는 글자수수께끼 놀이 같은 것이다. 이것은 그릇된 열광 때문에 흔히 증거도 없이 유포되어 맹신을 낳게 하는 숱한 이야기들 가운데 하나에 불과하다.

도했던 시에나의 성 베르나르디노를 따서 지어진 것이다.
36) 고대 이집트의 남부도시.

제10장 거짓 성인전설(聖人傳說)과
박해의 위험성에 대해

　거짓이 너무나 오랫동안 사람들을 속여왔다. 그러한 거짓들이 다른 고대 민족들의 연대기는 물론이고 타키투스와 수에토니우스 이래로 로마의 역사를 뒤덮고 있다. 지금이야말로 구름처럼 진실을 감추는 꾸며진 이야기들을 벗겨내고 그 안에 숨은 한 줌의 진실을 가려내야 할 때다.

　예를 들어, 진지하고 엄격한 로마인들이 양가 출신 기독교도 처녀들에게 매춘이라는 벌을 강요했다는 이야기를 어떻게 믿을 수 있겠는가? 그렇게 믿는 사람은, 우리에게 법체계를 물려준 입법자들인 로마인의 위엄을 모르고 있는 것이다. 로마인들은 베스타 여신[1]을 모시는 무녀들이 혹시라도 탈선을 저지르게 되면 엄격하게 벌했을 정도로 준엄했다. 뤼나르[2]의 『순교자 열전』은 지금 예로 든 것과 같은 부류의 파렴치한 이야기들을 담고 있다. 이 저서를 우리가 「사도행전」을 믿듯이 믿어야만 하는 것일까?

　『순교자 열전』에 따르면, 볼랑[3]이 다음과 같은 이야기를 기록했다고 한다. 앙키라[4]에는 70세가량 되는 일곱 명의 순결한 기독교도 여인들이

---

1) Vesta: 그리스 신화의 헤스티아(Hestia) 여신. 불과 난로의 여신으로 가정생활과 은혜의 여신으로 숭상되었다.
2) Dom Thierry Ruinart(1657~1709): 프랑스 베네딕트회 학자. 볼테르가 여기서 언급하고 있는 그의 저술은 『순교자 열전』(*Acta primorum martyrum sincera*)이다.

있었는데, 총독 테오데크투스가 도시의 젊은이들에게 몸을 허락하라는 판결을 내렸다는 것이다. 그러나 당연한 일이지만 여인들 가운데 누구도 몸을 바치지 않았으므로, 총독은 그녀들에게 벌거벗고 디아나 여신의 제사를 올리라고 강요했다. 알다시피 디아나 여신의 제사는 베일을 두르고 참례해야 한다. 술집주인이었으나 믿음에서는 그 누구보다도 열성적이었던 성 테오도투스는 신에게 이 성스러운 처녀들이 시련을 당하게 하느니 차라리 그녀들에게 죽음을 내려달라고 간청했다. 하나님은 그의 기도를 들어주었다. 총독은 성처녀들의 목에 돌을 매달아 호수에 던지도록 했다. 그 직후에 그녀들의 모습이 성 테오도투스 앞에 나타났다. 성처녀들은 그에게 자신들의 몸을 물고기가 먹지 못하도록 해달라고 애원했다.

경건한 술집주인과 그의 동료들은 그날 밤 병사들이 지키고 있는 호숫가로 갔다. 천상(天上)의 횃불이 그들의 발밑을 줄곧 비춰주었다. 그들이 보초병들이 지키고 있는 곳까지 가자, 무장한 하나님의 기사가 손에 창을 들고 나타나 보초병들을 쫓아버렸다. 성 테오도투스는 호수에서 성처녀들의 시신을 건져냈다. 그는 총독 앞으로 끌려갔다. 하나님의 기사가 달려왔으나 적들은 성 테오도투스의 목을 자르고 말았다. 다시금 말하건대, 우리는 진정한 순교자들을 경배하고 있다. 그래도 볼랑과 뤼나르의 이야기는 믿기 어렵다.

여기서 젊은 성 로마누스[5]의 이야기를 할 필요가 있을 것 같다. 에우세비오스에 따르면, 성 로마누스가 불 속에 던져지는 것을 지켜보던 유대인들이 예수 그리스도에게 따르는 자들이 불에 타 죽는 것을 보고만

---

3) Jean Bolland(1596~1665): 벨기에의 예수회 신부로, 성인들의 행적을 수집하고 정리하는 편찬 작업에 헌신해 볼랑디스트 학회(Société des Bollandistes)의 창설자가 되었다. 예수회 회원들로 구성된 이 학회는 17세기부터 현재까지 『성인열전』(*Acta Sanctorum*)을 발간하고 있다.

4) Ancyra: 소아시아에 있던 갈라티아의 옛 도시로서 오늘날 터키의 앙카라(Ankara).

5) 로마누스(Romanus)라는 이름의 성인이 순교와 관련되어 등장하는 경우는 여러 번 있었다. 그 가운데 상당수는 기존에 있던 이야기를 베낀 것으로 추정된다.

있느냐면서 욕을 퍼부었다고 한다. 예전에 하나님께서는 사드락, 메삭, 아벳느고를 불가마에서 꺼내준 적이 있었다.[6] 유대인들이 이렇게 떠들어대자마자 성 로마누스가 화형대의 불길 속에서 당당히 걸어 나왔다.

이를 본 디오클레티아누스 황제는 그를 용서했고, 재판관에게 자신은 하나님과 분란을 일으키고 싶지 않다고 말했다. 황제가 이런 말을 했다는 것은 참으로 믿기 어렵다. 어쨌든 황제가 관용을 보였음에도 재판관은 성 로마누스의 혀를 자르라고 명령했다. 그리고 사형집행인들이 여럿 있었지만, 의사를 불러 그 형을 집행하도록 했다. 로마누스는 태어날 때부터 말을 더듬었으나 혀를 잘리자마자 물 흐르듯이 말하게 되었다. 질책을 받은 의사는 자신이 의술에 지시된 대로 혀를 절단했다는 것을 보여주기 위해, 지나가는 사람을 붙잡아 그의 혀를 성 로마누스에게서 잘라낸 길이만큼 잘라냈다. 행인은 그 자리에서 죽고 말았다. 이에 대해 에우세비오스는 "우리가 해부학을 통해 알고 있듯이, 사람은 혀가 없으면 살 수 없기 때문"이라고 유식한 설명을 보태고 있다. 이런 가당찮은 이야기들을 에우세비오스가 실제로 기록했고, 누군가 군더더기를 덧붙인 것이 아니라 해도, 무슨 근거로 우리가 성 로마누스의 이야기를 믿을 수 있겠는가?

우리는 성 펠리시테와 일곱 자녀의 순교에 대한 이야기도 알고 있다. 그들은 현명하고 경건한 안토니누스 피우스 황제에게 죽임을 당했다고 한다. 그러나 이 이야기를 전한 사람이 누구인지 밝혀지지 않았다.[7]

분명히 이 순교 이야기는, 열광적인 신앙에 이끌린 나머지 진실을 소홀히 하게 된 어떤 작가가 「마카베오서(書)」의 이야기를 각색한 것이리

---

6) 『구약성서』, 「다니엘서」 3장. 네부카드네자르 왕이 사드락, 메삭, 아벳느고를 불가마에 집어넣었으나 하나님께서 이들을 보호해 이들이 불가마에서 무사히 걸어 나왔다는 이야기를 말한다.

7) 전설에 따르면, 기독교도인 펠리시테와 일곱 아들은 로마의 신들에게 제사 지내기를 거부해서 각각 다른 방식으로 처형되었다고 한다. 그러나 여러 가지 문제점 때문에 이 이야기는, 볼테르가 지적하고 있듯이, 「마카베오 2서」 7장에 등장하는 유대인 어머니와 신심 깊은 일곱 아들의 이야기를 각색한 것으로 추정된다.

라. 이야기의 시작은 이렇다.

성 펠리시테는 로마 여인으로, 당시 로마는 안토니우스 황제가 통치하고 있었다.

이 첫 번째 구절만 보아도 작가가 성 펠리시테와 동시대에 살았던 사람이 아니라는 것을 알 수 있다. 작가는 로마 총독이 샹 드 마르스(champ de Mars)에 있는 재판정에서 이들을 판결했다고 썼다. 그러나 로마 총독의 재판정이 있던 곳은 카피톨(Capitole)이지 샹 드 마르스가 아니었다. 샹 드 마르스는 코미티아[8])가 열리던 곳이었다. 안토니우스 황제 시대에는 군대의 사열, 전차 경주, 여러 가지의 군사 경기를 하는 곳으로 사용되고 있었다. 이러한 지적만으로도 펠리시테의 순교는 작가가 꾸며낸 것이라는 점을 입증할 수 있다.

또한 이 이야기에 따르면, 재판이 끝난 뒤 황제는 다른 재판관들을 시켜 판결의 집행을 감독하게 했다고 한다. 그러나 이러한 조치는 그 당시의 사법 절차에 완전히 어긋나는 것이고, 모든 시대를 통틀어 유례가 없는 것이다.

성 히폴리투스[9])의 이야기도 마찬가지다. 전설에 따르면, 그는 말들에 매달려 죽을 때까지 끌려다녔다고 한다. 마치 테세우스의 아들 히폴리투스[10])처럼 말이다. 그러나 고대 로마인들은 이러한 처형 방식을 쓴 일이

---

8) comitia: 로마 공화정 시대의 합법적 민회(民會). 다양한 선거가 실시되고 입법과 사법 기능을 수행했으나 제정시대에 이르러 쇠퇴했다.

9) 볼테르가 언급한 성 히폴리투스는 기독교에 의해 창작된 인물로, 로마 신화에 등장하는 테세우스의 아들 히폴리투스의 이야기에 살이 붙은 것으로 추정된다. 이와는 별개로 실재한 인물인 성 히폴리투스(170?~235?)가 있다. 그는 로마에서 활약한 그리스의 교부로서 많은 저술을 남겼다.

10) 그리스 신화에서 아테네 왕 테세우스의 아들이다. 계모 파이드라의 사랑고백을 거절했다가 무고를 당해 테세우스의 저주를 받고, 포세이돈이 보낸 괴물에 놀란 말이 날뛰는 바람에 죽었다.

전혀 없으며, 다만 두 이름의 유사성 때문에 이러한 이야기가 만들어진 것이다.

다음과 같은 사실에도 주목하자. 기독교도들만이 참여해서 그들 스스로 작성한 순교에 관한 이야기 대부분을 보면, 기독교도들이 무리를 지어 처형될 사람이 갇힌 감옥에 자유롭게 드나들고 있다. 교인들은 죄수를 따라 처형장까지 가서 그가 흘리는 피를 모으고 시신을 수습해 성유골로 기적을 펼친다. 만약 박해를 받은 이유가 오로지 종교 때문이었다면, 이렇게 기독교도임을 자인하며 드러내놓고 자신의 교우인 죄수들을 도와준 사람들 역시 처형되지 않았겠는가? 그들은 순교자의 유골로 주술을 부렸다고 고발당하기도 했지만, 다른 처벌은 받지 않았다. 우리가 발도파, 알비파,[11] 후스파[12] 또한 그 밖의 여러 종파의 개신교도들에게 박해를 가한 것처럼, 그들도 로마인들에게서 마찬가지 일을 당했어야 하는 것이 아닐까?

우리는 종교를 이유로 내세워서, 앞에 열거한 종파의 교인들을 남녀노소의 구별도 없이 죽이고 한꺼번에 불태웠다. 사실이라고 입증된 고대의 박해 관련 이야기들 가운데, 생바르텔르미 대학살이나 아일랜드의 학살과 비교할 만한 것이 단 하나라도 있는가? 지금도 툴루즈에서 매년 열리는 잔인한 축제, 영원히 폐지되어야 할 그 축제와 비슷한 것이 단 하나라도 있는가? 툴루즈 축제에서는 시민 전체가 행렬을 벌이며 200년 전 같은 도시 주민 4,000명을 학살했던 일을 축하하고 신에게 감사를 올리지 않는가.

나는 참담한 심정으로 진실을 밝히는 바이다. 박해자, 도살자, 살인자였던 사람은 바로 우리 기독교도들이다. 누구를 박해했는가? 다름 아닌

---

11) Aibigeois: 12~13세기경 프랑스 남부의 도시 알비를 중심으로 교세를 확장했다가 로마 교황에 의해 이단으로 규정되어 잔혹한 토벌을 당하고 소멸했다.

12) Huss: 체코의 종교개혁가 후스(Johannes Huss, 1369?~1415)의 추종자들을 말한다. 보헤미아 남부 후시네츠 출신인 후스는 종교개혁가로 활동하다가 교황에게 파문당하고 화형에 처해졌다. 그 결과 1419~34년의 후스전쟁이 일어났다.

우리의 형제 기독교도들이다. 다름 아닌 우리 기독교도들이 콘스탄티누스 황제 시대에서 세벤 지방의 광적인 살육[13]에 이르기까지, 손에 십자가나 『성서』를 든 채 수많은 도시를 파괴하고 끊임없이 살인하고 화형대의 장작에 불을 붙였던 것이다. 하늘의 도움으로 오늘날 이러한 광란은 사라졌다.

여전히 푸아투, 비바레, 발랑스, 몽토방[14]의 가엾은 사람들이 교수형에 처해지고 있다. 1745년 이후 '목사' 또는 '복음서의 종'[15]이라고 불리는 사람들 여덟 명이 처형되었다. 그들의 죄라고는 사투리로 국왕을 위한 기도를 올리고[16] 포도주 한 모금과 빵 한 조각을 몇몇 우매한 농부들에게 주었다는 것밖에는 없다. 파리 사람들은 쾌락에만 관심이 있으므로 이런 일은 전혀 모른다. 파리 사람들은 지방과 외국에서 무슨 일이 벌어지고 있는지 신경조차 쓰지 않는다. 그런 재판들은 탈영병 재판보다 더 신속하게 진행되었다. 국왕이 이러한 사실을 알았더라면 특사를 내렸을 것이다.

그 어떤 개신교 국가에서도 가톨릭 신부들을 이런 방식으로 다루지 않는다. 영국과 아일랜드에는 100명도 넘는 가톨릭 신부들이 있다. 그 나라 당국은 그들의 신분을 알고 있지만 지난번 전쟁[17]을 치르는 가운데서 어떠한 탄압도 없었다.

다른 국민의 진보된 견해를 받아들이는 데서 우리 프랑스인들은 언제

---

13) 카미자르(Camisards)에 대한 토벌을 말한다. 카미자르는 프랑스 남부에 근거지를 둔 칼뱅파 개신교도들로서, 루이 14세의 박해에 맞서 18세기 초에 무장반란을 일으켰다. 정부가 이에 대응해 말살정책을 취한 결과 수많은 마을이 초토화되고 주민들이 학살당했다. 이 토벌은 프랑스 역사상 가장 잔혹한 개신교도 박해 가운데 하나로 기록되고 있다.

14) 모두 프랑스의 서부와 남부 지방에 있는 지역들로 개신교 세력이 남아 있었다.

15) 개신교 성직자를 지칭하는 말.

16) 개신교에서는 라틴어 대신 프랑스어로 기도를 올리는 것이 원칙이고 지방 사투리로 기도를 올리는 일도 흔했다.

17) 7년전쟁(1756~63)을 가리킨다.

나 뒤처지기만 할 것인가? 다른 나라 국민은 스스로 잘못된 점들을 시정했다. 우리는 언제가 되어야 잘못을 고칠 것인가? 우리는 뉴턴의 법칙을 인정하는 데 60년이나 지체했다. 종두를 시행해 우리 아이들의 생명을 지키는 일도 이제야 겨우 용기를 내서 시작했다. 올바른 농사의 원리를 실천하기 시작한 것도 아주 최근의 일이다. 인간의 올바른 원리는 언제부터 실천하려 하는가? 우리는 순교자들을 죽음으로 몰아넣었다는 이유로 이교도들을 비난한다. 하지만 같은 상황에서 똑같이 잔인한 행동을 서슴지 않았던 우리가 그 어떤 명분으로 그들을 비난한단 말인가?

로마인들이 단지 종교만을 이유로 수많은 기독교도를 죽인 것이 사실이라면, 로마인들은 강력하게 비난받아야 한다. 그런데 우리도 똑같은 불의를 행해야 하겠는가? 그들이 박해자였다고 비난을 퍼부으면서 우리 자신이 다시 박해자가 되려 하는가?

양식이 전혀 없는 또는 아주 광신적인 사람이 내게 이렇게 말한다고 가정해보자.

당신은 무엇 때문에 우리의 과오나 결점을 들추는 것이오? 우리의 기적이 거짓이고 우리의 전설이 꾸며진 것이라 해도 무엇 때문에 그것을 파괴하려고 하는 것이오? 그런 전설들은 많은 사람에게 신앙심의 자양분이 되고 있소. 필요한 오류들도 있는 법이오. 뿌리 깊은 종양을 잘라내려다가 몸을 전부 망칠지도 모르니 그냥 내버려 두시오.

여기에 대한 내 대답은 다음과 같다.

진정한 기적들에 대한 믿음을 흔들어놓는 당신들의 이 모든 거짓 기적, 복음서의 진실에 덧붙여놓은 당신들의 이 모든 불합리한 전설은 사람들의 가슴속에 자라나는 신앙심의 싹을 꺾고 있소. 참된 앎을 얻으려고 하는 수많은 사람, 그러나 그러기 위한 시간이 부족한 사람들은 이렇게 말할 것이오. '종교 선생들이 나를 속였다. 그러니 종교에서는 진실을 찾을 수 없다. 오류에 파묻히기보다는 자연의 품속에 몸을 내맡기는 편이 낫다. 인간들의 창작물에 의지하느니 차라리 자연법을 따르겠다'라고 말이오. 어떤 사람들은 불행하게도 더 과격해지기도 하오. 당신들의 거짓에 속박을 당하고 실망한 그들은 이제는 진실의 당연한 속박까지 거부하고 무신론으로 기울게 되는 것이오. 이들이 타락의 길로 빠지는 것은, 바로 당신들이 위선적이고 잔인했기 때문이라오.

갖가지 종교적 기만과 모든 맹신의 결과물을 지금까지 살펴보았다. 일반인들은 올바른 추론을 제대로 하지 못한다. 다음과 같은 논법은 아주 잘못된 것이다. "『황금전설』의 저자인 보라지네[18]나『성인들의 꽃』을 편찬한 예수회 수도사 리바데네이라[19]의 이야기는 모두 엉터리일 뿐이므로 하나님은 존재하지 않는다", "가톨릭교도들은 많은 위그노를 죽였고 위그노들 역시 많은 가톨릭교도를 죽였으므로 하나님은 존재하지 않는다", "사람들은 신앙고백, 성찬식[20] 같은 온갖 성사(聖事)를 구실로 가장 끔찍한 범죄들을 저질러왔으므로 하나님은 존재하지 않는다." 나는 여기서 이와는 정반대의 결론을 내리는 바이다. 하나님은 존재한다. 우리가 그를 너무도 잘못 이해하고 그의 이름으로 그토록 많은 죄악을 저지른 후 이 덧없는 인생을 마쳤을 때 우리의 참혹한 불행을 위로해주실 것이다. 엄청난 피를 흘리게 한 종교전쟁들과 40번의 교회분열,[21] 수

---

18) Jacques de Voragine(자코포 다 바라체 Jacopo da Varazze, 1230년경~98): 이탈리아 바라체에서 태어나 제노바의 대주교가 되었다. 영어로는 보라진의 제임스라고 불린다.『황금전설』(*Legenda Aurea*) 또는『황금성인전』은 중세 유럽에서 가장 널리 읽힌 성인전이다.

19) Pedro Ribadeneira (1527~1611): 에스파냐 톨레도 출생으로 예수회에 들어갔다. 여기서 볼테르가 언급한『순교자의 꽃』(*Flos Sanctorum*)은 성인들의 일대기를 수집해놓은 책이다.

20) 그리스도의 최후의 만찬에서 연유한 성사.

21) 대표적인 교회분열로 1378~1417년에 두세 명의 교황이 병립해 제각기 정통성

많은 참화를 초래한 위선들, 서로 다른 견해들로 촉발된 극렬한 증오들, 그릇된 종교적 열광이 낳은 모든 불행 때문에 인간들은 이미 오래전부터 이승에서 지옥에 빠져 있었던 셈이다. 바로 이런 인간들을 구원하기 위해서 하나님은 존재한다는 것이 나의 결론이다.

을 주장한 '서방(西方)의 대분열'을 들 수 있다.

제11장 종교적 불관용의 불행한 결과들

시민 개개인은 오직 이성의 소리에만 귀 기울이고, 옳든 그르든 이성이 시키는 대로만 생각해도 될 것인가? 당연히 그렇다. 단, 공공의 질서와 안녕을 해치지 않는 범위 안에서 그래야만 한다(Note 28). 왜냐하면 사람은 무엇을 믿거나 믿지 말아야 할 의무는 없지만, 자기 조국의 법과 관습을 존중해야 할 의무는 있기 때문이다. 따라서 지배적인 종교를 믿지 않는 것은 죄악이라고 주장하는 것은 우리 선조인 초기 기독교도들을 비난하는 셈이 될 뿐만 아니라, 그들을 박해했다고 비난받는 사람들을 정당화하는 셈이 된다.

이런 지적에 대해, 다른 모든 종교는 인간의 작품이지만 사도 전승의 로마 가톨릭 교회만은 하나님의 작품이므로 양자 사이에는 아주 큰 차이가 있다고 대답할 수도 있다. 그러나 진정으로 묻건대, 우리의 종교가 신의 작품이라고 해서 증오, 광기, 추방, 재산 약탈, 감옥, 고문, 살인에 의존하고 살인에 대해 신에게 감사기도를 드려도 된다는 것인가? 아니다. 기독교는 신의 작품이므로 인간이 좌우하려고 들어서는 안 된다. 신께서 기독교를 만드셨으므로 인간이 개입하지 않아도 지켜주실 것이다. 불관용은 위선자들 아니면 반도들을 양산할 뿐이다. 이 둘 다 비참하기는 마찬가지 아닌가! 그리스도께서는 살인자들에 의해 돌아가시면서도 오로지 온유와 인내만을 가르치셨는데, 우리는 살인자들의 방식에 의해 그리스도의 종교를 지키려 하는가?

불관용이 법으로 인가되었을 때 초래된 끔찍한 참상들을 보라. 시민이 국가가 채택한 종교를 믿지 않는다고 재산을 몰수하고 투옥하고 처형해도 된다고 하자. 그렇다면 가장 높은 지위에 있는 사람들도 같은 상황에서 동일한 처벌을 면할 수 없지 않겠는가? 종교와 관련된 문제에서는 군주나 거지들이나 동등한 취급을 받는다. 실제로 50명이 넘는 신학자 또는 수도사들이 교회와 견해를 달리하는 프랑스 국왕은 폐위하거나 처형할 수 있다는 기괴하고도 끔찍한 견해를 표명했다. 고등법원은 가증스러운 신학자들이 내린 이 가증스러운 결정을 계속 규탄해왔다(Note 29).

파리 고등법원이 왕권의 독립을 기본법으로 확립한 것은 광신도에게 치명상을 당한 앙리 대왕(앙리 4세)의 피가 채 식지 않았을 때였다. 뒤페롱[1]은 앙리 대왕 덕분에 추기경 자리에 올랐음에도, 1614년의 삼부회에서 고등법원의 판결에 반대하고 무효화시켰다. 당시의 모든 일지에는 뒤페롱이 장황한 연설에서 했던 말이 기록되어 있다.

왕이 아리우스파[2]가 된다면 그를 폐위시켜야만 할 것이다.

아닙니다, 추기경 예하, 절대로 그럴 수 없습니다. 우리의 국왕 가운데 한 명이 공의회와 교부들의 역사를 읽고 "하나님 아버지는 나보다 위대하시다"[3]라는 말에 감복해 이 말을 너무도 진지하게 여긴 나머지 니케아 공의회[4]의 신조(信條)와 콘스탄티노플 공의회[5]의 신조 사이에서 망설이다가 결국 니코메디아의 주교 에우세비오스[6] 편을 들었다는 당신

---

1) Jacques Davy Duperron(1556~1618): 위그노의 아들로 태어났으나 가톨릭으로 개종해 추기경의 자리까지 올랐다.
2) 그리스도의 신성을 부인한 아리우스(Arius, 250년경~336년경)의 주장을 교의로 삼은 종파. 아리우스와 아리우스파는 이단으로 단죄되었다.
3) 「요한복음」 14장 28절. "너희는 내가 갔다가 너희에게로 다시 돌아오겠다고 말하는 것을 들었다. 만일 너희가 나를 사랑한다면 내가 아버지께로 가는 것을 기뻐할 것이다. 이것은 아버지께서 나보다 위대하신 분이기 때문이다."

의 얼토당토않은 이야기가 사실이라고 합시다. 그래도 나는 국왕에게 복종하고, 그에게 바친 신하로서의 충성 서약은 흔들리지 않을 것이오. 만약 당신이 감히 왕에게 반기를 든다면 그래서 내가 당신을 재판하게 된다면 나는 당신에게 대역죄를 선고할 것이오.

뒤페롱은 자신의 논지를 더 밀고 나갔지만, 더 이상 언급하지 않겠다. 그런 불쾌한 망상에 대해 깊이 논의할 자리가 아니기 때문이다. 다만 나는 모든 시민과 더불어 다음과 같은 사실을 확인하려고 한다. 프랑스인들이 앙리 4세에게 복종해야만 했던 이유는 그가 샤르트르 대성당[7]에서 국왕 축성을 받았기 때문이 아니라, 출생으로 부여받은 확고한 권리에 따라 왕좌에 올랐기 때문이었다. 앙리 4세는 용기와 어진 심성을 통해 자신이 그 자리에 합당하다는 사실을 보여주었다.

그러므로 동일한 권리에 의거해 시민 누구라도 부친의 재산을 상속받아야 한다. 또 시민 누구라도 파스카시우스 라드베르투스[8]에 반대하고

---

4) 325년 고대 도시 니케아(지금의 터키 이즈니크)에서 열린 기독교 교회의 첫 번째 에큐메니컬 공의회. 예수가 신이 아니라 인간이라고 주장하는 아리우스파 때문에 동방교회에 발생한 문제들을 해결하기 위해 콘스탄티누스 황제가 소집했다. 니케아 공회의는 아리우스를 단죄하고 성부와 성자의 '동일본질'을 신조에 포함시켰다.

5) 콘스탄티노플 공의회는 4차에 걸쳐 열렸으나 여기서는 381년에 열린 제1차 콘스탄티노플 공의회, 즉 기독교 교회의 두 번째 공의회를 말한다. 이 회의에서는 니케아 공의회의 신조를 재확인해 성령이 성부 및 성자와 동등하다는 삼위일체 교리를 최종적으로 공포했다.

6) Eusebios de Nicomedia(?~342년경): 동방교회에서 중요한 역할을 한 주교로서, 아리우스의 핵심적인 지지자였다.

7) 프랑스 왕은 전통적으로 랭스(Reims) 대성당에서 축성식을 거행하고 왕위에 오른다. 그러나 앙리 4세를 인정하지 않는 가톨릭 동맹이 랭스를 장악하고 있었으므로 앙리 4세는 1594년 2월에 샤르트르 대성당에서 축성식을 거행했다. 샤르트르(Chartres)는 파리 남서쪽에 있는 도시로 그 대성당은 색유리창으로 유명하다. 랭스는 프랑스 동부 샹파뉴 지방의 중심 도시이다.

8) Paschasius Radbertus: 786년경 파리 북동쪽 수아송에서 출생, 865년 코르비에서 사망한 대수도원장이자 신학자. 성찬과 관련해 엄격한 의미의 화체설(化體說)을 확립했다. 그의 화체설에 대해 라트람누스가 반론을 제기함으로써 논쟁이

라트람누스[9]에 동조했다고 해서, 스코투스[10]에 반대하고 베렌가리우스[11]의 주장에 찬성했다고 해서 재산을 빼앗기거나 교수대로 끌려가는 일이 있어서는 안 된다.

알다시피 우리 기독교의 모든 교리가 명확히 설명되고 보편적으로 받아들여진 것은 아니었다. 예수 그리스도께서 성령이 어떻게 행사하시는지에 대해 한마디도 언급하지 않았던 탓에, 오랫동안 로마 가톨릭 교회는 그리스정교회와 마찬가지로 성신은 성부에게서만 발현한다고 믿어왔다. 나중에 로마 가톨릭 교회는 성령이 또한 성자(聖子)에게서도 발현한다는 교리를 추가했다. 이러한 결정이 내려진 다음 날, 이전의 교리를 고수하는 사람은 죽임을 당해야 마땅한가? 예전의 믿음을 고수하는 사람을 오늘날 잔인하고 부당하게 벌한다면, 덜 잔인하고 부당하다는 평가를 받을 수 있겠는가? 호노라리우스 1세[12] 시대에, 예수 그리스도가 두 개의 의지를 지니지 않았다고 생각하는 것이 죄가 되었단 말인가?[13]

성모의 무염수태가 교리로 확립된 것도 그리 오래된 일이 아니다. 도미니크회 수사들은 아직도 무염수태를 믿지 않는다. 그렇다면 도미니크회 수사들은 이 세상에서는 마땅히 처형되어야 하고 저세상에서는 지옥에 떨어져야 할 텐데, 그 시점을 언제로 정해야 하는가?

벌어졌다. 교회는 라드베르투스의 주장을 채택했다.

9) Rartamnus: 아미앵 부근 코르비 대수도원의 수도사. 868년 사망 추정.

10) Duns Scotus(1266~1308): 영국의 스콜라 철학자이자 신학자로서 성찬론에서 철저한 화체설을 주장한 사람이었다.

11) Berengarius(?~1088): 프랑스 투르 출신의 신학자. 그는 성만찬에 대해 라드베르투스의 화체설이 이성에 어긋나고 신의 진실성에 어긋나며 교인들을 우둔함으로 이끈다고 논박했다.

12) Honorarius I(?~638): 로마 집정관의 아들로서 625~638년에 교황으로 재임했다. 단의론자들의 견해를 추종해 예수는 하나의 의지를 지녔다고 주장했고, 이 때문에 죽은 지 40년 후에 단죄되었다.

13) 7세기에 벌어진 단의론과 양의론 사이의 논쟁을 말한다. 단의론은 그리스도가 오직 하나의 본성만을 갖고 있다고 주장한다. 680년 콘스탄티노플 3차 공의회는 단의론을 단죄하고 그리스도의 인격에는 두 개의 의지가 있다고 선언했다.

우리가 벌이고 있는 끝없는 논쟁에서 취해야 할 행동방식을 누군가에게 배워야 한다면, 그들은 바로 사도들과 복음서 저자들이다. 성 바울과 성 베드로는 교회의 격심한 분열을 일으킬 수 있을 정도로 의견의 차이가 컸다. 바울은 「갈라티아서(書)」[14]에서 자신이 베드로를 대놓고 책망했다는 이야기를 분명히 하고 있다. 베드로가 책망을 받아 마땅했기 때문이라는 것이었다. 베드로와 바나바[15]는 야고보가 도착하기 전에 이방인들과 함께 식사하다가, 할례자(유대인)들을 화나게 할까 봐 두려워 슬며시 물러갔었다. 베드로와 바나바가 속임수를 썼다고 비판한 바울은 이렇게 말한다.

나는 그들이 복음의 진리에 따라 바로 행하지 아니함을 보고 게바[16]에게 이르되, 네가 유대인으로서 이방인을 좇아 살고 유대인답게 살지 아니하면서 어찌해 억지로 이방인을 유대인답게 살게 하려느냐 했노라.[17]

이것은 격렬한 논쟁의 주제가 되었다. 새로운 종교인 기독교의 교인들이 유대교의 의식을 지켜야 하는지 아닌지에 관한 문제였기 때문이다. 당시 성 바울은 예루살렘의 유대교 신전에 가서 제사를 올리기도 했다. 또 예루살렘의 초대 주교 15명은 할례를 받은 유대인들이었다. 그들은 유대의 안식일을 지켰고 금지된 고기는 먹지 않았다. 만약 에스파냐

---

14) 갈라티아는 고대 소아시아 중앙내륙 고지대이다. 사도 바울이 이곳에 와서 기독교를 전도하고 이곳 교회에 보낸 서신을 남겼는데(현재는 이곳이 아니라는 설이 우세하다), 그것이 「갈라티아서」이다.
15) 키프로스 출신의 레위인으로 바울을 사도들에게 소개했다.
16) 예수에게 이름을 받기 전에 베드로의 본명은 시몬(Simon)이었다. 베드로(돌, 바위라는 뜻)란 아람 말로 kepa(반석)인데, 이 아람 말을 소리 나는 대로 그리스 문자로 옮긴 것이 케파(Céphas), 즉 '게바'이다. 초대교회에서는 게바라는 이름이 베드로라는 이름보다 더 자주 사용되었다고 한다.
17) 「갈라티아서」 2장 11~14절.

나 포르투갈의 주교가 할례를 받고 안식일을 지킨다면 그는 종교재판에서 화형[18]을 당하게 될 것이다. 그렇지만 사도들과 초기 기독교도들 사이에서는 이 근본적인 문제를 둘러싸고 어떠한 분란도 일어나지 않았다.

복음서의 저자들이 요즘의 작가들 같았더라면 그들은 명분이 있었던 만큼 한층 더 서로를 헐뜯고 싸웠을 것이다. 성 마태는 다윗에서 예수에 이르기까지의 세대가 28대라고 주장했다. 성 누가는 41대라고 보았다. 게다가 계보의 내용에서도 두 사람의 주장은 완전히 달랐다. 그러나 그 제자들 사이에서는 이렇게 명백한 대립에 대해 어떠한 논쟁도 일어나지 않았다. 이후 이 대립은 여러 교부에 의해 해소되었다. 서로를 사랑하는 마음은 조금도 다치지 않았고 늘 평화로웠다. 우리의 견해가 비록 다르더라도 서로에게 관용을 베풀어야 하고, 또 우리가 어떤 것을 이해하지 못할 경우 겸손해야 한다는 점을 위의 사례보다 더 잘 보여주는 교훈이 어디 있겠는가?

성 바울은 기독교로 개종한 로마의 몇몇 유대인에게 보낸 편지(「로마서」)에서 3장의 뒷부분을 온통 할애해, 하늘의 영광(천국)을 얻는 것은 오직 믿음으로써만 가능하며 행위는 아무 소용이 없다는 점을 설파했다. 그와 반대로 성 야고보는 세계에 흩어진 이스라엘의 12지파(支派)에 보낸 편지(「야고보서」)의 2장에서, 믿음을 실천해 선함을 베풀지 아니하면 구원을 받을 수 없다고 계속 강조했다. 이러한 차이로 인해 오늘날 우리의 교회는 두 개의 커다란 종파로 갈라섰지만, 사도들 자신은 전혀 분열되지 않았다.

우리와 의견이 다른 사람들을 박해하는 행동이 성스러운 것이라면, 이 교도들을 가장 많이 죽인 사람이 천국에서 최고의 성인이 될 것이다. 생 바르텔르미 대학살의 날에 열광적인 믿음으로 수백 명을 죽인 사람은, 동포의 재산을 빼앗고 감옥에 집어넣는 것으로 그친 사람보다 천국에서

---

18) 오토다페(autodafé): 종교재판의 공개적인 징벌의식으로 사람만이 아니라 책을 불태우는 것도 포함되었다.

얼마나 더 큰 대접을 받을까? 이 질문에 대한 답은 아래와 같다.

로마 교황과 추기경회가 잘못을 범하는 경우란 없다고 말들을 한다. 그들은 생바르텔르미의 학살 행위를 승인하고 찬양했으며 심지어 신성화하기까지 했다. 따라서 이 학살은 아주 신성한 것이었다. 이러한 논리에 따르면, 신앙이 똑같이 돈독한 두 명의 살인자 가운데, 임신한 위그노 여인 24명의 배를 가른 사람이 12명의 배를 가른 사람보다 신의 영광을 2배 더 얻어야 할 것이다. 마찬가지로 세벤 지방의 광적인 개신교도들도 자신들이 죽인 가톨릭 성직자, 수도사, 여신도들의 숫자에 비례해 자기들이 누릴 영광이 커진다고 믿었을 것이다. 이러한 것이 영복(永福)을 얻을 자격이라니 참으로 기괴하기 그지없다.

제12장 유대교에서 불관용은 신의 율법인가

　하나님의 율법은 하나님이 직접 내려준 계율을 말하는 것이다. 하나님은 유대인들에게 유월(逾越)[1]을 기념해 양고기는 불에 구워 쓴 나물(양상추)과 함께 먹고, 식사 참석자들은 손에 지팡이를 잡고 서서 먹으라고 명했다.[2] 하나님은 대제사장에게 정결함을 얻기 위해서는 제물의 피를 취해 오른쪽 귀와 오른손 그리고 오른발에 바르라고 지시했다.[3] 이러한 관습은 우리가 보기에는 기이하지만 고대인들에게는 조금도 이상하지 않았다. 하나님은 이스라엘 민족의 속죄를 위해 아사셀[4]의 염소를 제물로 바치라고 했다. 또한 먹을 것 가운데서 비늘 없는 생선, 돼지, 토끼, 고슴도치, 부엉이, 독수리 등을 금했다(Note 30).

---

1) Phasé: 히브리어로 통과를 의미하는 'pesaḥ'에서 나온 말로 프랑스어로는 pâque. '유월'이란 여호와가 이집트인들의 맏아들을 모두 죽일 때, 이스라엘인들의 집에는 어린 양의 피를 문기둥에 발라서 표시해놓은 덕분에 그냥 지나가 그 재난을 면하게 한 것을 가리킨다. 이를 기념한 유월절은 유대교의 봄 축제로 이스라엘 민족의 이집트 탈출을 기리는 명절이다.
2) 『구약성서』, 「출애급기」 12장.
3) 『구약성서』, 「레위기」 14장.
4) Azazel: '떠나다'는 의미의 히브리어 '아잘'과 '염소'라는 뜻의 '에즈'가 결합한 단어이다. 아사셀은 이스라엘의 죄와 허물을 짊어지고 황량한 광야로 떠나가는 염소를 가리킨다.

하나님은 축제와 의식을 제정했다. 이 모든 것들은 다른 민족들의 눈에 자의적인 것으로 보이고 실정법과 관례에 따르는 것으로 여겨지지만, 하나님이 몸소 명하신 것들이라서 유대인들에게는 신의 율법이 되었다. 그것은 마치 마리아의 아들, 하나님의 아들인 예수 그리스도가 우리에게 명하신 모든 것이 신의 율법이 된 것과 마찬가지다.

여기서 왜 하나님이 모세에게 내렸던 율법 대신에 새로운 율법을 내렸으며 그리고 무엇 때문에 하나님이 노아보다 아브라함에게 그리고 아브라함보다 모세에게 더 많은 것을 명했는지의 문제는(Note 31) 그냥 덮어 두자. 하나님은 시간과 주민의 규모에 맞추어 그리하신 것이 아닐까. 즉, 부계(父系)가 뻗어 나감에 따라 더 많은 것을 바라셨던 것 같다. 하지만 이 수수께끼는 우리의 빈약한 지혜로 헤아리기에는 너무나 심오하므로, 당면한 주제에만 만족하자. 우선 유대인들의 종교적 불관용에 대해 살펴보자.

실제로 「출애급기」(이집트 탈출기), 「민수기」(광야방랑기), 「레위기」(예배 규정), 「신명기」(모세의 설교)에는 신앙에 관한 아주 엄격한 계율과 더욱더 엄격한 징벌의 내용이 담겨 있다. 많은 성경 주석가는 모세의 이야기를 「예레미야」와 「아모스」에 나오는 몇몇 구절 그리고 「사도행전」에 기록된 성 스테파노의 유명한 설교와 양립해 설명하느라 애를 먹었다. 아모스는 유대인들이 광야에서 계속 몰록·레판·기윤 신을 숭배해왔다고 말했다(Note 32). 예레미야는 선조들이 이집트에서 나왔을 때 하나님은 번제나 희생을 요구하지 않았다고 분명하게 지적했다(Note 33). 성 스테파노는 유대인들에게 한 설교에서 이렇게 말하고 있다.

저들은 하늘의 군대를 섬겼다. 저들은 광야에서 40년 동안 희생도 제물도 바치지 않았다. 저들은 몰록 신의 장막[5]과 레판 신의 별을 받들었다(Note 34).

---

5) 성막(聖幕): 고대 유대교에서 이동식 성전(聖殿)의 역할을 한 천막.

다른 성서 연구자들은 이렇게 많은 이방의 신들이 숭배되었다는 사실에서부터, 모세가 이러한 신들의 숭배를 묵인했을 것이라고 추론한다. 그리고 그 증거로 「신명기」에 나오는 구절을 제시했다(Note 35).

우리가 오늘날 여기서는 각기 좋은 대로 했거니와 너희가 가나안 땅에 이르러서는 그렇게 하지 마라(Note 36).

성경 연구자들의 이러한 견해는, 이스라엘 민족이 광야에 있을 때 한 종교적 행동에 관해 『성서』에 어떠한 언급도 없다는 사실에 근거하고 있다. 유월절과 오순절(五旬節)[6]을 지켰다는 기록도, 장막제(帳幕祭)[7]를 올렸다는 기록도 없으며 공적인 제례가 제정되었다는 말도 나오지 않는다. 더구나 하나님과 아브라함의 언약의 징표인 할례도 전혀 시행되지 않았다.

성경 연구자들은 또 하나의 증거로 여호수아의 이야기를 든다. 이 정복자는 유대인들에게 이렇게 말했다(Note 37).

이제 선택은 너희의 일이니, 너희에게 좋은 것을 택하라. 아모리 사람의 땅에서 섬기던 신들이든지, 메소포타미아에서 섬기던 신들이든지 너희가 섬길 자를 택하라.

이에 이스라엘 민족이 "우리가 정녕 아도나이(Adonaï)[8]를 섬기겠나이다"라고 답하자 여호수아는 이렇게 말했다.

---

6) 유월절·장막절과 더불어 유대인의 3대 명절로 유월절에서 50일째 되는 날. 개신교나 그리스정교회에서는 부활절 후 50일째 되는 성령강림절을 말한다.
7) 장막절(帳幕祭): 이집트에서 탈출할 때 넓은 들에서 장막을 치고 살던 일을 기념하는 축일. 유대인의 추수감사절이다.
8) Adonaï: '지배자, 주인'을 뜻하는 히브리어 아돈(adon)에서 나온 말. 아도나이는 '나의 주', 즉 여호와(Yahweh)를 의미한다.

너희 스스로가 선택했노라. 그러므로 이제 너희 가운데 있는 이방의
신들을 버려라.

따라서 모세 시대에 이스라엘 민족이 아도나이 이외에도 다른 신들을
섬겼다는 사실은 의심할 여지가 없다.

여기서 모세오경[9]이 모세가 쓴 것이 아니라고 보는 연구자들을 논박
하는 것은 쓸데없는 일이다. 이 문제에 대한 토론은 오래전부터 충분히
이루어져 왔다. 비록 모세의 책들 가운데 일부분이 사사(士師)[10]들의 시
대에 또는 왕과 선지자들의 시대에 씌어졌다 할지라도 그것들이 신에게
계시를 받아 씌어졌다는 점은 의심의 여지가 없다.

황금 송아지를 숭배했다는 이유로 유대인들에게 매우 가혹한 징벌이
가해졌음에도, 그들이 오랫동안 완전한 종교의 자유를 누렸다는 사실은
『성서』가 충분히 증명해주고 있는 것 같다. 아마도 모세는 자신의 형 아
론이 황금 송아지를 빚어 섬긴 일에 대한 벌로써 2만 3,000명을 죽인 일
[11]을 통해, 신앙은 엄격하게 통제할 수 있는 것이 아니라는 점을 깨달았
을 것이다. 그리하여 그는 이방의 신들에 대한 경배를 눈감아 줄 수밖에
없었을 것이다.

모세 자신도 자신이 수립한 계율을 어긴 적이 있다. 그는 모든 우상을
금지했으면서도 청동으로 뱀을 만들어 세웠다(Note 38). 모세의 계율에
어긋나는 일은 솔로몬의 신전에서도 있었다. 솔로몬 왕은 신전의 거대한
세례반을 떠받치는 12마리의 황소를 조각하도록 지시했다.[12] 또 케루빔
[13]들을 언약궤[14]에 새겨 놓았는데 머리 하나는 독수리이고 다른 머리

---

9) 『구약성서』의 처음 5서(「창세기」「출애급기」「레위기」「민수기」「신명기」)를 말
한다.
10) 구약시대의 선지적 제사장직과 왕직을 겸한 사람으로, 이스라엘 백성이 애급
에서 나와 가나안을 정복한 후부터 왕국을 건설할 때까지 백성들을 다스린 지
도자 12명을 말한다.
11) 「출애급기」32장 28절.
12) 「역대기」하 4장.

하나는 송아지였다. 로마 병사들이 오랫동안 유대인들을 당나귀 숭배자들이라고 믿었던 까닭은, 유대 신전에서 형편없는 솜씨로 새겨진 이 송아지 머리를 목격했기 때문이다.

이방의 신들을 섬기지 못하게 했지만 아무런 소용이 없었다. 솔로몬은 누구의 간섭도 받지 않고 우상을 숭배했다. 하나님이 이스라엘 왕국 열개 지파의 왕으로 삼은 여로보암은 황금 송아지 두 마리를 만들고, 왕이자 대제사장이 되어 22년을 다스렸다.[15] 르호보암 치하의 축소된 유대 왕국은 이방의 신들을 섬기기 위해 제단과 조상(彫像)을 세웠다. 거룩한 아사 왕은 이 신전들을 부수지 않았다(Note 39). 제사장 우리야는 여호와께 바치는 번제의 제단 자리에, 아시리아 왕의 제단을 본뜬 제단을 세웠다(Note 40). 요컨대 종교적 숭배에 가해진 어떠한 속박도 없었다. 알다시피 대부분의 유대 왕들은 서로 멸망시키고 죽였다. 그러나 그것은 항상 이해관계 때문이었지 신앙 때문은 아니었다.

사실 선지자들 가운데는 자신의 복수를 하늘에 호소한 경우도 있었다 (Note 41). 엘리야는 바알의 제사장들을 처단하기 위해 여호와께 빌어 불을 내리게 했다. 엘리사는 어린아이들이 자기를 대머리라고 부르자 여호와의 이름으로 곰을 불러 아이 42명을 해치게 했다. 그러나 이러한 일들은 흔치 않은 기적으로서, 다시 일어나기 어려운 사건들이다.

유대인들이 매우 무지하고 잔인했다고 반박하기도 한다. 『성서』가 전하는 바에 따르면(Note 42), 모세는 미디안(Note 43)과 치른 전쟁에서 미디안의 모든 사내아이와 어머니를 죽이고, 전리품을 나누어 가지라고

---

13) cherubim: 아홉 천사 가운데 두 번째로 지식을 맡은 천사.
14) 모세가 구약시대에 하나님에게 받은 두 개로 된 십계명 돌판을 보관했던 나무 상자. 금을 씌운 이 궤는 고대 예루살렘 성전, 성막 안 지성소에 놓았으며 이스라엘 대제사장만이 속죄일에 지성소에 들어가 볼 수 있었다. 히브리인들이 광야를 떠돌 때는 제사장 직무를 맡은 레위 일파가 언약궤를 운반했으며, 약속의 땅 가나안을 정복한 뒤에는 실로에 두기도 했다. 다윗 왕이 예루살렘으로 옮겼다가 솔로몬의 성전에 두었으나 이후의 행방은 찾을 수 없다.
15) 「열왕기」(왕들의 역사) 상 12장 28절.

지시했다. 정복자가 된 유대인들은 양 67만 5,000마리, 소 7만 2,000마리, 나귀 6만 1,000마리 그리고 처녀 3만 2,000명에 달하는 전리품을 나누어 가졌고 나머지는 모조리 죽였다. 그뿐만 아니라 성경 연구자들의 주장에 따르면, 유대인들은 여호와께 32명의 처녀를 번제의 제물로 바쳤다고 한다.

그중에서 여호와께 새로 드린 자가 32명이니.[16]

실제로 유대인들은 신에게 사람을 제물로 바치곤 했다. 입다는 딸을 제물로 바쳤으며(Note 44), 제사장 사무엘은 아말렉 왕 아각의 몸을 조각냈다[17] (Note 45). 심지어 에스겔은 유대인들의 사기를 북돋기 위해 그들에게 인간의 살을 먹게 해줄 것이라고 약속했다.

너희는 말과 기병을 배불리 먹고 왕들의 피를 마실 것이다.[18]

몇몇 성경 주석가들은 이 두 구절의 예언이 유대인을 향해 내려진 것이라고 보지만, 육식동물들에게 한 예언이라고 주장하는 연구자들도 있다. 어쨌든 유대 민족의 역사를 통틀어 너그러움, 관대함, 자비가 베풀어진 예는 찾아볼 수 없다. 그러나 야만성으로 뒤덮인 이 길고도 끔찍한 시대에도 보편적인 관용의 빛줄기는 언제나 있었다.

신의 계시를 받고 딸을 제물로 바친 입다는 암몬인들에게 이렇게 말했

---

16) 「민수기」 31장 40절.
17) 「사무엘」 상 15장 33절.
18) 「에스겔」 39장 18~20절. 볼테르가 여기서 인용하고 있는 『성서』 구절의 원문은 다음과 같다. "너희가 용사의 고기를 먹으며 세상 왕들의 피를 마시기를 바산의 살진 짐승 곧 숫양이나 어린 양이나 염소나 수송아지를 먹듯 할지라. 내가 너희를 위해 예비한 잔치의 기름을 너희가 배불리 먹으며 그 피를 취하도록 마시되, 내 상에서 말과 기병과 용사와 모든 군사를 배불리 먹을지니라. 나 주 여호와의 말이니라."

다(Note 46).

> 너희 신 그모스가 준 땅은 너희 것이 아니더냐? 그러니 우리 하나님 여호와께서 우리에게 약속하신 땅은 우리가 얻으리라.

이 말이 뜻하는 바는 분명하며, 나아가 더 큰 위협의 의미가 담길 수도 있다. 그렇지만 이 구절은 하나님이 그모스 신을 용인했다는 명백한 증거가 된다. 왜냐하면 『성서』에는 "당신들은 그모스 신이 이 땅을 당신들에게 내려 주었다고 주장하며 그래서 이 땅에 대해 권리가 있다고 믿는다"가 아니라 "당신들은 (이 땅에) 권리가 있다"라고 정확하게 나와 있다. 이것이 바로 히브리어 구절 "너희가 (이 땅을) 차지하려 드느냐"의 진정한 의미이다.

「사사기」 17장과 18장에 나오는 미가와 레위인의 이야기 또한 당시 유대인들이 커다란 종교의 자유와 관용을 누리고 있었음을 보여주는 확실한 증거이다. 에브라임 산의 아주 부유한 여인이었던 미가의 모친은 은 1,100냥을 잃어버렸는데, 아들 미가가 그 은을 찾아왔다. 모친은 하나님에게 이 은을 바쳤다. 은으로 신상(神像)들을 만들고 작은 신당을 세웠다. 레위인이 해마다 은 10냥과 의복 한 벌 그리고 양식을 받기로 하고 예배당의 제사장이 되었다. 이에 미가는 "이제 레위인 제사장을 내 집에 두었으니, 여호와께서 내게 복을 내려 주실 것이다"라고 말했다(Note 47).

그동안 땅이 없었던 단[19] 지파의 부족민 600명이 그 지방의 마을을 점령해 정착하려고 했다. 그들에게는 레위인 제사장이 없었지만, 자신들이 도모할 일에 신의 축복을 받기 위해 레위인 제사장이 필요했다. 그들은 미가의 집으로 가서, 레위인 제사장이 훈계하고 미가와 그의 모친이 항의했는데도, 미가의 제의(祭衣)와 은 신상들 그리고 제사장을 가로챘다.

---

19) Dan: 야곱의 다섯째 아들.

마음이 든든해진 단 사람들은 라이스라는 마을을 쳤으며, 그들의 관습대로 모든 것을 불태우고 남김없이 죽였다. 그들은 자신들의 승리를 기념해 라이스에 단이라는 이름을 붙였고, 제단 위에 미가의 신상을 모셨다. 여기서 특기할만한 점은, 모세의 손자인 요나단이 이스라엘의 하나님과 미가의 신상을 섬기는 이 신전의 제사장이 되었다는 사실이다.[20]

기드온이 죽은 후 히브리 사람들은 20년 가까이 여호와를 거부하고 바알-베리트 신을 숭배했다. 그러나 족장, 사사(士師), 제사장 가운데 그들에게 보복을 다짐했던 사람은 없었다. 히브리 사람들이 큰 죄를 지었다는 점은 나도 인정한다. 그러나 이러한 우상숭배조차 너그러이 받아들여졌던 마당에, 실제 신앙생활에서는 얼마나 많은 일탈이 용인되었겠는가!

어떤 이들은 유대인들이 불관용을 고수했다는 증거로 다음 이야기를 들기도 한다. 여호와가 묵인한 탓에 블레셋 사람들이 전투에서 언약의 궤를 빼앗아가고 말았다. 여호와는 블레셋 사람들을 이렇게 벌했다. 치질과 비슷한 이상한 질병을 내리고 다공 신의 상을 넘어뜨리고 들판에 수만 마리의 쥐떼를 풀어놓았다. 이는 참으로 가벼운 징벌이 아닐 수 없다. 그런데 블레셋 사람들이 여호와의 진노를 풀기 위해 언약의 궤를 송아지에게 젖을 먹이는 두 마리 암소에게 매달아서 돌려보내고, 금쥐 다섯 마리와 금으로 만든 항문 다섯 개를 하나님께 바치자, 하나님은 언약의 궤를 보았다는 이유로 이스라엘의 노인 70명과 남자 5만 명을 죽였다.

이 점에 대해서는, 여호와의 징벌은 믿음에 대해, 즉 종교상의 어떤 차이에 대해 내려진 것이 절대 아니고 우상숭배에 내려진 것도 아니라고 설명할 수 있다. 여호와가 우상숭배를 벌하고자 했다면, 그는 감히 여호와의 궤를 빼앗고 다공 신을 섬긴 블레셋 사람들 전부를 죽였을 것이다. 그런데 여호와는 이스라엘인들이 보아서는 안 되는 언약의 궤를 보았다

20) 「사사기」 18장.

는 이유만으로 5만 70명의 목숨을 빼앗았다. 이러한 이야기에서 확인할 수 있듯이 고대 유대인들의 법, 관습, 경제는 오늘날 우리가 알고 있는 것과는 너무 다르다. 마찬가지로 하나님의 헤아릴 수 없는 섭리는 우리 인간들로서는 도저히 이해할 수 없는 것이다. 현명한 동 칼메[21]의 해설 은 다음과 같다.

하나님이 이 많은 이스라엘인을 지나치게 가혹하게 다스렸다고 생 각하는 것은 다음과 같은 사람들뿐이다. 그들은 하나님이 자기 민족 에게 얼마나 큰 두려움과 존경의 대상이 되길 원했는지 이해하지 못하 고 하나님의 섭리를 자기들의 미약한 이성에 비춰서만 판단한다.

따라서 하나님은 다른 신에 대한 숭배를 벌한 것이 아니다. 하나님은 자신에 대한 경배의 변질, 무분별한 호기심, 불복종을 벌한 것이다. 어쩌 면 반항심도 벌하신 것 같다. 고대 유대의 신정정치에서 이러한 징벌을 내릴 수 있는 권한은 오직 하나님에게만 있었다. 거듭 이야기하건대,『구 약성서』시대의 관습은 오늘날 우리의 관습과는 조금도 닮은 데가 없다.

예를 또 들어보자. 이스라엘 민족 후기(後期)에 있었던 일이다. 우상을 섬기던 나아만이 주인인 아람 왕을 따라 림몬의 신전으로 들어가 함께 경배하게 해달라고 엘리사에게 청했다(Note 48). 곰을 시켜 아이들을 해 치게 했던 바로 그 엘리사였지만 나아만에게 "안심하고 가거라"라고 대 답하지 않았던가?

이러한 예는 더 있다. 여호와가 예레미야에게 줄을 만들어 목에 걸어 굴레를 만들고(Note 49) 또 멍에를 짊어지고, 이것들을 모압 왕, 암몬 왕, 에돔 왕, 두로 왕, 시돈 왕에게 보낸 다음 이 왕들에게 여호와의 이름으 로 이렇게 이르라고 명했다.

---

21) Antoine Augustin Calmet(1672~1757): 베네딕트회 신학자.

내가 너희의 모든 땅을 나의 종 바빌론의 왕 네부카드네자르에게 주었다(Note 50).

여기서 보듯이 하나님은 우상을 섬기는 바빌론 왕도 자신이 아끼는 종이라고 말하고 있다.

이때 예레미야는 유대 왕 시드기야의 명령으로 옥에 갇혔다가 풀려나와 시드기야에게 여호와의 말을 전했다. "너는 바빌론 왕을 섬기라. 그리하면 살리라"(Note 50). 이처럼 하나님은 우상을 섬기는 왕을 편들고 있다. 하나님은 그 왕에게 언약의 궤를, 이것을 보았다는 죄만으로 5만 70명의 유대인들이 목숨을 잃어야 했던 그 궤를 넘겨주었다. 또 하나님은 그에게 지성소(至聖所)[22]와 신전의 나머지 부분도 내주었다. 그 신전을 짓는데 금 10만 8,000달란트[23]와 은 101만 8,000달란트, 거기에 더해서 다윗 왕과 그의 관리들이 여호와의 집을 짓기 위해 예비해두었던 금 1만 드라크마가 들었다. 이 금액은, 나중에 솔로몬 왕이 쓴 돈은 계산하지 않더라도, 오늘날 가치로 환산해 대략 190억 6,200만 리브르에 달하는 막대한 것이다. 우상숭배에 대해 이처럼 엄청난 보상을 한 경우는 없었다. 물론 이 금액은 과장된 것으로, 아마도 『성서』를 베끼는 사람의 실수가 있었으리라 생각된다. 그러나 이것을 반으로, 4분의 1로, 심지어 8분의 1로 줄여본다 하더라도 역시 엄청난 액수이다. 헤로도토스가 에페소스 신전[24]에서 보았다고 이야기한 놀라운 보물에 못지않은 것이다. 하지만 하나님이 보기에 재물은 하찮은 것이고, 네부카드네자르에게 준 '주의 종'이라는 이름이야말로 가치를 헤아릴 수 없는 진정한 보물이다.

하나님은 키루스 왕[25]에게도 이에 못지않은 사랑을 베푸셨다(Note

---

22) 유대 신전에서 신의 언약궤가 놓인 곳, 가장 신성한 장소.
23) 히브리의 무게 단위.
24) 소아시아 이오니아 지방의 고대 주요 도시 에페소스에 있던 아르테미스(디아나) 신전을 가리킨다. 기원전 600년경에 세워진 이 그리스 신전은 1870년경부터 발굴되기 시작했다.

52). 하나님은 그를 가리켜 '자신의 크리스트(Christ)'¹ '자신의 기름을 받은 자'라고 불렀다.²⁶⁾ 그렇지만 키루스는 성유로 축복을 받지 않았고 더구나 조로아스터교를 믿고 있었다. 또 하나님은 그를 '나의 목자'라고 불렀다. 사람들이 보기에는 약탈자였지만 말이다.『성서』 전체를 통틀어 이보다 더 심한 편애는 없다.

「말라기」에는 이러한 구절이 나온다.

해 뜨는 곳부터 해 지는 곳까지 온 민족들 가운데 하나님의 이름이 크게 되리라. 그리고 어디에서나 하나님께 깨끗한 제물을 바치리라.²⁷⁾

하나님은 우상을 섬기는 니느웨 사람들도 유대인들을 보살피듯이 보살피셨다. 하나님은 그들을 위협하셨으나 다시 용서하셨다. 멜기세덱은 유대인이 아니었으나 하나님의 제사장이 되었으며, 발람은 우상을 섬겼지만 선지자였다. 이처럼『성서』가 우리에게 알려주는 것은, 하나님이 다른 모든 민족의 종교를 용인했으며 그들을 아버지와 같은 아량으로 돌보았다는 사실이다. 그런데도 어찌 우리는 다른 종교를 용인하지 않는가!

---

25) 『성서』의 고레스 왕. 키루스는 고레스(Koresh 또는 Kosroès)라고도 불리고, 프랑스어로는 시루스(Cyrus)이다. 기원전 538년 바빌로니아를 정복한 페르시아의 왕으로 바빌로니아에 억류되어 있던 유대인들을 팔레스타인으로 돌아가도록 했다. 히브리『성서』에는 유대인들이 키루스 대왕을 '기름 부음을 받은 자'로 부르며, 민족의 은인이자 하나님의 종이라고 여기는 내용이 담겨 있다(「이사야」 45장 1~3절).
26) Christ라는 말은 그리스어 khristos, 라틴어 christus에서 온 말로, 하나님의 '기름 부음을 받은 자', 즉 성유를 부어 축복하는 의식에서 그 성유로 축복을 받은 사람이라는 뜻이다.
27) 「말라기」 1장 11절.

제13장 유대인들의 크나큰 관용

앞에서 살펴본 것처럼 모세가 다스릴 때도, 사사(士師)들의 시대에도, 왕들의 시대에도 언제나 관용이 존재해왔다. 관용의 예는 더 있다. 모세는 몇 번씩이나 말했다. "하나님은 아비의 죄를 그의 아들에게로 미루어 4대까지 벌하시리라"(Note 53). 이러한 위협은 하나님에게 영혼의 불멸성도, 내세에서 받을 고통도, 천국이라는 보상도 계시받은 적이 없는 민족을 다스리는 데 꼭 필요한 것이었다.

그런데 이런 이야기들은 십계명에도 없으며 「레위기」나 「신명기」의 어떠한 율법에도 나오지 않는다. 그것들은 페르시아인, 바빌론인, 이집트인, 그리스인, 크레타인의 종교에서는 교리가 되었지만 유대인의 종교에는 들어 있지 않다. 모세는 "천국에 이르고 싶다면 너의 아비와 어미를 공경하라"라고 말하는 대신 "이 땅에서 오래도록 살고 싶으면 너의 아비와 어미를 공경하라"라고 말했다. 모세는 유대인들에게 위협을 할 때 언제나 육체의 질병이나 구체적인 손실을 예로 들었다(Note 54).

괴혈병이나 개창(疥瘡)이 생기거나, 무릎과 장딴지에 종기 같은 것을 앓게 되거나, 아내가 부정을 저지르게 되거나, 이방인들에게 고리로 돈을 빌려 재산을 빼앗기게 되거나, 빌려주더라도 이익이 없거나, 굶어서 죽거나, 자식까지 잡아먹지 않을 수 없게 되리라는 것 등이다. 그러나 모세는 유대인들이 죽은 후에도 영혼은 죽지 않고 남아서 고통을 당하거나 또는 영복을 누리리라는 이야기는 어떤 경우에도 하지 않았다. 하나님은 자기 민족을 직접 이끌었기에, 옳은 행동과 나쁜 행동에 따라 그 즉시 벌하거나 상을 내리곤 했다. 이처럼 모든 것은 지상의 삶과 관련되어 있었다. 바로 이 점이, 워버턴[1]에 따르면, 유대인의 율법이 신에게서 내려왔다는 것을 입증하는 확실한 증거이다(Note 55). 왜냐하면 하나님은 당신 자신이 유대인들의 왕으로서 위반이나 복종이 있을 때 즉시 판결을 내릴 수 있으므로, 당신께서 더 이상 자기 민족을 다스리지 않을 때를 대비해 예비해두고 있는 교리를 그들에게 계시할 필요가 없었기 때문이다.

무지한 탓에, 모세가 영혼의 불멸을 가르쳤노라고 주장하는 사람들은 『신약성서』가 지닌 커다란 장점 하나를 없애버리는 셈이다. 모세의 율법이 4대까지로 정해진 한시적 징벌만을 이야기하고 있다는 것은 분명한 사실이다. 그러나 이러한 율법이 정확하게 말로 표현되었음에도, 즉 4대까지 벌하리라는 하나님의 명백한 선언이 있었음에도, 에스겔은 유대인들에게 이와 정반대의 것을 알린다. 에스겔은 "아들은 그 아비의 죄를 짊어지지 아니할 것이라"(Note 56)라고 말했으며, 심지어 하나님이 자신이 유대인들에게 "선하지 않은 계율들"을 주었다고(Note 57) 인정하게 만들었다(Note 58).

그렇다고 「에스겔서」가 교회의 정경에 들지 못하는 것은 아니다. 이 책 또한 하나님의 계시를 받아 씌어진 경전으로 인정받고 있다. 히에로니무스[2]에 따르면, 유대의 교회는 30살이 되기 전에는 이 책을 읽지 못

---

1) William Warburton(1698~1779): 글로스터의 성공회 주교였으며, 논쟁적 신학자였다. 이신론자(理神論者)들이 부정했던 모세오경의 신성한 권위를 논증하려고 했다. 이신론자들은 모세의 율법은 내세에 대한 언급이 없으므로 하나님이 내리신 것이 아니라고 주장했으나, 워버튼은 오직 신만이 그럴 수 있다는 역설로 반박했다.

2) Eusebius Hieronymus(347년경~419년 또는 420년): 성서번역자이며 수도원 지도자. 라틴 교부들 가운데 가장 학식이 높은 인물로 평가받는다. 한동안 은수자(隱修者)로 지낸 뒤 사제가 되었고, 교황 다마수스의 비서로 일했으며, 389년경에는

하게 했다고 한다. 하지만 그것은 이 책 16장과 23장에 나오는 오홀라와 오홀리바 자매의 방종한 행동이 청년들에게 나쁜 영향을 끼치지 않을까 두려워했기 때문이었다. 다시 말해서, 「에스겔서」는 모세의 계율과 정면으로 배치되는데도 언제나 정경으로 인정되었다.

끝으로 들 수 있는 예는 다음과 같다(Note 59). 바빌론의 유수(幽囚)[3] 시대에 영혼의 불멸성이 교리로 확립되었을 때에도 사두개 지파는 여전히 과거의 믿음을 고수했다. 그들은 죽은 다음에는 영벌도 영복도 없으며, 느끼고 생각하는 기능은 육체가 소멸하면 마치 걷고 소화하는 운동 능력도 사라지듯이 사라진다고 생각했다. 그들은 천사가 있다는 것도 믿지 않았다. 그들과 다른 유대인들 간의 차이는 개신교도들과 가톨릭교도 사이의 차이보다 훨씬 더 컸다. 그런데도 사두개 지파는 계속해서 자기들이 유대인들과 동일한 믿음을 지닌 형제들이라고 자처했고, 위대한 목자들까지 배출했다.

바리새인들은 숙명론(Note 60)과 영혼의 전생(轉生)(Note 61)을 믿었다. 에세네파[4]는 선한 자의 영혼은 복 받은 섬으로 가며(Note 62) 악한

베들레헴에 수도원 공동체를 세웠다. 성서, 금욕주의, 수도원주의, 신학에 대해 쓴 수많은 저서는 중세 초기에 깊은 영향을 미쳤다. 특히 라틴어 번역 성서 『불가타』로 유명하다.

3) 기원전 598(또는 597)년과 기원전 587(또는 586)년 바빌로니아가 유대 왕국을 정복한 다음 유대인들을 바빌로니아에 강제로 억류시킨 일을 말한다. 이 억류는 페르시아가 바빌로니아를 점령한 기원전 538년 페르시아의 키루스(고레스) 왕이 유대인들에게 팔레스타인으로 돌아가도록 허용함으로써 끝났다. 바빌론의 유수 시대에 유대인들은 심한 고통을 겪고 강력한 문화적 압력을 받으면서도 자신들의 민족정신과 종교적 정체성을 버리지 않았다. 이 시기에 유대인들은 안식일을 비롯한 유대교 절기를 지켰고, 할례를 수행했으며, 성전에서 희생제물을 바치는 대신 기도를 올렸다. 유대교 교회당이 처음 세워진 것도 이 시기로 추정된다.

4) 유대교의 일파로 이들의 신앙이 기독교의 기원이 되었다. 이들은 육체가 죽은 후에도 영혼은 남고, 선한 사람의 영혼은 바다 건너의 어떤 나라로 간다고 믿었다. 그곳은 비도 더위도 없고 늘 산들바람이 부는 곳이라고 한다. 악한 자의 영혼은 어둡고 추우며 늘 폭풍우가 치는 곳으로 간다고 믿었다.

자의 영혼은 일종의 타르타로스[5]로 가게 된다고 생각했다. 이들은 신에게 전혀 제물을 바치지 않았으며, 자기들끼리 별도의 교회당에 모여 예배를 올리곤 했다. 요컨대 유대교를 좀더 깊이 들여다보면, 더할 수 없이 끔찍한 일들이 벌어진 가운데서도 크나큰 관용이 존재했음을 알고 놀라게 될 것이다.

사실 이것은 모순이다. 그러나 거의 모든 민족이 모순에 의해 통치되지 않았는가? 피비린내 나는 율법을 가진 민족에게 온화한 관습을 선물하는 모순은 얼마나 다행스러운 것인가!

---

5) Tartaros: 그리스 신화에 나오는 땅 밑의 암흑계. 제우스가 이곳에 거인족(Titan)을 가두어 두었다고 한다.

제14장 예수 그리스도가 가르친 관용

이 장에서는 과연 예수 그리스도가 가혹한 박해의 율법을 세웠는지, 불관용을 명했는지, 종교재판의 고문실을 짓고 화형이라는 잔인한 처형 방법을 정했는지 알아보기로 하자.

내가 알고 있는 한, 다른 종교에 대한 박해를 주장하는 자들이 불관용이나 억압이 정당하다는 근거로 제시할 수 있을 만한 구절은 복음서에 많지 않다. 예수 그리스도가 아들의 혼인 잔치에 손님들을 초대하는 왕을 천국에 비유한 구절을 그렇게 볼 수도 있다. 이 왕은 자신의 종들을 보내 이렇게 손님들을 청한다.

> 내가 소와 가금(家禽)을 잡고 모든 것을 갖추었으니 혼인잔치에 오소서(Note 63).

이 초대에는 아랑곳하지 않고 어떤 이들은 밭으로, 또 어떤 이들은 장사하러 가버리고, 다른 이들은 왕이 보낸 종들을 잡아 욕보이고 죽였다. 왕은 군대를 이 살인자들에게 보내 그들의 마을을 파괴했다. 왕은 종들을 큰길로 내보내 만나는 사람마다 혼인잔치에 데려오도록 했다. 잔칫상 앞에 모인 손님 가운데 한 사람이 예복을 입지 않았기에 손과 발을 묶어서 어두운 바깥으로 던져버렸다.

이러한 비유가 오로지 천국에만 적용된다는 점은 분명하다. 따라서 이 비유를 보고, 이웃이 적절한 예복을 입지 않은 채 자신의 집에 만찬을 들러 왔다고 해서 그 이웃을 포박하고 감옥에 가둘 권리가 있다고 생각해서는 안 된다. 내가 알기로, 역사에는 이와 같은 이유로 신하를 교수대에 보낸 왕은 한 사람도 없었다. 또한 황제가 가금을 잡아놓고 종들을 보내 제국의 왕들을 만찬에 초대했을 때, 이 왕들이 황제의 종들을 죽인 경우도 없었다. 이 비유에서 연회 초대는 복음의 전도를 의미한다. 왕이 보낸 심부름꾼들의 죽음은, 지혜와 미덕을 전하는 사람들에 대한 박해를 뜻한다.

또 다른 비유는 벗들을 만찬에 초대한 남자에 관한 것이다(Note 64). 그는 모든 것을 차려놓고 벗들에게 하인을 보내 잔치 준비가 되었음을 알렸다. 친구 가운데 하나는 밭을 사서 그곳에 나가보아야 하니 잔치에 가지 못함을 용서하라 했다. 하지만 밤에는 밭을 돌보는 법이 아니므로 이러한 변명은 적절치 않은 것이었다. 또 한 사람은 소 다섯 쌍을 샀으므로 시험해보아야 한다고 답했다. 그런데 저녁 시간에 소들을 시험해보는 일은 없으니, 그 역시 옳지 않은 구실을 댄 것이었다. 세 번째 사람은 방금 장가를 든 터라 가지 못하겠노라고 말했다. 이런 변명은 이해할 수 있는 것이었다. 친구들을 초대했던 집주인은 노해서 잔치에 앞 못 보는 이들과 다리 저는 이들을 데려오게 했다. 그러고도 빈자리가 있자 하인에게 말했다.

한길로 나가서 산울타리를 따라가며 사람들을 강권해 내 집에 들어오게 하라.[1]

이 비유가 천국에 대한 것이라는 분명한 언급은 없다. "그들을 강권해 들어오게 하라"라는 말은 아주 빈번하게 등장하지만, 단 한 명의 하인이

---

1) 「누가복음」 14장 23절.

만나는 사람들 전부를 강제로 주인의 잔치에 데려올 수 없다는 점은 주지의 사실이다. 더구나 참석자들이 이런 강요를 받고 왔다면 잔치가 유쾌할 리가 없다. 최고 권위의 성서 주석가들에 따르면 "그들을 강권해 들어오게 하라"라는 말은, 부탁하고 간청하고 재촉해 승낙을 받으라는 뜻이다. 그런데 이러한 간청과 만찬이 박해와 어떻게 연결된다는 말인가?

이 비유를 글자 그대로 받아들여서, 교회의 품 안에 들어가기 위해서는 앞을 보지 못하거나 다리를 절어야 하고 또 강제로 끌려 들어가야 한다고 해석해야 한단 말인가? 예수는 이 비유에서 "네가 만찬을 베풀거든 부유한 벗이나 친척을 청하지 마라"라는 말도 했다.[2] 이런 말에 근거해, 재산이 있는 벗이나 친척과는 함께 식사해서는 절대 안 된다는 결론을 내린 사람이 있었는가?

예수 그리스도는 잔치의 비유 다음에 이렇게 말했다.

무릇 내게 오는 자가 자신의 부모와 처자와 형제와 자매들을 미워하지 아니하고, 자신의 목숨까지 미워하지 아니하면 나의 제자가 되지 못하리니, ……너희 중에 그 누가 망대(望臺)를 세우고자 할 때 우선 그 비용부터 계산하지 않겠는가? 이것이 그 이유이다(Note 65).

이 말을 듣고, 부모를 미워해야 한다고 결론지을 만큼 마음이 비뚤어진 사람이 세상에 과연 있을까? 이 말의 의미는, 네가 나 예수 그리스도에게 바치는 사랑을 네게 소중한 사람들에게 품은 사랑과 비교하지 말라는 것임을 누구든 쉽게 알 수 있지 않은가?

마태가 기록한 다음과 같은 구절도 자주 인용된다.

누구든 교회의 말을 따르지 않는 자는 이교도와 세리(稅吏) 같이 여겨라(Note 66).

---

2) 「누가복음」 14장 12절.

이 말은 다른 종교를 믿는 자들과 세리들을 박해하라는 뜻이 전혀 아니다. 세리들이 비난받은 것은 사실이다. 그러나 이들을 단죄하는 데 속권(俗權)이 동원되지는[3] 않았다. 세리들은 시민의 권리를 박탈당하기는커녕 오히려 가장 큰 특권을 누려왔다. 그들의 직업은 복음서가 비난하고 있는 유일한 직업이지만, 동시에 세속적 통치권력이 가장 총애하는 직업이기도 하다. 따라서 우리가 세리 형제들에게 관용을 베푸는 것처럼, 올바른 길로 들지 못하고 방황하는 우리의 형제들을 용서해야 하지 않겠는가?

「마태복음」과「마가복음」에는 사람들이 매우 그릇되게 사용해온 구절이 또 하나 있다. 예수가 아침에 시장하던 차에 무화과나무를 보고 다가가 열매를 얻으려 했다. 그러나 무화과가 열리는 철이 아니었으므로 나무에는 잎사귀밖에 없었다. 그러자 예수가 무화과나무에 이르기를 이제부터 영원토록 네게 열매를 맺지 못하게 하리라 하니 나무가 곧 말라버렸다는 것이다.[4]

예수의 기적을 사람들은 여러 가지로 설명했다. 그러나 그 서로 다른 설명들 가운데 어떤 것도 박해를 정당화할 수는 없다. 무화과나무는 3월 초순에는 열매를 맺을 수 없다. 그런데도 예수는 그 나무를 말라버리게 했다. 예수가 그랬다고 해서, 그것이 우리가 1년 내내 형제들을 고통으로 시들게 만들 명분이 되는가?『성서』에는 호기심은 많아도 진실을 발견하는 데는 무력한 우리의 정신에 당혹감을 안겨주는 구절들이 있다. 그런 구절들은 모두 그 자체로 존중해야지, 그릇되게 해석해서 가혹한 박해의 명분으로 삼아서는 안 될 것이다.

불관용의 정신은 모든 것을 왜곡해버린다. 상인들이 교회에서 쫓겨난 이야기도, 예수가 미친 사람의 몸에서 악마를 몰아내 2,000마리의 더러운 동물 몸에 들어가 살게 했다는 이야기도 불관용과 박해를 정당화하

---

3) 교회 재판에서 이단을 처형할 때 세속적 권력의 힘을 빌리는 것.
4) 「마태복음」 21장 19~21절; 「마가복음」 11장 13~14절.

는 근거로 삼으려 한다. 그러나 이 두 가지 예는 다름 아닌 하나님이 자신의 율법이 지켜지지 않은 데 대해 직접 응징한 경우라는 점은 누구나 알 수 있다.

교회 앞 광장에 상점을 벌이는 일은 하나님의 집에 대한 불경이었다. 산헤드린[5]과 목자들은, 비록 헛된 일이었지만, 신에게 바칠 제물을 쉽게 구하기 위해 교회 앞뜰에서 물건을 사고파는 일을 허락했을 것이다. 제물을 받으실 하나님은 인간의 형상을 하고서 이러한 타락을 쓸어버릴 수 있었다. 마찬가지로 하나님은 당신이 수호하고 있는 율법을 어기면서 나라 안에 가축떼를 몰고 들어온 자들을 벌할 수 있었다. 이러한 예들은 종교적인 박해와는 아무런 관련이 없다. 이처럼 불관용의 정신은 터무니없는 근거에 의지하며, 어디서든 전혀 쓸데없는 구실들을 찾으려고 혈안이 되어 있는 것이다.

예수 그리스도가 남긴 거의 모든 말과 행동은 온유함과 인내와 용서를 가르치고 있다. 돌아온 탕아를 다시 받아들인 아버지의 이야기,[6] 가장 늦게 온 일꾼에게 일찍 온 자들과 같은 품삯을 준 주인의 이야기,[7] 선한 사마리아인의 이야기[8]가 그러한 예이다. 그리스도 자신도 제자들이 금식하지 않은 일을 옹호해주고[9] 죄인을 용서했다.[10] 간음한 여인을 단죄하지 않고 다만 다시는 죄를 짓지 말라 이르기만 했으며,[11] 가나의 혼인 잔치에서는 손님들의 무구(無垢)한 취흥에 쾌히 응해준 일도 있었다. 이미 취한 손님들이 포도주를 더 낼 것을 요구하자, 예수는 그들을 위해 기적을 행해 물을 포도주로 바꾸었던 것이다.[12]

---

5) 고대 유대교에서 귀족, 사제, 율법학자로 구성된 종교와 행정의 최고자치기관.
6) 「누가복음」 15장.
7) 「마태복음」 20장.
8) 「누가복음」 10장.
9) 「마태복음」 9장.
10) 「누가복음」 7장.
11) 「요한복음」 8장.
12) 「요한복음」 2장.

예수는 자신을 배신할 유다마저도 적대시하지 않았고, 자기를 잡으러 온 자들에게 칼을 빼 든 베드로에게는 검을 도로 칼집에 넣으라 일렀다.[13] 세베대의 자식들(요한과 야고보)은 마을에서 잠자리를 내어주지 않자 엘리야를 본떠 하늘의 불을 내려오게 해 그 마을을 불태우려 했는데, 예수는 이들을 꾸짖었다.[14]

결국 예수는 시기하는 자들에게 희생되어 죽음을 맞았다. 성스러운 일을 세속의 일과 비교하는 것이 허락된다면 그래서 신을 감히 인간에 비한다면, 예수의 죽음은 인간의 관점에서 볼 때 소크라테스의 죽음과 아주 유사하다. 그리스 철학자는 소피스트들과 제사장들 그리고 귀족들의 미움을 받아 죽었다. 기독교도들의 입법자는 유대의 율법학자들, 바리새인, 대제사장들의 미움에 희생되었다. 소크라테스는 죽음을 피할 수 있었는데도 그렇게 하지 않았다. 예수 그리스도 역시 기꺼이 자신을 바쳤다. 그리스 철학자는 자신을 중상한 자들과 편파적인 재판관들을 용서했을 뿐 아니라, 그들에게 만약 자기 아이들이 장차 아주 다행히도 자신처럼 그들의 미움을 사게 된다면 그들을 자신에게 그랬듯이 부당하게 처형해달라고 청했다. 예수는 훨씬 더 위대한 분, 하나님 아버지에게 자신의 적들을 용서해달라고 기도했다.[15]

비록 예수가 죽음 앞에서 두려워하는 것처럼 보였다 해도, 그가 너무나 격심한 고통을 느낀 나머지 핏방울 같은 땀을 ― 참으로 흔치 않은 격렬한 증상이지만 ― 흘렸다 해도,[16] 그것은 예수가 스스로 몸을 낮추어 약하디약한 인간의 육체를 입고, 그 미약함을 몸소 겪기를 원했기 때문이다. 그의 육체는 떨었으나 영혼은 미동도 하지 않았다. 그는 진정한 힘, 진정한 위대함은 인간에게 가해져서 본성을 굴복시키려 드는 모든 고통을 이겨내는 데 있다는 사실을 우리에게 가르쳐주었다. 죽음을 겁내

---

13) 「마태복음」 26장 52절.
14) 「누가복음」 9장 55절.
15) 「누가복음」 23장 34절.
16) 「누가복음」 22장 44절.

면서도 죽음을 무릅쓰는 일이야말로 최고의 용기인 것이다.

소크라테스는 소피스트들을 무지하다고 나무랐으며 그들의 허위를 입증해보였다. 예수는 신의 권능으로 율법학자들과 바리새인들을 위선자, 어리석은 자, 소경, 악한 죄인, 뱀이며 독사라고 불렀다(Note 67).

소크라테스는 새로운 학파를 세우려 했다는 이유로 고발당한 것이 전혀 아니었다. 예수 그리스도도 새로운 종파를 세우려 했다는 비난은 받지 않았다. 유대의 제사장들과 공회 전체가 예수에게 사형선고를 내리기 위해 거짓 증거를 찾으려 했다고 전해진다(Note 68).

그들이 거짓 증거를 찾고 있었다는 말은, 그들이 예수에게 사람들이 법을 거역하도록 선동했다는 죄를 덮어씌우지는 않았다는 의미가 된다. 실제로 예수는 어린 시절부터 죽을 때까지 모세의 율법에 순종했다. 다른 모든 유대의 아이들처럼 그도 8일째 되는 날 할례를 받았다. 후에 그는 요단 강에서 세례를 받았는데, 그것은 동방의 모든 민족이 그렇듯이 유대인들도 신성하게 여기는 의식을 따른 것이었다. 유대인들은 모세의 율법이 규정한 모든 오점이 세례를 받음으로써 씻어진다고 믿었다. 제사장들도 마찬가지 방식으로 몸을 정화했다. 속죄일에 물속에 몸을 담갔던 것이다. 개종자들도 같은 방식으로 세례를 받았다.

예수는 율법의 모든 조항을 지켰다. 그는 안식일을 빠짐없이 지켰으며 금지된 고기는 먹지 않았다. 그는 유대의 모든 명절을 경축했고, 죽음을 맞기 전에는 유월절을 쇠기도 했다. 그는 새로운 사상을 퍼뜨렸다는 이유로 고발당하지 않았으며, 이교도의 의식을 지켰다는 이유로 고발된 것도 아니었다. 예수는 이스라엘인으로 태어나 한결같이 이스라엘인으로 살았다.

두 사람의 증인이 나타나서 예수가 다음과 같이 말했다고 고발했다.

내가 하나님의 성전을 헐고 사흘 만에 다시 지을 수 있으리라(Note 69).

이런 말은 보통의 유대인들로서는 이해할 수 없는 것이었다. 그러나 이러한 고발이 예수가 새로운 종파를 세우려 했다는 의미는 아니었다.

대제사장이 예수를 심문하며 말했다.

내가 너에게 명령하노니, 살아계신 하나님의 이름으로 맹세해 네가 하나님의 아들 그리스도인지 우리에게 말하라.

대제사장이 여기서 '하나님의 아들 그리스도'라는 말을 무슨 뜻으로 사용했는지는 알 수 없다. 유대인들은 때때로 이 표현을 정의로운 자를 가리킬 때 썼기 때문이다(Note 70). '벨리알의 아들'이라는 말을 악한 자를 가리킬 때 썼듯이 말이다. 천박한 유대인들은 하나님의 아들, 즉 땅 위에 내려온 하나님 그 자신이라는 이 성스러운 기적을 전혀 이해하지 못했다.

이에 대해 예수가 대답했다.

네가 하나님의 아들이라는 말을 했다. 그러나 내가 너희에게 이르노니, 너희는 곧 사람의 아들이 하나님 권능의 오른편에 앉아 하늘의 구름을 타고 오는 것을 보게 되리라.[17]

산헤드린은 이러한 대답을 신성모독이라고 여겨 분노했다. 산헤드린은 죄인을 처벌할 권한이 없었으므로, 그들은 예수를 이 지방의 로마 총독에게 끌고 갔다. 그리고 그의 죄를 중상해서 고발했다. 예수는 공공의 안녕을 교란하는 자이고, 로마황제에게 세금을 바치지 말라고 선동했으며, 게다가 유대인들의 왕이라고 자칭했다고 말이다. 따라서 명백한 사실은 예수가 국가에 대한 반역죄로 고발당했다는 점이다.

로마 총독 빌라도(필라투스)는 예수가 갈릴리 사람인 것을 알고, 그를

---

17)「마태복음」26장 64절.

속령 갈릴리의 태수 헤롯에게 보냈다. 헤롯이 보기에 예수는 무리를 이끌어 왕국을 세우려고 꿈꿀 사람이 전혀 아니었다. 그는 예수를 하찮게 취급했고, 다시 빌라도에게 돌려보냈다. 빌라도는 옹졸한 겁쟁이였으므로 자신에게 항거해서 일어난 소요를 무마하기 위해 예수를 단죄했다. 요세푸스에 따르면, 빌라도는 이미 유대인들의 반역을 겪어보았음에도 그런 판결을 내린 것이다. 빌라도는 후에 베스도[18]가 보여주게 될 그런 관대함을 갖추지 못한 사람이었다.

자 이제 묻건대, 과연 신의 법이 규정하는 것은 관용인가 아니면 불관용인가? 당신이 예수 그리스도를 닮고자 한다면 처형자가 아닌 순교자가 되어라.

---

18) 60~62년에 유대를 다스린 로마 총독. 바울의 무죄를 확신하고 로마 황제 앞에서 재판을 받게 해주는 등 행정력이 뛰어나고 유대인들에게 호의적이었다.

제15장 불관용 또는 종교적 박해에 대한 반론들

종교 문제에서 사람들에게 자유를 빼앗아 각자가 자신이 섬기는 신을 선택할 수 없게 하는 것은 신을 모독하는 짓이다. 강요된 복종을 달가워할 인간이 없듯이, 그 어떤 신도 강요된 숭배를 원하지 않을 것이다.(테르툴리아누스,『호교서』, 24장)

믿음을 수호하기 위해 폭력이 사용된다면, 주교들이 반대할 것이다(성 힐라리우스[1]).

강요된 신앙은 더 이상 신앙이 아니다. 그러므로 강요할 것이 아니라 설득해야 한다. 신앙은 명령한다고 해서 생기는 것이 절대 아니다(락탄티우스).

이성을 통해 설득할 수 없었던 사람들을 군대와 폭력과 감옥을 동원해 굴복시키려 드는 것이야말로 가증스러운 이단 행위이다(성 아타나시우스[2]).

---

1) Saint Hilarius(315년경~367년경): 푸아티에의 주교였으며 아리우스파에 맞서 정통 교리를 옹호했다.

강압보다 종교의 정신에 더 어긋나는 것은 없다(유스티누스[3]).

성 아우구스티누스는 도나투스파[4]와의 논쟁으로 너무 엄격해지기 전에는, 하나님이 용인하시는 사람들을 우리가 박해할 수 있겠느냐고 말했다.

유대인들에게 어떠한 폭력도 사용하지 마라!(제4차 톨레도 공의회, 신조 56항)

충고하되 강요하지는 마라(클레르보의 베르나르[5]의 편지).

우리는 폭력에 의지해 그릇된 신앙들을 없애기를 바라지 않는다 (루이 13세에게 한 프랑스 성직자단의 설교).

우리는 언제나 가혹한 방법들을 용인하지 않았다(1560년 8월 11일의 성직자 총회).

우리가 알기로, 믿음은 설득으로 생겨나는 것이지 명령으로 만들어지는 것이 아니다(님의 주교 플레시에[6]의 편지).

---

2) Saint Athanasius(293년경~373년경): 그리스의 정통파 교부.
3) Justinus(100~165년경): 초대교회의 철학자로 '순교자 유스티노'라는 이름의 성인으로 추대되었다.
4) 도나투스(Donatus): 4세기 초에 활동한 기독교의 성직자, 카르타고의 주교. 엄격한 교리를 준수한 그의 주장을 따른 신도들은 도나투스파라고 불렸다. 도나투스파에 대한 아우구스티누스의 논박은 유명하다.
5) Bernard de Clairvaux(1090~1153): 프랑스의 베네딕토회 수도사로 클레르보 수도원장을 역임하고 시토회를 창설했다.
6) Esprit Fléchier(1632~1710): 프랑스의 성직자로 17세기의 가장 위대한 설교가 가운데 한 사람이라는 평가를 받았다.

모욕적인 말도 사용해서는 안 된다(뒤벨레[7] 주교가 내린 교서).

영혼의 질병은 억압이나 폭력으로는 절대 치유되지 않음을 기억하라(르카뮈[8] 추기경의 1688년 교서).

모든 이에게 종교의 자유를 허락하시오(캉브레의 대주교 페늘롱[9]이 부르고뉴 공작에게).

종교를 강요하는 것은, 그런 강요를 하는 정신이야말로 진리의 적이라는 점을 분명히 입증한다(소르본 대학의 신학자 디루아).

폭력은 위선자들을 만들어낼 뿐이다. 어디서든 위협으로 설득하기를 바랄 수는 없다(틸몽,[10] 『교회사』, 제4권).

초대교회[11]는 믿음을 세우고 전파하기 위해 절대 폭력을 사용하지 않았다. 초대교회의 모범을 따르는 것이 공정하고 도리에 맞는다고 본다(앙리 2세에게 보내는 파리 고등법원의 건의).

우리는 경험에서 폭력이 정신에 뿌리내리고 있는 악을 치유하기보다 악화시킨다는 사실을 배운다(드 투,[12] 앙리 4세에게 바치는 서간체

---

7) Jean du Bellay: 프랑스의 성직자로 15세기 중반에 주교를 역임했다.
8) Étienne Le Camus(1632~1707): 프랑스의 성직자.
9) Fénelon(1651~1715): 프랑스의 대주교이자 신학자, 소설가.
10) Louis-Sébastien Le Nain de Tillemont(1637~98): 프랑스의 성직자, 역사가.
11) 기독교가 로마 국교로 인정되기 전까지 30년에서 4세기까지 존재하고 활동했던 교회를 일컫는 말. 무수한 박해가 있었지만 교회는 오히려 진리를 지키며 신앙의 순수성을 잃지 않아 신앙의 귀한 모범을 보여주었다는 평가를 받는다.
12) Jacques-Auguste de Thou(1553~1617): 프랑스의 법관, 정치가. 앙리 3세와 앙리 드 나바르(미래의 앙리 4세)의 화해를 주선하고 앙리 4세의 낭트칙령 제정에

헌사).

믿음은 칼날 아래서 솟아나는 것이 아니다(스리지에, 『앙리 4세와 루이 13세의 시대』).

신앙을 사람들의 마음속에 심으려고 하는 열정은, 강요로 설득이 가능하다고 믿는 것만큼이나 야만적인 것이다(불랭빌리에,[13] 『프랑스의 현황』).

사랑에서 그러하듯이 종교에서도 명령으로는 아무것도 이룰 수 없고 억압은 더 무력할 뿐이다. 사랑과 신앙보다 더 자발적인 것은 없다(아믈로 드 라우세,[14] 『도사[15] 추기경의 편지에 대해』).

하늘이 당신을 아껴서 당신이 진리를 보게 된다면 그것은 크나큰 은총이다. 그렇다고 해서 아비의 유산을 물려받은 자식들이 그렇지 못한 자식들을 미워해서야 되겠는가?(몽테스큐, 『법의 정신』, 제25권)

이런 구절들을 모으면 아주 두꺼운 책 한 권이 될 것이다. 우리의 역사, 강론, 설교, 도덕론, 교리문답강의들은 오늘날 모두 관용의 정신을 불어넣으며, 이 성스러운 의무를 가르치고 있다. 그러나 우리가 이론으로는 관용의 정신을 매일 소리 높여 외치면서도 실천에서는 부정하는 것은 얼마나 큰 모순이고 무슨 운명의 장난인가?

참여했다.

13) Henri de Boulainvilliers(1658~1722): 프랑스의 역사가.
14) Amelot de La Houssaye(1634~1706): 프랑스의 역사가.
15) Arnaud d'Ossat(1537~1604): 프랑스의 고위 성직자, 외교관. 로마 대사 재직 시에 앙리 4세의 사면과 낭트칙령에 대해 교황청의 승인을 얻어낸 공로로 추기경이 되었다.

우리가 따르는 도덕에 반해 행동하게 되는 이유는, 가르치는 내용과 어긋나게 행동하는 것이 이득이 된다고 생각하기 때문이다. 그러나 우리와 종교적 믿음을 함께 하지 않는 사람들을 박해해, 그들이 우리를 증오하게 하는 것은 아무런 이득도 가져오지 않는다. 그러므로 다시 한 번 말하건대, 종교적 불관용은 어리석음의 소산이다. 누군가는 말할 것이다. 다른 사람들의 양심을 억압하는 데서 이익을 얻는 사람들은 전혀 어리석은 것이 아니라고 말이다. 다음 장의 대화는 그런 사람들을 위한 것이다.

제16장 죽음 앞에서 나눈 두 사람의 대화

지방 도시에서 어떤 사람이 병상에 누워 죽음을 기다리고 있는데, 건강한 사람이 와서 다음과 같이 말하며 임종의 시간을 어지럽혔다.

무례한 방문객 가련한 자여! 지금 당장 내 생각을 받아들이시오. 책 속에 다섯 개 조항이 들어 있음을[1] 인정하는 의미로 이 서류에 서명하시오. 나도 당신도 그 책을 읽어본 적이 없지만 말이오. 이제 베렌가리우스에게서 등을 돌리고 랜프랭크[2]의 편에 서시오. 성 보나벤투라[3]를 버리고 성 토마스[4]를

---

1) 예수회가 얀세니우스의 저술 『아우구스티누스』에서 찾아내어 고발한 다섯 가지 명제를 말한다. 1641년 얀세니우스의 『아우구스티누스』 프랑스어 번역본이 나온 후 얀선주의와 예수회 사이의 교리 논쟁이 계속되었다. 1649년 소르본 대학 신학부는 이 책에서 다섯 개의 명제를 끌어내어 교황에게 고발했다. 이 다섯 개 조항은 소르본에 이어 주교단과 교황에게 단죄받았다. 이에 대해 얀선주의자들은 그 다섯 개의 조항을 얀세니우스의 저서에서 찾을 수 없다고 맞섰으나, 보쉬에(Bossuet)는 그것들이 원문에는 없어도 저서의 핵심이라고 주장했다. 이 다섯 개 조항에 대한 단죄는 이후 얀선주의 탄압의 법적 근거가 되었다.
2) Lanfranc(1005~89): 이탈리아 출생 베네딕트회 수도사로서 캔터베리 대주교이자 정복왕 윌리엄 1세의 고문이었다. 그는 잉글랜드를 정복한 윌리엄 1세 시대에 교회와 국가 사이를 훌륭하게 조정했다.
3) San Bonaventura(1221~74): 대표적인 중세 신학자로 알바노의 주교 겸 추기경이

따르시오. 프랑크푸르트 공의회에서 결정한 조항을 부인하고 2차 니케아 공의회의 신조를 받아들이시오. 지금 이 자리에서 '아버지는 나보다 위대하시다'[5]라는 말의 의미가 어떻게 해서 '나는 그분처럼 위대하다'가 되는지를 나에게 설명하시오.

성부(聖父)가 부성(父性)만 제외하고 모든 속성을 성자(聖子)에게 전한 이유가 무엇인지를 말해보시오. 만약 말하지 않으면 나는 당신의 육신을 쓰레기더미에 던져버리게 하겠소. 당신의 자식들은 재산을 받지 못할 것이며 당신의 아내는 결혼지참금까지 몰수당할 것이오. 당신의 가족은 구걸하게 되겠지만, 나를 비롯한 우리는 모두 외면할 것이오.

죽어가는 병자 당신이 무슨 말을 하고 있는지 잘 모르겠소. 당신의 위협이 내 귀를 어지럽히는 바람에 영혼이 고통을 겪고 죽음이 끔찍한 것이 되고 말았소. 하나님의 이름으로 부탁하건대, 제발 나에게 자비를 베푸시오.

무례한 방문객 자비를 베풀라고! 당신이 내 생각에 전적으로 동의하지

었다. 보나벤투라는 『성서』와 초대교회 교부들, 특히 아우구스티누스에 대한 깊은 이해를 바탕으로 신학과 철학의 다양한 전통들을 조화시킨 것으로 유명하다.
4) Saint Thomas Aquinas(1225~74): 인성, 창조, 섭리를 다룬 형이상학 분야에서 아리스토텔레스의 철학을 접목해 자신의 체계를 세운 위대한 중세 교회 신학자이다. 성 토마스는 물질과 정신의 관계를 설명하는 방법을 둘러싸고 성 보나벤투라와 심각한 의견 대립을 보였는데, 이는 기본적으로 관념론과 실재론의 지적인 차이뿐 아니라 정서적인 차이에서 온 대립이기도 했다. 보나벤투라와 토마스의 의견 차이는 근본적으로 플라톤-아우구스티누스 이론과 아리스토텔레스 이론의 차이라고 볼 수 있다.
5) 「요한복음」 14장 28절.

않는 한 그럴 수야 없지.

죽어가는 병자 슬프구려! 이 최후의 순간에 나의 모든 감각은 무뎌지고 판단력의 모든 문이 닫혀서 정신이 흐려지고 생각의 불빛은 꺼져가고 있다는 것을 알아주시오. 내가 당신과 논쟁할 상태인가요?

무례한 방문객 그렇다면 좋소. 내가 바라는 것을 당신이 믿지 못한다 해도, 그것을 믿는다고 말씀하시오. 그걸로 만족하겠소.

죽어가는 병자 당신을 기쁘게 하려고 거짓 맹세를 하다니, 어떻게 그럴 수 있겠소? 나는 이제 곧 하나님 앞으로 나아가서 거짓 맹세에 대한 벌을 받게 될 텐데.

무례한 방문객 그게 무슨 상관이오? 당신은 기쁘게도 교회묘지에 묻힐 거고 아내와 자식들은 살아갈 재산을 갖게 될 것인데 말이오. 그러니 위선자로 죽음을 맞이하시오. 위선은 좋은 것이오. 말하자면 위선은 악이 선에 바치는 존경 아니겠소. 친구여, 약간의 위선이 무슨 해가 되겠소?

죽어가는 병자 슬프구려! 이렇게 죽어가는 나에게 거짓말을 요구하는 것을 보니 당신은 하나님을 무시하거나 부정하고 있소. 머지않아 당신은 그분에게 심판을 받게 되어 이 거짓말에 대해 대가를 치러야 할 것이오.

무례한 방문객 뭐라고, 괘씸한 자여! 내가 하나님을 부정하다니!

죽어가는 병자 형제여, 미안하오. 그러나 나는 당신이 하나님을 모르는 것 같아 두렵소. 내가 사랑하는 하나님이 지금 이 순간 다시 힘을 주어서 꺼져가는 목소리로나마 말할 수 있게 되었소. 당신이 하나님을 믿는다면, 내게 자비를 베풀어야 하오. 하나님은 내게 아내와 자식들을 주었소. 그들이 비참하게 죽게 하지 마시오. 내 몸뚱이야 당신 마음대로 해도 좋소. 당신 손에 내 몸뚱이를 맡기리다. 하지만 간곡히 청하건대, 하나님을 믿으시오.

무례한 방문객 이제 더 이상 따지지 말고 내가 말한 대로 하시오. 나는 그것을 요구하고 명령하오.

죽어가는 병자 나를 이렇게 괴롭히는 것이 당신에게 무슨 이득이 된단 말이오?

무례한 방문객 뭐라고! 무슨 이득이냐고? 내가 당신의 서명을 받아내면 명예로운 성당 참사회원이 될지도 모르지.

죽어가는 병자 아! 형제여! 최후의 순간이 왔소. 이제 나는 죽어가며 하나님에게 기도하겠소. 하나님의 은총으로 당신이 회개하기를 말이오.

무례한 방문객 빌어먹을, 이 괘씸한 자여. 서명도 하지 않고 죽다니! 내가 이자의 필체를 모방해서 대신 서명해야겠다(Note 71).

다음 장에 소개할 편지는 지금 살펴본 논리를 확인시켜 준다.

제17장 어떤 성직자의 편지

신부님,

저는 신부님의 명을 받들어 예수회를 적들에게서 구해낼 가장 좋은 방안들을 제시하는 바입니다. 제가 헤아리기에, 프랑스 왕국에는 이제 위그노가 50만밖에 남지 않았습니다. 어떤 이들은 100만이라고 하고 또 다른 이들은 150만이라고 합니다. 하지만 그들의 수가 얼마나 되는가 하는 문제는 접어두고, 그들을 어떻게 다루어야 할 것인가에 대해 제 의견을 말씀드리오니, 신부님의 고견으로 판단해주시기 바랍니다.

1. 모든 개신교 목사들을 하루 만에 잡아들여 동일한 시각에 같은 장소에서 교수형에 처하는 것은 일도 아닙니다. 이렇게 하면 일반인의 정신을 교화하는 데 도움이 될 뿐만 아니라 멋진 장관을 연출할 수 있습니다.

2. 모든 개신교도 부모들을 그들의 집 안에서 죽이도록 하겠습니다. 길에서 죽이면 소동이 일어날 우려가 있기 때문입니다. 또 많은 수가 달아날 우려가 있는데 이것은 반드시 막아야 합니다. 이러한 몰살은 우리의 교리에서 나온 필연적 귀결입니다. 숱한 위대한 신학자들이 지적한 것처럼, 한 명의 이단자를 죽여야 한다면 마땅히 이단자 모두를 죽여야만 하니까요.

3. 부모들을 모조리 죽이고 그다음 날 모든 위그노 처녀들을 독실한

136

가톨릭 신도들과 결혼시키려고 합니다. 지난번 전쟁[1]을 치른 이후 국가의 지나친 인구 감소를 막아야 하기 때문입니다. 그러나 14세에서 15세에 이르는 위그노 청년들은 이미 사악한 신앙에 물들어 있고 그것이 근절되리라고 장담할 수도 없으므로, 이러한 족속이 다시는 생겨나지 않도록 이들 모두를 거세해야 한다고 생각합니다. 더 어린 소년들은 예수회 학교에서 교육해야 합니다. 그리고 이들이 산체스[2]와 몰리나의 교리를 암송할 때까지 매질해야 합니다.

4. 1704년 호흐스테트에서 벌어진 전투[3]에서 우리가 패배하던 날, 저는 이 지방의 두 노파가 웃고 있는 모습을 보았습니다. 그러므로 알자스의 모든 루터파 신도들에게도 앞에서 열거한 조치들을 취해야 한다고 생각합니다.

5. 얀선주의자들에 대한 처방은 좀더 거북하게 여겨질 수도 있을 것입니다. 제가 보기에 그들은 적어도 600만은 될 것 같습니다. 그러나 신부님과 같은 놀라운 정신력의 소유자가 이런 숫자 앞에서 지레 물러서시지는 않겠지요. 가당치 않게도 프랑스 교회의 독립을 지지하는 모든 고등법원 법관들을 얀선주의자들에 포함해야 합니다.[4] 이 고집불통들을 복종시킬 방안을 제시하오니 늘 신중하신 신부님께서 검토해주시기 바랍니다. 화약음모사건은 실패하고 말았습니다. 가담자 한 명이 경솔하게도 자기 친구의 생명을 구해내려고 했기 때문이었습니다.[5] 그러나 신부

---

1) 7년전쟁(1756~63)을 가리킨다.
2) Thomas Sanchez(1550~1610): 코르도바 출신의 예수회 신학자.
3) 1704년의 블렌하임(Blenheim) 전투를 말한다. 호흐스테트는 블렌하임 주의 마을이다. 블렌하임 전투는 에스파냐 왕위계승 전쟁 당시, 영국의 말버러 공작 1세 존 처칠과 오스트리아 장군 사보이 공 유진 휘하의 군대가 프랑스군에게 승리한 유명한 전투이다. 프랑스로서는 개신교도들에게 당한 치욕적인 패배였다.
4) 루이 14세가 얀선주의자들을 탄압하기 위해 1713년 교황에게 요청해 우니제니투스 교서를 받아내자, 프랑스 교회의 독립을 지지하는 파리 고등법원의 판사들은 이를 프랑스 교회에 대한 로마 교황의 부당한 간섭이라고 여기고 얀선주의의 편을 들었다. 그리하여 고등법원 판사들은 이 교서에 찬성하는 예수회 성직자 및 국왕과 대립하게 되었다.

님은 친구가 없는 관계로 그런 걱정은 안 하셔도 됩니다. 프랑스 왕국의 모든 고등법원을 슈바르츠 수도사[6]의 '불가루'(pulvis pyrius)라고 불리는 그 발명품으로 폭파해버리는 일은 신부님에게는 식은 죽 먹기나 다름없습니다. 제가 계산해본 바로는 고등법원 한 곳을 폭파하는데 화약 36통이 필요합니다. 따라서 고등법원 12곳에 화약 36통씩 들어가므로 모두 432통의 화약이 소요됩니다. 그 금액은 화약 한 통을 100에퀴로 계산해서 총 12만 9,600리브르가 됩니다. 이 정도는 예수회 교단의 수장이신 신부님에게 푼돈에 불과할 테지요.

고등법원들을 날려버린 다음에는 법관직을 신부님 휘하의 수도회원 가운데 프랑스 법률에 정통한 사람들에게 맡기시면 됩니다.

6. 노아유 추기경[7]을 독살하는 일은 아주 간단할 것입니다. 그는 고지식해서 경계할 줄 모르는 인물이기 때문입니다.

몇몇 걸리적거리는 주교들에 대해서도 이러한 방법을 써먹으면 됩니다. 이 주교들 자리에는 교황에게 교서를 얻어내서 예수회 회원들을 앉히십시오. 그렇게 되면 모든 주교가 대의(大義)의 편에 서게 되고, 이들이 모든 교구 신부들에 대해 임명권을 현명하게 행사하면 됩니다. 저의 제안을 신부님의 혜안으로 살펴보시기 바랍니다.

---

5) 1605년 영국 화약음모사건은 주모자인 로버트 케이츠비가 끌어들인 새로운 가담자들 가운데 한 명이었던 프랜시스 트랜섬이 처남인 가톨릭교도 몬티글 경에게 거사 예정일에 의회에 참석하지 말라고 충고한 것이 발단이 되어 발각되었다. 몬티글 경은 이 사실을 정부에 알려 음모에 대비하게 했고, 결국 화약의 설치를 맡은 가이 포크스가 거사 전날 밤 의회 지하에서 붙잡힘으로써 음모의 전모가 드러나게 된 것이다.

6) Berthold Schwartz(1318~84): 베네딕트회 수도사로서 유럽에서는 화약의 발명자로 여겨지기도 했다. 그가 소총을 최초로 발명한 사람인 것은 확실하므로 화약의 사용과도 연관이 있을 것으로 추정된다.

7) Louis-Antoine de Noailles(1651~1729): 프랑스의 고위 성직자로 파리 대주교와 추기경을 역임했다. 얀선주의자들과 예수회 사이의 논쟁에서 노아유 추기경은 포르루아얄의 얀선주의자들을 확고하게 지지하고 교황의 우니제니투스 교서를 거부했다. 이로 인해 루이 14세의 고해신부였던 르텔리에의 미움을 샀다.

7. 얀선주의자들은 부활절에는 성체배령을 한다고 하니, 하인리히 7세를 응징하기 위해 사용했던 쥐약을 성체의 빵에 뿌려두는 방법도 나쁘지 않을 것입니다. 이 방법을 사용하면 자칫 우리 몰리니스트들[8])에게도 쥐약을 먹이게 될 위험이 있다는 반대론도 있을 줄 압니다. 옳은 말입니다. 하지만 단점이 없는 계획은 없고 어느 장치나 무너질 위험이 따르는 법입니다. 이런 작은 문제에 신경을 쓴다면 아무것도 이루어낼 수 없습니다. 게다가 이 일은 최선을 얻기 위한 것이므로 사소한 부작용은 감수해야 합니다.

우리는 아무것도 자책할 일이 없습니다. 소위 종교개혁가들, 얀선주의자들은 모두 지옥에 떨어지게 되어 있습니다. 우리는 그들이 지옥에 들어가는 시간을 좀더 앞당기는 것뿐입니다.

천국이 당연히 몰리니스트들의 몫이라는 점 역시 분명합니다. 따라서 우리가 나쁜 의도 없이 실수로 그들을 죽이는 것은, 천국에 들어가는 그들의 환희를 앞당겨주는 일입니다. 이 두 가지 경우에서 우리는 하나님의 종이 되어 그분의 섭리를 대신 실천하는 셈이지요.

너무 많은 사람을 죽인다는 점에 언짢아할 사람들도 있을 것입니다. 그런 사람들에게는 신부님께서 다음과 같은 사실을 상기시켜주십시오. 초대교회 이후 1707년에 이르기까지 1,400여 년의 세월이 흐르는 동안, 교리로 인해 5,000만 명이 넘는 사람이 무참한 죽임을 당했습니다. 제가 여기서 교수형으로, 칼로, 독약으로 처형하자고 제안하는 사람들의 수는 고작 650만에 불과합니다.

제 계산이 정확하지 않으며 비례 규칙을 어겼다는 반박도 가능합니다. 1,400년 동안 종교 차별과 신학 논쟁들 때문에 5,000만이 죽었으니 나눗셈을 해보면 1년에 3만 5,714명에 불과한데, 제가 646만 4,285명을 처형하자고 하니 한 해에 할당된 숫자로는 너무 많다는 논리지요.

그러나 이러한 트집은 아주 유치할 뿐만 아니라 불경스럽기까지 하다

---

8) 예수회 회원들 가운데 상당수는 몰리니스트였다. 제5장 주 2) 참조.

고 말할 수 있습니다. 왜냐하면 제가 제안한 방법이 모든 가톨릭교도의 생명을 이 세상의 마지막 날까지 구해줄 것이기 때문입니다. 그걸 모르시겠습니까? 이렇게 온갖 비판에 일일이 대답하다가는 아무 일도 하지 못하고 말 것입니다.

　존경하는 신부님께,

　앙굴렘 사람이며 이곳 수도회를 맡은

　비천하고 충실하며 헌신적인 라바야크[9] 올림.

이 계획은 실행되지 못했다. 르텔리에 신부[10]가 이 계획이 조금 어렵다고 보았고 더구나 그다음 해에 추방을 당하고 말았기 때문이다. 그러나 모든 일은 밝은 면과 어두운 면을 함께 검토할 필요가 있으므로, 르텔리에 신부에게 이 편지를 쓴 사람의 견해를 어떤 경우에 합법적으로 따를 수 있는지를 살펴보아야 한다. 이 편지가 제안하는 계획을 모든 항목에 걸쳐 실행에 옮기기는 어려울 것이다. 그렇지만 우리와 견해를 달리하는 사람들을 차형이나 교수형 또는 갤리선에서 노 젓는 형벌에 처해야만 하는 경우도 있는데, 그것은 과연 어떠한 경우들인지 알아보려고 한다. 이것이 바로 다음 장의 주제이다.

---

9) Ravaillac(1577~1610): 쾌양회 소속의 광신자로서 1610년 앙리 4세를 암살하고 능지처참을 당한 인물. 라바야크는 르텔리에 신부(1643~1719)와 동시대 인물이 아니므로 이것은 일종의 가상 편지이다. 볼테르는 이 가상 편지에 의해 얀선주의 탄압을 주도했던 르텔리에 신부를 공격하고 있다.

10) 루이 14세의 총애를 받고 얀선주의 탄압을 주도했던 르텔리에 신부는 루이 14세 사후, 섭정 오를레앙 공작에 의해 파리에서 추방되었다. 노아유 추기경이 복수를 했다는 것이 중론이다.

제18장 불관용이 인간의 정의와 일치하는 경우들

사람이 잘못을 저질렀다 해도 범죄가 아닌 경우라면 정부는 그것을 벌할 권리가 없다. 사람이 저지른 잘못은 사회의 질서와 안녕을 해칠 때만 범죄가 된다. 그런데 이러한 잘못이 광신을 조장한다면 그때부터 사회는 불안해진다. 따라서 관용을 위해 가장 먼저 할 일은 광신을 거부하는 것이다.

가령 젊은 예수회 회원들이 로마 교회가 신에게 버림받은 자들을 미워한다는 점과 교황이 교서를 내려 얀선주의자들을 단죄했으니 얀선주의자들은 신에게 버림받은 자들이라는 점을 알았다고 하자. 만약 그들이 오라토리오회 수도사인 케스넬[1]이 얀선주의자라는 이유로 오라토리오회 신부들의 집으로 몰려가서 방화한다면, 이 예수회 회원들을 처벌해야 하는 것은 분명하다.

마찬가지로 예수회 회원들이 잘못된 교리를 퍼뜨리고 그들의 회칙이 프랑스 왕국의 법에 어긋나면, 예수회를 해체하고 그 성직자들의 직위

---

1) Pasquier Quesnel(1634~1719): 논쟁적인 얀선주의 신학자. 그는 1657년 프랑스 오라토리오회에 가입했고 1659년 사제 서품을 받았다. 그러나 얀선주의에 동조했다는 이유로 1681년 파리에서 추방당했으며, 3년 뒤 오라토리오회가 제정한 반(反)얀선주의 교령을 받아들이지 않은 이유로 오라토리오회에서도 추방당했다.

를 빼앗아 일반시민으로 만들지 않을 수 없다. 이러한 조치는 그들이 생각할 때는 불행이겠지만 실제로는 행복을 가져다준다. 왜냐하면 긴 신부복 대신 짧은 옷을 입고 예속된 상태에서 벗어나 자유로운 삶을 누리는 것이 불행이 될 리 없으니 말이다. 군대는 평화 시에는 해산되는 법이며, 누구도 이에 대해 불평하지 않는다. 예수회를 해산시키는 것은 평화를 위해서이다. 그런데 어째서 그들은 그렇게 큰 소동을 일으키는가?

성 프란체스코회 수도사들이 성모 마리아에 대한 경건한 열정에 도취한 나머지, 그들과는 달리 마리아가 원죄를 지고 태어났다고 생각하는 도미니크회 수도사들의 교회를 부수러 갔다고 하자. 그러면 성 프란체스코회 수도사들 역시 예수회 회원들에게 내려진 것과 같은 처분을 받아야만 할 것이다.

루터파와 칼뱅파 신도들에 대해서도 마찬가지다. 그들은 이렇게 말한다.

우리는 양심의 명령을 따른다. 인간에게 복종하기보다는 신에게 복종하는 편이 낫다. 우리야말로 주님의 진정한 양 떼로서 늑대들을 쳐부수어야 할 의무가 있다.

그러나 그들이 아무리 이렇게 주장한다 해도 소용없는 일이다. 이런 주장을 하는 순간 그들 자신이 곧 늑대라는 사실이 명백히 드러나기 때문이다.

덴마크의 작은 종파는 가장 경악할만한 광신의 예를 보여주었다. 이 종파의 신도들은 자신의 형제들에게 영원한 구원을 약속했고, 이런 점에서 그들의 교리는 최고였다. 하지만 이러한 교리는 뜻밖의 결과를 가져왔다. 그들은 세례를 받지 못하고 죽은 아이들은 모두 지옥으로 떨어지며, 다행히도 세례를 받은 즉시 죽은 아이들은 영복을 누린다고 생각했다. 그래서 그들은 새로 세례를 받은 아이들만 보면 목을 졸라 죽였다. 이것은 의심할 바 없이 아이들에게 자신이 줄 수 있는 가장 큰 축복을 내리는 행동이었다. 죄악과 이 세상의 고난 그리고 지옥에서 아이들을 보호하는 동시에, 틀림없이 천국으로 가게 해주려는 것이었으니 말이다.

그러나 이 자비로운 사람들은 다음과 같은 점들을 간과했다. 크나큰 선행을 위해 작은 악행을 하는 것이 허용되지 않는다는 점. 그들에게 어린아이들의 생명을 좌우할 어떠한 권리도 없다는 점. 부모 대부분은 아들딸들이 목 졸려 죽어서 천국에 가는 것보다는, 이승의 자기들 곁에서 살기를 바란다는 점. 따라서 그들이 아무리 좋은 의도에서 살인했다고 하더라도, 재판관은 그들을 살인죄로 처벌해야만 할 것이다.

『성서』만을 따른다면, 유대인들은 우리의 재산을 훔치고 우리를 죽일 권리를 그 누구보다도 더 많이 가졌다고 생각할 수도 있다. 『구약성서』에는 수많은 관용의 예가 있긴 하지만, 가혹한 징벌의 율법과 그것이 실천된 예들도 담겨 있기 때문이다. 여호와는 때때로 유대인들에게 우상을 섬기는 자들은 결혼 적령기의 처녀들만 제외하고 모두 죽이라고 명했다. 유대인이 보기에 우리는 모두 우상 숭배자들이다. 그러므로 오늘날 우리가 유대인들을 관용으로 대한다고 해도, 그들이 지배자가 되면 우리의 딸들을 제외하고 우리 모두를 죽여야 한다고 생각할지도 모른다.

특히 터키인들을 남김없이 죽이는 일은 유대인들에게 피할 수 없는 의무가 될 것이다. 이러한 의무는 그들의 신앙에 비춰 볼 때 당연한 것이다. 왜냐하면 오늘날 터키인들이 차지하고 있는 지역은 과거 히타이트, 여부스, 아모리, 예세네, 에베, 아르세, 키네, 하맛, 사마리아인들의 고장이었기 때문이다. 이들은 모두 여호와에게 저주받은 민족들이었다. 하나님은 길이가 25리외[2]가 넘는 이 지역을 여러 번의 연속적인 협약을 통해 유대인들에게 주었다. 따라서 유대인들은 이 땅을 되찾아야 한다. 그런데 이 땅을 이슬람교도들이 가로채서 1,000년 넘게 차지하고 있는 것이다.

만약 유대인들이 오늘날에도 위와 같은 믿음을 고수하고 있다면, 그들

---

2) lieue: 구체제 프랑스의 거리 단위(약 4킬로미터)로 우리나라의 10리에 해당한다.

에게 돌아갈 대답은 중노동형뿐이라는 점은 명백하다.

　이 장에서 살펴본 것들이 불관용이 타당해보이는 거의 유일한 경우들이다.

제19장 중국에서 벌어진 논쟁

강희제 시대 초기에 광둥의 고위관리가 집에 있다가 이웃집에서 들려오는 요란한 소리를 들었다. 그는 혹시 누가 살해되기라도 한 것이 아닌가 싶어 이웃집으로 사람을 보냈다. 사정을 알아보고 온 하인이 덴마크 상사(商社)의 신부, 바타비아[1]에서 온 신부, 예수회 신부 이렇게 세 사람이 싸우는 중이라고 알렸다. 관리는 사람을 시켜 세 신부를 불러오고 차와 다과를 대접하며 그들이 무슨 일로 다투고 있었는지를 물었다.

예수회 신부는 관리에게 자신은 언제나 옳으므로 언제나 틀린 생각을 하는 사람들을 상대하는 것이 참으로 괴롭다고 답했다. 자신도 처음에는 자제심을 가지고 논쟁을 벌였으나 결국 참지 못하고 말았다는 것이다.

관리는 논쟁을 할 때도 예의가 필요하며, 중국에서는 의견 차이가 있다고 해서 화를 내지는 않는다는 점을 아주 온유한 태도로 그들에게 깨우쳐주었다. 그리고 그들이 벌이던 논쟁이 무엇에 대한 것인지를 물었다.

예수회 신부가 대답했다. "대감, 이 문제를 판단해주시기 바랍니다. 이 두 사람은 트리엔트 공의회[2]의 결정에 복종하지 않으려 합니다."

---

1) Batavia: 네덜란드가 인도네시아를 식민 통치하던 시기에 자카르타의 이름이었다.
2) 1545~63년 사이 세 차례에 걸쳐 트리엔트에서 열린 종교회의. 로마 가톨릭 교회와 개신교 교회의 화해를 목적으로 삼았으나 개신교 측이 참석하지 않아서 오

"그것은 참 이해하기 힘들군요." 관리가 말했다. 그리고 불복종자라고 불린 두 명의 신부를 향해 말했다. "내가 생각하기에 당신들은 큰 집회에서 결정된 견해를 존중해야만 할 것입니다. 나는 트리엔트 공의회에 대해 알지 못합니다. 그러나 단 한 사람의 생각 보다는 여러 사람의 생각을 모았을 때가 언제나 더 지혜로운 법입니다. 그 누구라도 자신이 다른 사람보다 더 많은 것을 알며, 자기만이 바르게 추론할 수 있다고 생각해서는 안 됩니다. 이것은 우리의 옛 성현이신 공자의 가르침입니다. 내 말에 수긍하신다면 두 분이 트리엔트 공의회의 결정을 따르는 것이 좋을 듯합니다."

그러자 덴마크인 신부가 대답했다. "대감의 말씀은 아주 현명합니다. 우리는 공의회의 결정을 존중합니다. 마땅히 그래야 하는 것이지요. 그러므로 우리는 트리엔트 공의회에 앞서 열렸던 여러 공의회의 결정사항들을 전적으로 따르고 있습니다."

"오! 그렇다면 정말 실례했습니다. 당신 말씀이 옳겠지요. 그렇다면 두 분, 당신과 이 네덜란드인 신부님은 같은 의견이고 예수회 신부님만 뜻을 달리하시는군요?"

"전혀 그렇지 않습니다." 네덜란드인 신부가 나섰다. "이 덴마크인 신부의 생각은 여기 있는 이 예수회 신부만큼이나 어처구니없는 것입니다. 그런데 예수회 신부는 대감을 대하는 이 자리에서만은 아주 점잖은 척하고 있군요. 더 이상 참지 못할 지경입니다!"

"여러분을 이해하기 힘들군요." 관리가 말했다. "세 분 모두 기독교인이 아닙니까? 세 분 모두 기독교를 가르치러 우리 제국에 오시지 않았습니까? 따라서 세 분이 받드는 교리는 모두 같아야만 하는 것 아닌가요?"

"그렇습니다, 대감." 예수회 신부가 말했다. "이 두 사람은 서로를 철

히려 로마 가톨릭 교회가 결속하는 계기가 되었다. 여기서 로마 가톨릭 교회는 철저한 자기 개혁을 선언하며 개신교도들에게 공격받은 교리들을 하나하나 분명히 규명했고, 그 결과 이 공의회는 반(反)종교개혁운동으로 발전, 교황권의 승리를 가져왔다.

천지원수로 여기고 있으며, 또한 두 사람 모두 저와는 다른 견해를 가지고 있습니다. 이런 점으로 미루어볼 때 이들 모두가 틀렸고 오로지 저 혼자 옳다는 것은 명백합니다."

"그 점은 그리 명백하지 않습니다." 관리가 대답했다. "당신들 셋 모두 틀렸을 수도 있으니까요. 여러분 각자가 주장하시는 바를 들려주실 수 있겠습니까?"

이 말에 예수회 신부는 자신의 견해를 길게 늘어놓았다. 그러는 동안 덴마크인 신부와 네덜란드인 신부는 짐짓 무시하는 듯한 태도를 보였다. 관리는 그의 이야기를 전혀 이해할 수 없었다. 이번에는 덴마크인 신부가 이야기했다. 다른 두 논쟁자는 그를 가련하다는 듯 바라보았다. 관리로서는 한층 더 이해되지 않는 이야기였다. 네덜란드인 신부 역시 자신의 견해를 늘어놓았다. 마침내 세 사람이 모두 이야기에 끼어들더니 서로서로 심한 욕설을 주고받았다.

선량한 관리는 한참이나 애를 먹은 끝에 싸움을 진정시키고 그들에게 말했다. "이 나라 사람들이 여러분의 가르침을 용인하기를 원하신다면, 먼저 여러분 자신이 상대방의 의견을 용인하고 또한 상대방이 자신을 용인할 수 있도록 하십시오."

그 자리에서 일어나 나오는 길에 예수회 신부는 도미니크회 선교사를 만났다. 예수회 신부는 선교사에게, 그 논쟁에서 자신의 주장을 관철했으며 이는 진실이 언제나 승리하는 덕분이 아니겠냐고 떠벌였다.

도미니크회 선교사가 대답했다. "만약 내가 그 자리에 있었다면 당신은 논쟁에서 이기지 못했을 것이오. 내가 당신의 거짓말과 우상숭배를 시인하게 했을 것이오."

싸움이 다시 격해졌다. 예수회 신부와 도미니크회 선교사는 서로의 머리를 쥐어뜯으며 싸웠다. 중국 관리가 이 싸움을 알고 두 사람을 모두 감옥에 넣어버렸다.

관리의 부하가 상전에게 물었다. "나리께서는 그 두 사람을 얼마 동안 가두어두실 생각이십니까?"

"그들이 서로의 견해에 동의할 때까지 가두어둘 생각이다."

"아! 그렇다면 그들은 앞으로 평생을 감옥에서 지내야 하겠군요."

"저런! 그럼 두 사람이 서로 용서할 때까지로 바꾸어야겠다."

"그들은 절대 서로를 용서하지 않을 것입니다. 제가 그들을 잘 알거든요."

"아뿔싸! 그렇다면 그들이 서로 용서하는 시늉을 할 때까지로 하자."

제20장 사람들을 맹신에 묶어두는 것이 유익한가

인간은 참으로 연약하고 비뚤어진 존재인지라, 온갖 종류의 맹신에 사로잡혀 있는 편이 종교 없이 사는 것보다 인간을 위해서 더 나은 일임은 분명하다. 맹신 때문에 사람을 죽이는 일만 없다면 말이다. 인간에게는 언제나 어떤 속박이 필요했다. 그래서 반인반수신(半人半獸神), 숲의 수호신, 물의 요정들에게 제사를 지내는 것이 아무리 우스꽝스럽게 보일지라도 이 신성한 공상적인 존재들을 숭배하는 편이 무신론에 빠지는 편보다 더 합리적이고 유익하다. 무신론자가 따지기 좋아하고 난폭하며 힘이 있다면, 그는 믿음을 위해 주저 없이 살인하는 맹신자만큼이나 치명적인 재앙이 될 것이기 때문이다.

인간에게 신이라는 신성한 관념이 없으면, 그런 관념을 대신해 허상들이 들어선다. 그것은 사회가 불황에 쪼들려 화폐가 부족해지면 위조화폐가 돌아다니는 것과 마찬가지이다. 이교도일지라도 죄를 저지르는 것은 두려워했는데, 그것은 자신들의 신에게 벌을 받을까 겁이 났기 때문이었다. 말라바르인[1]들은 사원의 탑이 죄를 징벌한다고 믿고 두려워했다. 인

---

1) 말라바르는 인도의 서해안 남부지역을 일컫는 명칭으로, 대략 고아 남쪽 지역 그리고 동쪽으로 서고츠 산맥까지 펼쳐진 지역을 말하지만 때로는 인도반도의 서쪽 해안 전체를 가리키기도 한다. 여기서 볼테르는 말라바르인이라는 말로 힌두교도를 지칭하고 있다.

간이 사회를 이루고 사는 곳이라면 어디든 종교는 꼭 필요하다. 법은 알려진 범죄를 예방하고 종교는 은밀한 범죄를 막는다.

그러나 일단 인간이 진실하고 거룩한 종교를 받아들이는 수준에 도달하면, 그때부터 맹신은 쓸모가 없어질 뿐 아니라 아주 위험한 것이 된다. 신의 빵을 먹고 사는 사람들에게 도토리를 먹게 할 수는 없는 일이다.

종교를 천문학이라고 한다면 맹신은 점성술과 같은 것으로, 맹신과 점성술은 현명한 어머니에게서 태어난 어리석은 딸들이라고 할 수 있다. 그런데 이 두 딸이 오랫동안 온 세상을 지배했다.

암흑 속에 묻혀 있던 중세에는, 봉건 영주들 가운데 『신약성서』를 가진 사람은 두 명이 채 안 되었다. 그래서 그때는 이 무지한 사람들, 다시 말해 봉건 영주들과 그들의 어리석은 아내들과 야만적인 가신(家臣)들에게 무엇을 이해시키기 위해 전설이나 우화를 끌어다 쓰는 일이 용납될 수 있었다. 그리하여 중세인들은 성 크리스토포루스가 소년 예수를 자신의 어깨에 얹어서 강을 건네주었다고 믿게 되었다. 그들은 마법사와 악마 이야기에 길들었다. 그들은 별 의심도 없이 성 주누²⁾가 통풍을 낫게 하며, 성녀 클레르³⁾가 아픈 눈을 치료해준다고 믿었다. 아이들은 늑대 인간이 있다고 믿었으며, 어른들은 성 프란키스쿠스가 매듭이 세 개 달린 허리끈을 매고 다닌다고 믿었다. 그들은 헤아릴 수 없이 많은 성유물에 둘러싸여 있었다.

이처럼 많은 맹신의 잔재는 종교가 순화된 이후에도 한동안 사람들에게 남아 있었다. 노아유 추기경이 샬롱의 주교로 있으면서 예수 그리스도의 성스러운 배꼽이라는 성유물을 빼앗아 불 속에 던져버리게 했을 때, 샬롱 시 전체가 그를 처형해야 한다고 들고일어났다. 그러나 그는 신앙심이 굳은 만큼이나 용기 있는 사람이었기에 이곳 샹파뉴 사람들에게, 교회 안에 예수의 배꼽을 모셔두지 않고도 예수 그리스도를 마음으로

---

2) Saint Genou: 프랑스 중부의 베리(Berry) 지방에서 공경하는 성인.
3) Sainte Claire: 프랑스 로렌 지방에서 공경하는 성녀.

그리고 진실하게 섬길 수 있다는 점을 이해시킬 수 있었다.

안선주의자라고 불리는 사람들도 기독교를 욕되게 했던 많은 그릇된 생각을 프랑스 국민의 의식에서 조금씩 뿌리 뽑는 데 적지 않게 이바지했다. 그래서 성모 마리아에게 30일 동안 기도하기만 하면 자신이 원하는 것을 모두 얻고, 죄를 지어도 벌 받지 않는다고 믿지 않게 되었다.

마침내 부르주아들은 비를 내리거나 그치게 하는 사람이 성녀 준비에브[4]가 아니고, 바로 하나님이 자연을 조절하고 있다는 것을 알아채기 시작했다. 수도사들은 자신들이 섬기는 성인들이 더 이상 기적을 일으키지 못하는 것에 놀랐다. 그리하여 『산 프란시스코 시비에르[5]의 생애』를 쓴 작가들이 다시 세상에 온다 해도 그들은 이제 감히 이렇게 쓰지는 못할 것이다. 이 성인이 죽은 사람 아홉 명을 살려냈으며, 그가 바다에도 있고 동시에 땅에도 있었으며, 십자가에 매달린 예수의 수난상을 바다에 빠뜨렸을 때 게 한 마리가 그것을 되돌려주었다고 말이다.

종교적 파문에 대해서도 마찬가지이다. 역사가들이 전하는 바에 따르면, 로베르 왕[6]이 자신의 대모인 베르트 공주와 혼인했다는 이유로 교황 그레고리우스 5세에 의해 파문당했을 때, 왕의 하인들은 왕의 식탁에 차려냈던 고기를 창밖으로 내던졌으며, 베르트 왕비는 이 근친상간적 혼인의 벌로 거위를 낳았다고 한다. 오늘날 사람들은 파문당한 프랑스 왕

---

4) Sainte Geneviève(422년경~500년경): 파리의 수호성녀. 훈족의 침입을 예언했으며, 451년 훈족의 왕 아틸라가 파리를 위협했을 때 기도로 그들을 물리쳤다고 전해진다.

5) San Francisco Xavier(1506~52): 이그나티오스 로욜라가 이끌던 예수회 최초의 회원 일곱 명 가운데 한 명이다. 인도 서남해안, 말레이 제도, 일본에 기독교를 전파하는 데 큰 역할을 했으며 1622년 성인으로 추대되었다. 그의 선교 활동과 관련해 과장된 전설이 많이 전해진다.

6) Robert II(970~1031): 위그 카페의 아들로 경건왕 로베르(Robert le Pieux)라고 불린다. 그는 세 번 결혼했다. 사촌인 부르고뉴 공작의 딸 베르트는 두 번째 왕비로서, 이미 결혼한 적이 있었던 여인이다. 로베르 왕은 금지된 결혼을 감행했다는 이유로 파문당했으나, 베르트가 아이를 낳지 못하자 1001년 이혼함으로써 파문이 취소되었다.

의 하인들이 과연 왕의 식사를 창밖으로 내던졌는지, 그런 죄가 원인이 되어 정말로 왕비가 거위 새끼를 낳았는지를 의심하게 되었다.

아직도 시외 어느 구석엔가 몇몇 '경련하는 자들'이 숨어 있다면, 그들의 광신은 이(蝨)가 옮기는 전염병과 같은 것으로 가장 비천한 천민들만 걸리는 질병이라고 보아야 한다. 프랑스는 하루하루가 다르게 이성의 힘으로 깨어나고 있다. 이성은 귀족들의 저택만이 아니라 상인들의 가게 안에도 스며들었다. 이제 이성이 열매를 맺는 것을 그 누구도 막을 수 없으므로 그 열매를 거두어야 한다. 파스칼, 니콜,[7] 아르노,[8] 보쉬에,[9] 데카르트, 가상디,[10] 벨,[11] 퐁트넬과 같은 많은 사람이 프랑스를 이성의 빛으로 밝혀왔다. 그리하여 이 나라는 가라스[12]와 므노[13] 같은 자들을 더 이상 용납하지 않게 되었다.

위대한 스승으로 통하는 사람들 가운데는 오랫동안 인류를 우둔함 속에 붙들어둔 공로로 보상을 받고 명예를 누려온 사람들이 많다. 오늘날에도 이렇게 오류로 무장한 대가들이 씨앗은 썩어야 싹을 틔우고 지구는 받침대 위에 단단히 자리 잡고 있으며 태양 주위를 도는 것이 전혀 아니며 밀물과 썰물은 중력이 빚어내는 자연현상이 아니고 무지개는 빛의 굴절과 반사로 만들어지는 것이 아니라면서 이를 믿으라고 명령한다면 배운 사람들은 그들을 어떻게 평가할까? 더구나 이 대가들이 명령의 근거로, 자신들도 잘 이해하지 못한 『성서』의 구절들을 끌어다 댄다면 어

---

7) Pierre Nocole(1625~95): 프랑스의 신학자. 논쟁적이었던 그의 글들은 얀선주의를 지지하는 내용을 담고 있었다.

8) Antoine Arnaud(1612~94): 생시랑 신부의 제자로서 대(大) 아르노라고 불린 얀선주의의 대표적인 이론가.

9) Jacques-Bénigne Bossuet(1627~1704): 프랑스의 성직자이며 작가. 신앙에 몸을 바친 전형적인 성직자로, 치열한 논쟁을 통해 평생 가톨릭을 옹호했다.

10) Pierre Gassendi(1592~1655): 프랑스의 수학자, 철학자, 신학자, 천문학자.

11) Pierre Bayle(1647~1706): 프랑스의 철학자.

12) François Garasse(1585~1631): 예수회 신부로서 과격한 논쟁으로 유명하다.

13) Michel Menot(1440~1518): 프란체스코회 수도사로서, 사람들의 마음을 붙잡는 기도와 설교로 '황금의 혀'라는 별명을 얻었다.

떻게 할 것인가? 그들을 '멍청이'라고 부른다면 너무 심한 말이 될까? 그러나 이 현명하다는 선생님들이 오만한 무지를 강요하기 위해 무력과 박해를 동원한다면, 그들을 '사나운 짐승'이라 불러도 무방할 것이다.

수도사들이 퍼뜨리는 맹신들이 경멸을 받을수록, 주교와 신부들에 대한 존경은 더욱 커진다. 알프스 너머의 교황권 지상주의자 수도사들이 강요한 맹신들로 인한 폐해에 비추어, 프랑스 교회 성직자들의 선행이 더욱 돋보일 것이기 때문이다. 온갖 맹신들 가운데서도 가장 위험한 것은, 자신의 견해에 동의하지 않는 이웃을 미워하라고 가르치는 맹신이 아닐까? 형제를 증오하고 박해하는 것에 비하면 성스러운 배꼽, 성스러운 음경포피(陰莖包皮), 성모 마리아의 젖과 옷을 숭배하는 것이 훨씬 더 합리적이지 않은가?

제21장 미덕은 앎보다 더 소중하다

우리가 지켜야 할 교리가 적을수록 논쟁은 줄어들 것이다. 그리고 논쟁이 줄어들면 그만큼 참화도 없어질 것이다. 만약 이것이 사실이 아니라면 내가 틀린 것이다.

종교는 우리 인간이 이 세상을 사는 동안 그리고 죽은 후에도 행복해지기 위해 만들어졌다. 내세에서 행복하려면 어떻게 해야 할까? 올바르게 살아야 한다.

그렇다면 현세의 삶을, 우리 인간의 비뚤어진 본성이 허락하는 범위 안에서 행복하게 누리려면 어떻게 해야 하는가? 관용을 알고 베풀 줄 알아야 한다.

형이상학적 문제에 있어 모든 사람이 똑같은 방식으로 생각하게 되기를 바라는 것은 정말 미친 짓이다. 한 마을에 사는 모든 사람의 정신을 예속시키고 통제하는 일보다는, 무력으로 온 세계를 굴복시키는 일이 훨씬 더 쉬우리라.

유클리드는 모든 사람에게 기하학의 진리를 쉽게 설득할 수 있었다. 그 이유는 무엇인가? '2+2=4'라는 이 간단한 공리를 벗어나는 것이 없기 때문이다. 그러나 형이상학과 신학이 얽힌 문제에서는 사정이 전혀 다르다.

알렉산드로스 주교[1]와 아리오스인지 아리우스인지 하는 신부가 성부가 어떤 방식으로 로고스[2]를 내렸는가 하는 문제를 두고 논쟁을 시작하자, 콘스탄티누스 황제는 그들에게 편지를 보냈다. "이해하지 못하는 것에 대해 논쟁을 벌이는 당신들은 대단히 어리석은 자들이다." 이런 말은 에우세비오스와 소크라테스도 한 적이 있었다.

양측이 현명해서 황제의 충고가 옳다고 시인했더라면, 기독교 세계는 300년 동안이나 피로 물들지 않았을 것이다.

다음과 같은 이야기보다 더 어처구니없고 끔찍한 말이 있을까?

벗들이여, 여러분이 충성스런 신하, 온순한 자식, 자상한 아비, 선량한 이웃으로 살아간다고 해서 충분한 것은 아니오. 온갖 미덕을 실천하고 우정을 쌓으며 은혜를 갚을 줄 알고 평화롭게 예수 그리스도를 섬긴다고 해서 충분한 것도 아니오. 여러분은 세상이 아주 옛날에 어떻게 생겨났는지 알아야만 하오. 또 여러분이 삼위일체의 각 위격에서 '동일본질'(omousion, homoousion)[3]을 깨닫지 못한다면 여러분은 영원히 지옥의 불로 태워질 것이라고 단언하오. 그러나 그전에 우리가 먼저 여러분의 목을 자르겠소.

이런 이야기를 아르키메데스, 포세이도니오스,[4] 바로,[5] 카토,[6] 키케

---

1) Alexandros(250?~328): 4세기에 아테네에서 활약한 기독교 신학자. 알렉산드리아 교회의 주교가 되었다. 니케아 공의회에서는 아리우스파에 반대하는 정통파의 지도자가 되었다.

2) 'logos'란 '말' '이성' '계획'을 뜻하는 그리스어이다. 그리스 철학과 신학에서 우주에 내재하면서 우주를 다스리고 우주에 형식과 의미를 부여하는 신(神)의 이성으로 이해되는 개념이다. 이 로고스 개념은 기독교 교리에서 특히 중요한 의미를 지닌다. 기독교에서는 이 개념을 사용해 예수 그리스도의 역할을, 신의 우주창조 및 질서유지의 원리이자 신의 인간구원 계획을 계시하는 원리로 묘사하거나 정의했다. 따라서 이 개념은 예수가 선재(先在)하는 로고스라는 기독교 기본 교리의 기초가 된다.

3) 니케아 공의회에서 확립된 신조로서, 성자가 "성부와 하나의 본질을 갖고 있다(homoousion tō Patri)"에서 나온 말이다.

로 같은 사람들에게 했다면 과연 그들은 뭐라고 대답했을까?

콘스탄티누스 황제는 알렉산드로스와 아리우스에게 논쟁을 그만두게 하려던 생각을 끝까지 밀고 나가지 않았다. 하지만 그럴 마음만 있었더라면, 황제는 궤변의 두 거두를 궁정으로 불러 도대체 무슨 권리로 세상을 시끄럽게 하느냐고 질책할 수도 있었다.

당신들이 하나님 가족의 계보에 대해 이렇다저렇다 말할 자격이 있는가? '로고스'가 만들어졌든 생겨났든 그것이 당신들과 무슨 상관인가? 우리가 그것을 충실히 따르고 선한 도덕적 가치를 가르치고 최선을 다해 실천하면 되는 것이 아닌가? 나는 살아오는 동안 많은 잘못을 저질렀다. 그것은 당신들도 마찬가지이다. 당신들은 야심이 있으며 나역시 그렇다. 나는 이 제국을 얻기 위해 교활하고 잔인하게 처신했다. 내 주위의 사람들을 거의 모두 암살했다. 그 일을 후회한다. 나는 로마 제국을 평화롭게 다스림으로써 속죄하고 싶다. 내가 이 제국을 선하게 통치하는 것을 방해하지 마라. 나의 잔인한 과거를 잊게 해줄 유일한 선행이다. 내가 삶을 평화롭게 마치도록 도와달라.

아마 황제가 이렇게 호소했더라도 두 논쟁자를 설득하지는 못했을 것이다. 어쩌면 황제는 긴 붉은색 옷을 입고 머리에는 보석관을 쓰고 공의회를 주재하는 데 만족했을지도 모른다.

어쨌든 바로 여기서 모든 재앙을 불러들이는 문이 열렸다. 이 재앙은 동방에서부터 밀려와서 유럽을 덮쳤다. 『성서』 구절을 둘러싼 논쟁은 매번 궤변과 칼로 무장한 광포한 분노를 불러일으켰고, 그로 인해 모든 사람이 잔인한 광기 속으로 휩쓸려 들어갔다. 후에 유럽을 침략한 훈족, 헤

---

4) Poseidonios(기원전 135년경~기원전 51): 그리스의 스토아학파 철학자.

5) Marcus Terentius Varro(기원전 116~기원전 27): 로마의 문학가.

6) Marcus Porcius Cato Uticensis(기원전 95~기원전 46): 로마의 정치인, 스토아학파 철학자. '소 카토'라고 불린다.

룰리족, 고트족, 반달족으로 인한 피해도 이에 비하면 훨씬 작았다. 그런데 이 침략자들이 끼친 가장 큰 해악은, 이들 자신도 결국에는 이 피비린내 나는 논쟁에 휘말리게 되었다는 점이다.

제22장 관용은 보편적이라는 점에 대해

기독교인들이 서로에게 관용을 베풀어야 한다는 사실을 증명하는 데는 빼어난 논쟁의 기교나 화려한 웅변이 필요하지 않다. 나는 여기서 한 걸음 더 나아가, 우리는 모든 사람을 형제로 여겨야 한다고 단언한다. 이렇게 되묻는 사람이 있을 것이다.

뭐라고! 튀르크인을 형제로 대하자고? 중국인, 유대인, 시암인이 우리의 형제라고?

물론이다. 우리는 모두 한 아버지의 자식들이며 동일한 신의 창조물들이 아닌가?

그 민족들이 우리를 경멸하고 이단자로 취급한다는 반박이 나올 수 있다. 그렇다면 내가 그 민족들이 큰 잘못을 범하고 있다고 지적하겠다. 우리를 완강하게 거부하는 이슬람 사제나 불교 승려의 오만함을 흔들어놓을 방법이 전혀 없는 것은 아니다. 그들에게 다음과 같은 요지의 말을 건넬 기회만 있다면 말이다.

이 작은 지구는 단지 한 점에 불과한 것으로, 다른 수많은 천체와 더

불어 우주 공간을 돌고 있습니다. 우리는 이 광대한 우주 공간에서 떠돌고 있는 것입니다. 인간은 겨우 5피에[1] 남짓한 몸집이니 창조물 가운데서도 아주 미미한 존재임이 분명합니다. 이렇게 미미한 존재 가운데 하나가 아라비아나 아시아 대륙에 사는, 자신과 같은 존재들에게 말합니다. "이 세상 전부를 주관하시는 하나님이 나에게 진리의 빛을 내려주셨으니, 내 말에 귀 기울여주시오. 지구에는 작은 개미와도 같은 우리 인간 9억 명이 살고 있소. 그러나 오직 내가 있는 개미집만이 하나님에게 사랑받고, 다른 모든 개미집은 영원히 미움을 받게 될 것이오. 오직 내가 있는 개미집만이 행복을 누리고 다른 모든 개미집은 영원토록 고달플 것이오.

그들은 내 말을 중단시키고 물을 것이다.

　당신은 누구길래 정신 나간 사람처럼 그렇게 어리석은 말을 하는가?

나는 그들에게 이렇게 대답해야 하리라.

　이런 말을 하는 사람은 바로 당신들 자신이오.

그러고 나면 나는 그들을 진정시키려고 애쓰겠지만, 정말 어려운 일이 될 것이다.

이제 기독교도들에게 이야기할 차례이다. 나는 감히 다음과 같이 말하려고 한다. 상대방은 종교재판관으로 임명된 도미니크회 성직자라고 하자.

---

[1] pied: 구체제 프랑스의 도량형 단위로 약 32.4센티미터. 우리의 자(尺)에 해당한다.

형제여, 당신도 알다시피 이탈리아의 각 지방에는 고유한 방언이 있습니다. 그래서 피렌체 사람이 쓰는 말은 베네치아나 베르가모 사람의 말과는 다르지요. 그런데 크루스카 아카데미[2]는 이탈리아 표준어를 정립했고, 거기서 편찬한 사전은 사람들이 지켜야 하는 언어의 규범이 되었으며, 부온마테이[3]의 『문법』은 반드시 따라야 하는 틀림없는 길잡이가 되었습니다. 이 아카데미의 수석회원이, 또는 그 자리가 비었을 경우에는 부온마테이가, 자기네 방언을 고집하는 베네치아와 베르가모 사람들 모두의 혀를 잘라버리라고 떳떳이 말할 수 있었을까요?

종교재판관은 이렇게 대답할 것이다.

그것은 전혀 다른 이야기요. 우리는 당신의 영혼을 구해주려는 것이오. 그래서 단 한 사람이라도 당신의 죄를 증언하면 우리 종교재판부는 당신을 체포하도록 명령하는 것이오. 설사 그 증인이 파렴치한 전과자라도 말이오. 당신은 변호인을 둘 수 없소. 당신을 고발한 사람의 이름도 알려주지 않소. 재판관은 당신에게 사면을 약속했다가 유죄를 선고하오. 당신을 다섯 가지 방식으로 고문한 후에 태형 또는 갤리선 중노동형에 처하거나 아니면 화형식에서 산채로 불태울 것이오. 그런데 이 모든 것이 바로 당신의 행복을 위해서라오(Note 72). 이보네(Ivonet) 신부, 신학자 쿠샬롱(Cuchalon), 잔키누스(Zanchinus), 캄페히위스(Campegius), 로이아스(Roias), 펠리누스(Felynus), 고마루스(Gomarus), 디아바루스(Diabarus), 게멜리누스(Gemelinus) 같은 종교재판관들은 모두 단호하셨소. 이 경건한 재판은 어떠한 반론도 용납하

---

2) Accademia della Crusca: 이탈리아어로 '왕겨 아카데미'라는 뜻. 이탈리아 르네상스의 문어인 토스카나어를 순화시킬 목적으로 1582년 피렌체에 설립되었다. 1612년 이 아카데미의 공식사전을 출간하기 시작했다.
3) Benedetto Buonmattei(1581~1648): 피렌체의 문헌학자이자 문법학자. 1627년 크루스카 아카데미 회원이 되었고 토스카나어 연구에 힘을 기울였다.

지 않을 것이오.

나는 실례를 무릅쓰고라도 물어볼 것이다.

　형제여, 어쩌면 당신 말이 옳을 수도 있습니다. 당신이 나에게 은혜를 베풀려고 한다는 것을 믿습니다. 그런데 이런 재판이 없으면 나는 구원을 받을 수 없는 것인가요?

　이처럼 불합리하고 잔인한 재판이 매일같이 이 땅을 피로 물들이는 것은 아니다. 하지만 그런 일들은 빈번하게 있었고, 그 사례들을 모으면 그런 일들을 꾸짖는 복음서들보다도 훨씬 더 두꺼운 책을 쉽사리 만들 수 있을 정도. 이 짧은 인생에서 우리와 생각이 다른 사람들을 박해하는 것은 참으로 잔인한 짓이다. 그뿐만 아니라 그들에게 영벌을 선고해 영원히 지옥에 떨어뜨리는 것은 정말 뻔뻔한 일이 아닐까 싶다. 조물주가 내려야 할 판결을, 이 땅에 잠시 머물다가 사라질 티끌과도 같은 존재인 우리 인간이 가로챌 권한은 없는 것이다.
　나는 "교회 밖으로 나가면 구원은 없다"라는 선언을 공박할 생각은 조금도 없다. 나는 이 선언과 이것에 뒤따르는 모든 가르침을 존중한다. 그러나 우리가 신이 제시하는 모든 길, 즉 신의 섭리를 알고 있는가? 또 신의 자비가 얼마만큼인지를 헤아릴 수 있는가? 신을 두려워하는 만큼 신을 신뢰하는 것도 허락받지 않았는가? 교회에 충실한 것만으로 충분하지 않은가? 인간 개인이 신의 권한을 훔쳐, 모든 사람의 영원한 운명을 감히 신보다 먼저 결정해도 된다는 것인가?
　우리가 스웨덴, 덴마크, 영국, 프로이센 같은 개신교 국가의 왕이 죽었을 때 상복을 입는다고 하자. 그러면 우리는 신에게 버림받아 지옥에서 영원히 불로 태워질 사람을 애도해 상복을 입는 것이라고 해야 하는가? 유럽에는 로마 가톨릭 교회에 소속되지 않은 인구가 4,000만이나 된다. 그들 한 사람 한 사람에게 "선생, 당신은 반드시 지옥에 떨어지게 되어 있으니 나는 당신과 함께 식사하지도 계약을 맺지도 대화를 나누지도 않겠소"라고 말해야 할 것인가?

프랑스 대사가 오스만제국의 술탄을 알현하는 자리에서 속으로 이렇게 중얼거린다고 상상해보자. "폐하는 할례를 받았으므로 틀림없이 영원한 지옥의 불 속에 떨어질 것입니다." 만약 이 대사가 정말로, 술탄이 하나님의 불구대천의 원수이고 복수의 표적이라고 믿고 있다고 해보자. 그렇다면 그가 술탄에게 한 마디라도 건넬 수 있겠는가? 그는 외교사절로서 술탄에게 파견되지도 말았어야 했을 것이다. 자신이 상대하고 있는 사람이 영원히 지옥에 떨어질 사람이라고 확신한다면 그 누구와 교제할 수 있겠는가? 또 어떻게 시민의 의무를 수행할 수 있겠는가?

자비로운 하나님을 믿는 신도들이여! 만약 당신들의 마음이 무자비하다면, "하나님과 이웃을 사랑하라"라는 말을 율법으로 세우신 바로 그 하나님을 섬기는 당신들이 그 순수하고 신성한 율법을 궤변과 이해하기 어려운 논쟁으로 뒤덮는다면, 당신들이 새로운 단어 또는 단 하나의 알파벳 철자를 두고 분란을 일으킨다면, 당신들이 다른 민족들에게 그들이 잘 모르는 몇 마디 말과 몇 가지 의식을 빠뜨렸다고 영벌을 선고한다면, 나는 인류의 운명을 한탄하는 눈물을 쏟으며 당신들에게 다음과 같이 말하겠다.

최후의 심판이 이루어지는 날, 각자가 한 일에 따라 하나님 앞에서 심판을 받는 날, 나와 함께 갑시다. 지나간 시대와 우리 시대의 모든 망자(亡者)들이 하나님 앞에 서게 될 것입니다. 그 자리에는 지혜롭고 덕성스러운 공자, 법을 제정한 솔론,[4] 피타고라스, 잘레우쿠스,[5] 소크라테스, 플라톤, 로마의 오현제,[6] 티투스 황제, 에픽테토스[7]처럼 인류

---

4) Solon(기원전 638~기원전 558): 그리스의 정치인, 입법자로 일곱 현인 가운데 한 사람이었다.
5) Zaleucus(기원전 7세기): 그리스의 입법자.
6) 네르바-안토니누스 왕조는 네르바, 트라야누스, 히드리아누스, 안토니누스 피

의 기쁨이고 인간의 귀감인 사람들도 있을 것입니다. 당신들은 하늘에 계신 우리 아버지, 우리의 창조자께서 이 사람들에게 "이 흉악한 자들 아, 가서 끝없이 고통스럽고 무한히 계속되는 벌을 받아라. 너희의 고난은 나와 같이 영원하리라!"라고 선고하시고 "내가 사랑하는 장 샤텔,[8] 라바야크, 다미앵,[9] 카르투슈[10] 등등이여! 너희는 내가 명한 법을 따라 죽었으니 내 오른편에 앉아 나의 왕국과 지복을 영원히 나누어 가져라"라고 말씀하실 것이라고 진정 믿습니까?

당신들은 이런 말을 듣고는 겁에 질려 뒷걸음칠 것이다. 나로서는 당신들에게 할 말은 다 했으니 더 이상 덧붙일 것이 없다.

우스, 마르쿠스 아우렐리우스, 콤모두스 이 여섯 명의 로마 황제들로 이루어져 있다. 이 가운데 실정을 거듭한 콤모두스를 제외한 다섯 명을 오현제라고 부른다. 이들 다섯 명의 황제는 로마제국을 팽창시켜 최전성기를 이루었으나 콤모두스가 통치하기 시작하면서 로마는 쇠퇴의 길로 접어들었다.

7) Epiktētos(55년경~135년경): 그리스의 스토아학파 철학자.

8) Jean Châtel(1575~94): 열렬한 예수회 회원으로서 1594년 예수회의 사주를 받아 앙리 4세를 암살하려다가 처형당했다. 이 사건 후 예수회는 일시적으로 추방당했으나 1603년 다시 프랑스로 돌아왔다.

9) Robert François Damiens(1715~57): 루이 15세 당시 군인이었다가 시종이 된 인물로, 루이 15세의 무능하고 절제 없는 통치에 불만을 품고 왕에게 단도를 휘둘렀다가 그레브 광장에서 처형당했다.

10) Louis Dominique Cartouche(1693~1721): 18세기 초 파리와 근교지역을 공포에 떨게 한 유명한 산적 두목. 후에 붙잡혀 그레브 광장에서 처형당했다.

제23장 신에게 올리는 기도

이제 나는 인간들이 아닌 신에게, 온갖 존재와 모든 세상과 모든 시대를 주관하는 하나님 당신에게 호소하려 합니다.

우리 인간들은 이 광대한 우주 공간에서 길을 잃고 떠돌며 잘 보이지도 않는 미약한 존재들입니다. 모든 것을 만든 당신의 뜻은 변함이 없고 영원합니다. 우리가 감히 당신에게 간구하는 일이 허락된다면, 부디 우리 인간의 본성에서 비롯된 잘못들을 가엾게 여겨주소서. 그러한 잘못들 때문에 우리에게 재앙이 일어나지 않게 해주소서. 당신은 우리에게 서로를 미워하라고 마음을 준 것이 아니며, 서로를 죽이라고 손을 준 것이 아닙니다. 우리가 서로 도와서 이 힘들고 덧없는 삶의 짐을 견디도록 해주소서.

우리의 허약한 육체를 감추는 의복들, 부족한 언어들, 가소로운 관습들, 불완전한 법률들, 분별없는 견해들, 우리가 보기에는 참으로 불평등하지만 당신이 보기에는 모두 똑같은 우리의 처지와 조건들 사이에는 작은 차이가 있습니다. 인간이라 불리는 티끌들을 구별하는 이 모든 사소한 차이들이 증오와 박해의 구실이 되지 않도록 해주소서.

당신을 숭배하느라고 한낮에 촛불을 켜는 자들이, 당신이 내려주는 햇빛으로 만족하는 자들을 관대히 대하게 해주소서. 당신을 사랑한다는 것을 보여주기 위해 옷 위에 흰색 천을 덮어쓰고 다니는 자들이, 검은 모직

망토를 걸치고 다니면서 당신을 사랑한다고 말하는 자들을 미워하지 않도록 해주소서. 당신을 옛날 언어로 경배하건 새로운 언어로 경배하건 아무런 차이가 없게 해주소서.

붉은색이나 자주색 옷을 입은 사람들,[1] 약간의 땅 위에 군림하는 사람들, 둥근 금속 조각들을 가진 사람들, 이들이 '지위'와 '부'라고 부르는 것을 거만하지 않게 누리게 해주소서. 다른 사람들이 이들을 시샘하지 않게 해주소서. 당신도 아시는 것처럼, 이 부질없는 허세는 부러워할 것도 우쭐해 할 것도 아니기 때문입니다.

이 세상 사람들이 모두 형제라는 사실을 잊지 않게 해주소서! 노동과 생업의 결실을 강탈해가는 강도를 증오하듯이, 영혼에 가해지는 폭압을 증오하게 해주소서. 전쟁이라는 재앙은 피할 수 없다고 해도, 평화가 유지되는 동안에는 서로 미워하지 않고 서로 괴롭히지 않게 해주소서. 그리고 시암에서 캘리포니아에 이르기까지 다양한 언어로, 우리에게 이 삶을 주신 당신의 은혜를 찬양하면서 이 찰나 같은 삶을 살게 해주소서.

---

1) 고위 성직자들.

제24장 후기

　내가 우리 인간들에게 더 큰 자비와 관용을 일깨우고자 하는 일념으로 이 글을 쓰고 있는 동안, 어떤 사람이 나와는 정반대의 의도를 가지고 책을 쓰고 있었다. 하기야 사람마다 자기 나름의 견해가 있는 법 아닌가. 그 양반[1]은 『종교와 인도적 정신의 일치』(*l'Accord de la religion et de l'humanité*)라는 제목을 붙여 종교적 박해에 대한 작은 법전을 펴냈다. 제목의 '인도적 정신'(l'humanité)은 '비인도적 정신'(l'inhumanité)으로 고쳐 읽어야 할 것이다. 출판 과정에서 인쇄업자의 착오가 있었던 것 같다.

　이 거룩한 책자의 저자는 주장을 뒷받침할 근거를 빌려오기 위해 성 아우구스티누스[2]에게로 거슬러 올라간다. 아우구스티누스는 자비와 온유함을 권유한 다음에 박해를 역설한 인물이었다. 이는 그가 당시 최고의 권력을 휘둘렀고 걸핏하면 의견을 번복했다는 사실에 비추어 당연한

---

1) 말보 신부(abbe Malvaux)를 가리킴. 그의 저서(원제 『불관용에 대한 종교와 인도적 정신의 일치』)는 볼테르의 『관용론』과 같은 해인 1762년 출간되었다.

2) Aurelius Augustinus(354~430): 로마령 아프리카에 있던 도시 히포 레기우스 (Hippo Regius)의 주교(396~430)를 지냈으며, 당시 서방교회의 지도자이자 고대 기독교의 가장 위대한 사상가로 꼽힌다. 『신약성서』에 나타난 종교성과 그리스 철학의 플라톤 전통을 융합한 그의 사상은 중세 가톨릭 세계로 이어졌고, 르네상스 시대에 개신교를 탄생시켰다는 평가를 받는다.

일이다. 저자는 또 모의 주교 보쉬에가 저 유명한 캉브레의 대주교 페늘롱을 그가 하나님은 그 자체로 사랑받을 가치가 있다는 주장을 감히 출판했다는 이유로 괴롭혔던 일을 예로 든다.

나도 인정하는 사실이지만, 보쉬에는 언변이 뛰어난 사람이다. 히포 레기우스의 주교 아우구스티누스는 간혹 조리에 맞지 않는 면이 있긴 했지만, 다른 아프리카 교회 성직자 그 누구보다도 달변이었다는 점 역시 인정하는 바이다. 그러나 실례지만 나는 이 거룩한 책자의 저자에게 『여학자님들』(*Les Femmes Savantes*)[3]에 등장하는 인물 아르망드의 입을 빌려 다음과 같이 말하려고 한다.

누군가를 본받으려 한다면
그가 지닌 장점을 취해 따라야 한답니다(1막 1장).

나는 히포 레기우스의 주교에게는 이렇게 말하고 싶다.

예하께서는 의견을 바꾸고 마셨지만, 부디 제가 당신의 처음 의견을 따르도록 허락해주십시오. 사실 제 생각으로는 처음 의견이 더 낫습니다.

모의 주교에게는 다음과 같이 말하겠다.

예하, 당신은 뛰어난 분이십니다. 저는 당신이 성 아우구스티누스에게 뒤지지 않는 학식을 지니고 있으며, 웅변은 훨씬 뛰어나다고 생각합니다. 그러나 당신은 무엇 때문에 동료 성직자를 그리도 괴롭혔던 것입니까? 그는 다른 분야에서는 당신만큼이나 언변이 뛰어났고, 또

---

3) 17세기 프랑스 극작가 몰리에르(1622~73)의 희극으로 현학취미를 자랑하던 당대의 여인들에 대한 조롱을 담고 있다. 1672년 초연되었다.

한 당신보다 훨씬 다정하지 않았습니까?

무자비를 주장한 그 거룩한 책자의 저자는 보쉬에 같은 인물도 아우구스티누스 같은 인물도 아니다. 내가 보기에 그는 종교재판관에 딱 어울리는 사람이다. 그래서 나는 그가 고아(Goa)에 있는 그 위세 높은 종교재판소의 재판장이었으면 좋았으리라고 아쉬워하는 바이다. 게다가 그가 늘어놓고 있는 정치의 대원리라는 것들을 볼 때, 그는 국정에도 일가견이 있는 듯하다. 그는 "만약 당신들 가운데 이단자가 많다면 그들을 신중하게 다루면서 설득하라. 만약 이단자가 소수에 불과하다면 그들을 교수대로 보내버리든가 갤리선에 잡아넣는 것이 훨씬 효과적이다"라고 단언했다. 그 책자 89, 90쪽에서 조언하고 있는 내용이다.

다행히도 나는 충실한 가톨릭 신자인지라 위그노들이 '순교'라고 부르는 일을 당할 염려는 없다. 하지만 만약 그가 자신의 책자에서 은근히 기대하고 있는 것처럼 수석대신4)이 되기라도 한다면, 미리 말해두건대 나는 그가 임명장을 받는 날 영국으로 떠나겠다.

그런 종류의 인간들은 대체로 이치를 따져 생각하는 능력이 부족하다는 사실에 대해 나는 신의 섭리에 감사할 따름이다. 예를 들어 그는 종교적 불관용을 지지한 사람 가운데 한 명으로 벨까지 내세우고 있는데, 그얼마나 분별 있고 적절한 인용인가. 우리의 저자는 벨이 반란분자나 사기꾼들을 처벌해야 한다는 데 동의했다는 점에 근거해, 평화롭게 사는 믿음 깊은 사람들을 화형으로든 칼로든 처형해야 한다는 결론을 내리고 있으니 말이다.

이 책자의 대부분은 『생바르텔르미 대학살 옹호』의 모방이다. 책자 어느 곳에서나 『생바르텔르미 대학살 옹호』를 쓴 호교론자의 주장 또는 그런 주장의 아류를 발견할 수 있다. 그 어느 경우이든 우리가 기도해야만할 것은, 대학살을 옹호한 스승이나 그것을 따라 배운 제자가 국정을 맡

---

4) premier ministre: 오늘날의 국무총리에 해당하는 구체제 프랑스의 관직.

는 일이 없어야 한다는 점이다.

그러나 만약 그들이 권좌에 오르는 일이 일어난다면, 나는 그 책자 93쪽에 씌어 있는 구절, 즉 "국민의 20분의 1에 불과한 자들의 행복을 위해 전체 국민의 행복을 희생시키는 것이 과연 옳은가?"라는 문장에 대해 결연히 항의서를 제출할 것이다.

여기서 이렇게 가정해보자. 프랑스에 정말로 위그노 한 명에 가톨릭교도가 20명 있다고 말이다. 나는 위그노 한 명을 위해 20명의 가톨릭교도를 희생시켜야 한다고 주장할 생각은 전혀 없다. 마찬가지로 20명의 가톨릭교도를 위해 한 명의 위그노를 희생시켜야 할 이유가 도대체 무엇인가? 어째서 이 위그노에게 결혼을 금지하는 것인가? 주교, 사제, 수도사 가운데 도피네 지방에, 제보당 지방에, 아그드 방면에, 카르카손[5] 쪽에 토지를 소유하고 있는 사람들이 있지 않은가? 이 주교, 신부, 수도사들의 땅을 경작하는 소작인들 가운데 불행히도 화체(化體)[6]를 믿지 않는 사람들이 있지 않겠는가? 그런 소작인들의 식구가 많을수록 주교, 신부, 수도사들에게 그리고 사회를 위해서도 이익이 되지 않겠는가? 하나의 형색으로 성체배령한[7] 사람들에게만 자식을 두는 일을 허락해야 한다는 말인가? 사실 이러한 일은 공정하지도 타당하지도 않다.

이 저자는 "낭트칙령[8]의 폐기는 사람들이 생각하는 정도의 큰 손실을

---

5) 프랑스의 남부와 서부에 있는 이 지역들에는 위그노들이 거주하고 있었다.

6) 성찬의 빵과 포도주가 예수의 살과 피가 된다는 교리.

7) 평신도들이 성체를 배령할 때 두 가지 형색(形色, 빵과 포도주)으로 받아야 하느냐, 한 가지 형색으로만 받아야 하느냐는 문제를 둘러싼 논쟁을 가리킨다. 11세기까지 성체배령은 언제나 두 가지 형색으로 이루어져 왔다. 그러나 1099년 교황 파스칼리스 2세는 교령을 선포해 아이들은 포도주 없이, 병자들은 빵을 빼고 성체를 배령하도록 했다. 이후 콘스탄츠 공의회(1415)와 트리엔트 공의회(1562)가 한 가지 형색의 영성체를 금지함으로써 두 가지 형색의 영성체가 다시 시작되었다.

8) 낭트칙령은 1598년 4월 13일 프랑스 왕 앙리 4세가 낭트에서 공포한 칙령으로, 위그노에게 조건부 신앙의 자유를 허용하면서 약 30년간 지속한 프랑스의 종교전쟁을 종식했다. 앙리 4세는 신구 양파의 종교적 대립으로 인한 혼란을 수습하

입힌 것은 아니다"라고 주장한다.

낭트칙령의 폐기로 인한 부정적인 측면이 실제보다도 더 확대되어 해석된 것이 사실이라고 하자. 사람들은 과장하게 마련이다. 또 과장은 거의 모든 역사가가 빠져들기 쉬운 잘못이다. 그러나 종교 논쟁자들 탓이라고 우리가 비난하는 불행을 중요하지 않은 것으로 치부하는 것은 그 종교 논쟁자들의 명백한 과오이다. 그러므로 파리의 신학자들이나 암스테르담의 설교사들의 말을 듣고 이 문제의 진실을 알 수는 없다.

이 문제를 판결해줄 사람이 있다. 바로 아보 백작(comte d'Avaux)[9]으로 1685년부터 1688년까지 네덜란드 대사를 지낸 사람이다. 그는 자신의 비망록 5권 181쪽에서, 박해받은 개신교도들이 프랑스 밖으로 유출해간 2,000만 리브르가 넘는 재화의 행방을 어떤 사람이 밝혀보겠다고 제안했다고 이야기했다. 아보 백작의 이러한 보고에 대해 루이 14세는 편지를 보냈다.

나는 수없이 행해지는 개종에 대한 보고를 매일같이 듣고 있소. 그러한 보고를 통해 더욱더 확신하게 된 것은, 가장 완고한 자들일지라도 결국에는 다른 사람들이 하는 대로 따라 하게 된다는 사실이오.

루이 14세의 이 편지는 그가 자신의 권력이 미치지 못하는 곳은 없다

기 위해 스스로 신교에서 구교로 개종하면서 개신교도에게 어느 정도 자유를 인정했다. 이 칙령은 국민에게 신앙의 자유를 부여한다는 취지에서 공포되었으나 결과적으로 가톨릭을 국교로 규정한 결과가 되었으므로, 이후에도 가톨릭교도는 개신교도보다 훨씬 유리한 조건들의 수혜자가 되었다. 그러나 루이 14세는 1685년 모든 조항을 폐기하고 위그노의 종교적, 시민적 자유를 전면적으로 박탈했다. 이로써 남·서 프랑스에 많이 살던 개신교도 100만이 크게 동요해 그 가운데 40만 이상이 영국, 네덜란드, 프로이센 등으로 망명했다. 개신교도들은 대개 근면한 상인, 기술자, 군인이었으므로 이들의 망명으로 인한 프랑스의 손실이 지대했다.

9) Jean-Antoine de Mesmes, comte d'Avaux(1640~1709): 프랑스의 외교관으로 당대의 모든 대외 협상에 관여하고 그 기록을 남겼다.

고 확신하고 있었다는 것을 보여준다. 이 군주의 매일 아침은 이런 소리를 듣는 것으로 시작되었다.

전하는 세상에서 가장 위대한 왕이십니다. 전하께서 말씀을 내리실 때마다 전 세계는 자기 생각이 그 말씀에 부합됨을 알고 자부심을 느낄 것입니다.

펠리송[10]이라는 자가 있었다. 그는 수석재무사무관[11]의 직위에 있으면서 치부했다가 푸케[12]의 공범으로 몰려 3년간 바스티유 감옥에 갇히기도 했다. 그는 처음에는 칼뱅파 신도였다가 개종해 가톨릭의 부제로 성직록을 받았고, 미사 기도문과 연가를 지어 출판했으며, 교회회계관과 개종책임자의 자리를 맡기도 했다. 이 펠리송이라는 자가 한 건당 7, 8에퀴를 주고 개종시킨 두툼한 개종자 명부를 석 달에 한 번씩 들고와서는 루이 14세가 다음과 같이 믿게 했다. 자신이 원하기만 하면 같은 금액으로 튀르크인 전부를 개종시킬 수 있다고 말이다. 이처럼 왕을 속이기 위해 줄을 선 사람들이 끊이지 않았던 판국에, 과연 루이 14세가 유혹에 넘어가지 않을 수 있었겠는가?

아보 씨가 왕에게 보고한 내용 가운데는, 앙굴렘 근처에 500명 이상의 노동자를 고용한 뱅상이라는 자가 있는데, 그를 망명하게 내버려두면 국가로서는 큰 손실이 될 것이라는 내용도 있다.

또한 아보의 보고에 따르면, 오랑주 공국[13]의 대공이 망명한 프랑스 장교들을 규합해 이미 육군 두 개 연대를 조직했으며, 군함 세 척에서 이

---

10) Paul Pellisson(1624~93): 프랑스의 문인.

11) premier commis des finances.

12) Nicolas Fouquet(1615~80): 루이 14세 시대 초기에 재무총감으로 승승장구하다가 횡령혐의로 유죄 판결을 받은 사람이다. 1661년 체포되어 1664년 추방선고를 받았으나, 루이 14세의 명으로 무기형으로 감형되었으며 수감 중에 사망했다.

13) 남프랑스의 옛 소공국.

탈한 수병들도 오랑주 대공의 군함에서 복무하고 있다는 것이다. 오랑주 대공이 이 육군 두 개 연대 이외에도 도망쳐온 사관학교 생도들로 중대를 구성했으며, 두 명의 대위가 이 중대를 지휘하고 있다는 보고도 있다. 그 밖에도 아보 대사는 1686년 5월 9일 세늘레 후작[14]에게 편지를 보냈다.

저는 프랑스의 제조 공장들이 네덜란드로 옮겨지고 있는 것을 보면서 우려를 감추지 못하는 바입니다. 이제 그 공장들을 프랑스로 도로 가져갈 방법은 없을 것입니다.

이러한 증언들에 덧붙여, 프랑스 지방의 모든 지사가 1699년 기록해둔 내용도 살펴보고 낭트칙령을 폐기한 결과가 이익보다는 손해가 아니었는지를 판단해보라. 『종교와 인도적 정신의 일치』를 쓴 저 존경할만한 저자의 주장에는 신경 쓸 필요가 없다.

뛰어난 판단력의 소유자로 인정받고 있는 프랑스군의 원수[15]가 몇 년 전 다음과 같은 말을 한 적이 있다.

용기병(龍騎兵)을 파견해서 개신교도를 제압하는 일이 지금까지 필요했었는가에 대해서는 잘 모르겠다. 그러나 이제 더 이상 그런 일은 없어져야 한다는 것은 알고 있다.

솔직히 말하건대 나는 앞서 르텔리에 신부에게 보내는 그 편지―편지를 보낸 수도사는 화약을 써서 고등법원을 폭파하자고 제안했다―를 공개하면서 내가 좀 무리하고 있는 것이 아닐까 생각했다. 나는

---

14) Jean-Baptiste Antoine Colbert, marquis de Seignelay(1651~90): 루이 14세 시대의 권신 콜베르의 아들로 해군 국무비서(secrétaire d'Etat)를 역임했다.

15) Louis-François-Armand de Vignerot du Plessis, maréchal de Richelieu(1696~1788): 프랑스의 고위 귀족으로 원수를 역임했고 볼테르의 오랜 친구였다.

속으로 사람들이 과연 나를 믿어줄까, 이 편지를 위조한 것으로 여기지나 않을까 우려했던 것이다. 나의 우려는 다행스럽게도 기우였다. 바로 『종교와 인도적 정신의 일치』 149쪽에서 다음과 같은 구절을 읽고 내 신념에 자신을 얻었기 때문이었다.

체격 좋은 환자에게 사혈법을 한 번 쓴다 해서 그가 약해지지 않는 것처럼, 프랑스에서 개신교도들을 완전히 없애버린다고 해서 국력이 약해지지는 않을 것이다.

이 구절로 미루어 볼 때, 이 동정심 많은 기독교도가 개신교도들은 프랑스 국민의 20분의 1에 불과하다고 말한 것은 결국 그 20분의 1의 피를 뿌리자 그리고 그 일을 실행하면서 마치 의사가 한 접시 분량의 피를 사혈한 것쯤으로 간주하자는 의미이다.

이런 신사분이 국민의 20분의 1을 죽이자고 제안하는 마당에, 르텔리에 신부의 친구 양반이 국민의 3분의 1을 화약으로 날려버리고 목을 베고 독살하자고 주장하지 못했을 이유가 있겠는가? 그러므로 르텔리에 신부에게 보낸 그 편지는 위조가 아니라 실제로 씌어졌다는 것은 거의 틀림없는 사실이다.

결국 이 거룩한 작가는 불관용이 매우 바람직한 것이라고 결론짓는다. 그 이유는 "예수 그리스도가 불관용을 명시적으로 비난한 적이 없었기 때문"이라는 것이다. 하지만 예수 그리스도는 파리 온 사방에 불을 지른 자들이 있다 해도 역시 비난하지 않았을 것이다. 그렇다고 해서 그것이 이 방화범들을 칭찬할 이유가 된다는 말인가?

지금까지 살펴본 바와 같이 한편에서는 인간의 본성이 온유하고 자비로운 목소리로 관용을 설득하고 있는가 하면, 다른 한편에서는 인간 본성의 적인 광신이 광포하게 포효하고 있다. 그리하여 인간들이 평화를 맞이할 때마다 불관용이 그것을 깨버릴 칼을 갈고 있는 것이다. 오, 국가의 운명을 좌우하는 결정권자들이여, 당신들은 유럽에 평화를 가져왔으니 이제는 결정을 내릴 때입니다. 평화와 화합의 정신 그리고 불화와 증오의 정신 가운데 과연 어느 것이 더 바람직한지 말이오.

제25장 칼라스 사건의 귀결

1763년 3월 7일 베르사유에서 국무참사회가 열렸다. 대상서[1])가 주재하고 대신들이 모두 참석한 이 회의에서 청원심사관[2]) 크론(Crosne) 씨가 칼라스 사건을 보고했다. 크론 씨의 보고는 판사다운 공정성과 이 사건에 정통한 사람다운 정확성, 유려한 언변의 정치가다운 명료성과 솔직성을 갖춘 것이었다. 그는 참사회 같은 회합에 걸맞은 뛰어난 능력을 발휘했다. 그러는 동안 다양한 지위의 수많은 인사가 회랑에서 참사회의 결정을 기다리고 있었다. 참사회에서 단 한 명의 반대도 없이 만장일치로 결정된 사항이 곧 국왕에게 보고되었다. 칼라스 재판에 관련된 모든 증거자료 그리고 장 칼라스를 차형에 처한 판결 이유서를 참사회로 보내라고 툴루즈 고등법원에 명령한 결정이었다.[3]) 국왕 전하는 참사회의 판결을 승인했다.

그러므로 인도주의와 정의는 여전히 우리 인간들 속에 살아 있는 것이

---

1) chancelier: 프랑스 왕을 보좌하는 여섯 개 관직 가운데 우두머리 직책으로 사법기구의 총수이자 각종 왕명을 기인하고 입법화하는 역할을 담당했다. 왕의 부재 시에는 대상서가 참사회를 주재했다.
2) maître des requêtes: 왕에게 제출된 고소장과 탄원서를 접수하고 이를 보고하는 임무를 맡은 법관직으로 이들이 청원재판소의 재판을 담당했다.
3) 국무참사회는 칼라스 부인이 툴루즈 고등법원의 판결에 대해 상고를 제기할 수 있다고 만장일치로 결정했다.

다. 특히 국민에게 사랑받고 또한 마땅히 그럴 자격이 있는 국왕의 참사회에서야 더 말할 나위도 없다. 국왕 전하와 대신들, 대상서와 참사회 전체가 평범한 시민계층의 불행한 가족에게 닥친 일에 관심을 쏟았고, 전쟁이나 평화조약 같은 국가의 중대사를 다루는 경우와 마찬가지로 신중하게 사건을 검토했다. 모든 재판관의 지표가 되었던 것은 공정성을 사랑하는 마음이며 인간에 대한 배려였다. 인간을 정의와 미덕으로 이끌어주시는 자비로운 하나님의 은혜에 감사할지니!

나는 다음과 같은 사실을 증언하는 바이다. 나는 툴루즈 고등법원 판사 여덟 명이 극히 모호한 증거에 의거해 사형에 처한—이러한 일은 프랑스 국왕의 법을 비롯해 모든 국가의 법에 반하는 것이다—불행한 칼라스를 이 사건이 일어나기 전까지는 전혀 몰랐다. 또한 기이한 죽음으로 인해 여덟 명의 판사를 오류에 빠지게 한 그의 아들 마르크앙투안 그리고 극도의 불행을 존경스러울 만큼 감내한 그의 아내, 그의 죄 없는 딸들도 알지 못했다. 그의 딸들은 모친과 함께 200리외 길을 달려와서 왕의 발밑에 몸을 던져 자신들이 겪은 고통과 자신들의 결백을 호소했다.

나는 장 칼라스가 불관용의 정신 때문에 희생된 것을 보고, 관용에 대해 품던 견해를 책으로 쓰기로 결심했다. 이러한 과정에서 오로지 정의와 진실 그리고 평화를 갈구하는 마음에만 의지했다는 것을 하나님은 아실 것이다.

나는 툴루즈 고등법원 판사 여덟 명이 칼라스 재판에서 과오를 범했다는 사실을—이 점은 참사회의 모든 위원이 추정하고 있는 바이다—지적함으로써 그들을 모욕할 의도는 없다. 그렇기는커녕 나는 그들에게 전 유럽을 상대로 변명할 길을 열어 준 셈이다. 그들은 사건의 증거가 모호했고 설상가상으로 광신에 빠진 다수의 요구가 빗발쳤던 탓에 자신들의 판단력이 흐려졌다는 점을 우선 고백해야 한다. 그런 다음 칼라스의 미망인에게 용서를 구하고, 궁지에 빠진 칼라스 가족을 도와준 뜻있는 사람들과 힘을 합쳐서 이 무고한 가족의 파멸에 대해 최선을 다해 보상해주어야 한다.

그들은 그 가족의 가장을 부당하게 죽음으로 몰아넣었다. 그러므로 그들에게는 고아로 남겨진 칼라스의 자녀들을 그 아비를 대신해 돌보아야 할 책임이 있다. 이는 물론 그들이 자신들이 응당 느껴야 할 뉘우침의 충분치 않은 증표나마 보여주고, 남은 자녀들이 그것을 받아들일 경우의 일이다. 판사들로서는 뉘우침의 증표를 제시하는 것이 도리에 맞을 것이며, 또한 그것을 사양하는 것은 칼라스 가족의 몫이리라.

특히 툴루즈의 시행정관 다비드 씨는 무고한 칼라스에 대한 박해를 가장 먼저 조장한 사람이므로 이러한 참회의 모범을 가장 먼저 보여주어야 한다. 그는 처형대 위에서 죽어가는 한 가장을 모욕했다. 이는 참으로 잔인한 행동이다. 그러나 신께서 자신의 불의에 대해 속죄한 자를 용서하시기에 인간들 역시 그를 용서해야만 할 것이다.

나는 랑그도크 지방에 사는 사람에게 다음과 같은 편지를 받았다. 그 편지를 쓴 날짜는 1763년 2월 20일이다.

신앙의 자유를 역설한 선생님의 책에는 인도주의와 진실이 가득 담겨 있습니다. 그러나 저는 이 책이 칼라스 가족에게 도움보다는 더 큰 불행을 가져다주는 것은 아닌가 걱정됩니다. 칼라스의 차형에 찬성했던 여덟 명의 판사가 이 책에 앙심을 품을지도 모릅니다. 그렇게 되면 그들은 고등법원에 선생님의 책을 불태우라고 요청할 것이며, 거기에 광신자들이(광신자들이란 늘 있는 법이니까요) 합세해 이성의 목소리를 누르기 위해 미친 듯이 고함을 질러댈 것입니다…….

아래는 나의 답신이다.

툴루즈의 판사 여덟 명은 마음만 먹으면 제 책을 불태우게 할 수 있습니다. 그것만큼 쉬운 일도 없으니까요. 제 책보다 훨씬 더 값진『시골사람에게 보내는 편지』[4]도 불태운 적이 있지 않습니까. 누구나 자기 집에서 마음에 들지 않는 책이나 문건들을 불태울 수 있는 법이지요.

제 책이 칼라스 가족에게 해를 끼치거나 이익을 가져다줄 수는 없습니다. 저는 그들을 잘 알지도 못합니다. 공정하고 단호한 프랑스 국왕의 참사회는 법률과 형평의 원칙에 따라 또 증거와 법적인 절차에 의거해서 판결을 내린 것이지, 법률적인 논의와는 무관한 제 책의 주장을 받아들인 것은 아닙니다. 더구나 이 책의 내용은 그들이 담당한 사건과는 전혀 동떨어진 것입니다.

소책자를 써서 툴루즈의 판사 여덟 명을 비난하거나 지지하고 또 관용을 역설하거나 반대해도, 이 사건에서는 아무런 소용이 없습니다. 참사회도 그렇듯이 그 어떤 재판정도 그러한 책자를 소송의 증거로 채택하지 않을 것이기 때문입니다.

관용에 대한 이 책은 인도주의의 이름으로 권력 앞에 겸허히 제출하는 청원입니다. 저는 이 책을 통해 후일 열매를 맺게 될 씨앗을 하나 뿌렸습니다. 이제 남은 일은 시간의 흐름에, 국왕의 호의에, 대신들의 현명함에 그리고 바야흐로 계몽의 빛을 널리 퍼뜨리기 시작한 이성의 정신에 모든 것을 맡기고 기다리는 일입니다.

자연은 우리 인간을 향해 이렇게 말합니다. "당신네 모두는 연약하고 무지한 존재로 태어나 이 땅 위에서 짧은 시간을 살다가 죽어 그 육체로 땅을 비옥하게 할 것이오. 당신들은 연약한 존재이므로 서로를 도우시오. 당신들은 무지하므로 서로를 가르치고 용인하시오. 만약 당신들 모두가 같은 의견이고 ― 그렇게 될 경우란 분명 없겠지만 ― 단한 사람만이 반대 의견이라면 여러분은 그 사람을 용서해야 하오. 왜냐하면 그가 그렇게 생각하는 데는 여러분 각자가 책임이 있기 때문이오.

나는 당신들 인간에게 땅을 경작할 팔을 그리고 자신을 인도해줄 한

---

4) Lettres provinciales(1656~57): 얀선주의자였던 파스칼이 예수회의 도덕관을 고발해 쓴 공격적인 풍자문. 신학자라기보다 교양 있는 속인인 파스칼의 이 격렬한 "회 밖으로 끌어내어 속인의 중재에 맡김으로써, 즉 신학적 문제의 해결을 양식이나 이성에 위탁함으로써 계몽주의로 가는 길을 열어준 데 있다고 할 수 있다.

줌의 이성을 주었소. 나는 당신들 각자의 가슴에 서로를 도와 삶을 견디어나갈 수 있도록 동정심의 싹을 심어주었소. 이 싹을 꺾거나 썩히지 마시오. 이 동정심의 싹이야말로 신이 내려주신 것이라는 사실을 깨달아야 하오. 그리고 당신네의 가련할 수밖에 없는 당파적 논쟁의 격앙된 고함으로 자연의 목소리를 지우지 마시오.

당신네 인간들이 걸핏하면 벌이는 잔인한 전쟁, 과오와 우연과 불행이 펼쳐지는 영원한 무대인 그 전쟁 한복판에서도 오직 나 자연만이 당신들을, 당신들은 원하지 않더라도, 당신들 서로 간의 필요로 결합하게 할 수 있소. 오로지 나 자연만이 국가의 귀족층과 사법부 사이, 이 두 세속권력집단과 성직자 사이, 도시민과 농민 사이의 끊임없는 분열로 빚어지는 참담한 재앙에 종지부를 찍을 수 있소. 그들 모두는 자신들의 권리를 끝없이 요구하고 있소. 그러나 결국에는 그들이, 마음 내키지는 않겠지만, 가슴에 호소하는 내 목소리에 귀 기울이게 될 것이오.

나 자연만이 법정에서 공정함을 지켜갈 수 있소. 법정은 자연이라는 대원칙에 의거하지 않는다면, 뒤엉킨 법률더미에 파묻혀 모든 것이 우유부단과 일시적 기분에 좌우되고 말 것이오. 법률들이란 대개 정해진 기준 없이 되는대로 또 일시적 필요에 따라 제정된 것이라서 지방마다 도시마다 다르고, 더구나 같은 장소에서조차 거의 언제나 상충하고 있소. 나 자연만이 정의를 불어넣을 수 있소. 하지만 법률은 언쟁과 궤변만을 유발하오. 그러므로 자연의 목소리에 귀 기울이는 사람은 언제나 공정한 판단을 내릴 수 있소. 그러나 서로 모순되는 견해들을 화해시키는 일만 염두에 두고 있는 사람은 결국 길을 잃고 말 것이오.

여기에 큰 집이 하나 있소. 내 손으로 이 집의 토대를 놓았소. 이 집은 수수하지만 튼튼해서 모든 사람이 그 속에 들어간다 해도 무너질 염려가 없소. 그러나 사람들은 이 집에 해괴하고 조악하며 불필요한 장식물들을 덧붙이고 싶어 했소. 그 결과 집은 여기저기 무너져내려 폐허가 되었고, 사람들은 그 폐허에서 돌조각을 집어 들고 서로의 머

리를 향해 던지고 있소. 나는 그들에게 외칩니다. 멈추시오, 당신들이
만들어놓은 이 불길한 잔해들을 치우시오. 그리고 나와 함께 평화롭게
머뭅시다, 바로 나 자연이 만든 이 견고한 집 안에서."

보유(補遺): 최종 판결의 의의

1763년 3월 7일부터 2년이 지나서야 비로소 칼라스를 복권시키는 최종 판결이 내려졌다. 광신이 무고한 사람의 목숨을 빼앗기는 그처럼 쉽고, 이성이 광신을 누르고 정의를 회복하기는 그처럼 어려운 것이다. 우리는 공식적인 소송절차에 불가피하게 요구하는 기나긴 시간을 감내해야만 했다. 칼라스에 대한 재판이 이러한 공식적인 소송절차를 무시했던 만큼, 참사회는 그것을 더욱더 엄격하게 준수하지 않을 수 없었다. 참사회가 툴루즈 고등법원을 재촉해 이 재판의 모든 증거자료를 확보하고 검토해 보고하게 되기까지는 1년이라는 세월도 모자랐다. 크론 씨가 이 힘든 일을 다시 떠맡았다. 약 80명의 법관으로 구성된 심의회가 툴루즈 고등법원의 판결을 파기하고 철저한 재심을 명령했다.

당시 프랑스의 거의 모든 법원은 다른 중요한 사건에 매달려 있었다. 예수회를 프랑스에서 추방하고 왕국 내의 모든 관련 시설을 폐쇄했기 때문이다. 예수회는 불관용과 박해의 대명사였으나 이번에는 반대로 그들이 박해를 받게 되었다.[1]

---

[1] 성 이그나티오스 로욜라가 1540년 교황 파울루스 3세의 승인을 받아 설립한 예수회는 교육, 선교, 박애 활동을 펼쳐왔고 한때는 반(反) 종교개혁을 수행하는 주도적인 단체로, 후에는 교회 현대화의 주도세력으로 여겨졌다. 예수회는 언제나 논쟁의 주역이었는데, 수도회 가운데서 차지한 막강한 위치와 교황에 대한

예수회 회원들이 비밀리에 작성했다고 여겨지고 또 그들이 공개적으로 지지한 괴상망측한 고해증명서들이 그들에 대한 프랑스 국민의 증오를 불러일으킨 바 있다. 예수회 선교사가 일으켰으며 어느 정도 사기성이 있다고 여겨진 파산 사건은 마침내 사람들이 그들을 결정적으로 배척하게 했다. '선교사'와 '파산자'라는 전혀 어울리지 않는 두 개의 단어가 모든 사람들의 머릿속에 예수회에 대한 유죄 판결을 심어놓았다. 결국 사람들은 폐허가 된 포르루아얄[2]의 비극, 즉 금세기 초 예수회가 강요하다시피 한 명령들 때문에 수많은 유명인의 무덤이 파헤쳐지고 그들의 유골이 능욕당한 사실에 분노해 예수회에 대한 마지막 신뢰마저도 거두고 말았다.

예수회가 프랑스에서 추방되는 과정을 알려면 『프랑스 예수회의 붕괴에 대해』(Sur la Destruction des jésuites en France)라는 제목의 빼어난 저술을 보면 된다. 철학자가 쓴 덕분에 공정성을 유지한 이 책은 파스칼 특유의 섬세함[3]과 설득력을 계승한 역작이다. 이 책은 파스칼이 그러했듯이

옹호로 인해 많은 반대자가 생겨났다. 18세기 중엽에는 반대자들이 예수회를 없애려고 시도했다. 결국 1773년 클레멘스 14세는 프랑스, 에스파냐, 포르투갈 정부의 압력에 못 이겨 예수회 폐지를 내용으로 한 교서를 발표했고 이에 따라 수도회 건물, 학교, 병원이 폐쇄되었고 수도사들은 추방당했다. 그러나 예수회가 특히 교육과 선교 영역에서 수행하던 일을 다시 맡아야 한다는 요구가 계속 제기된 결과 1814년 교황 피우스 7세가 예수회를 재건했다.

2) Port-Royal des Champs: 시토 수도회의 수녀원으로 17세기 프랑스 문예활동과 얀선주의의 중심지였다. 얀선주의는 아르노에 의해 포르루아얄 수녀원을 중심으로 전개되었다. 얀선주의는 17~18세기 프랑스 교회 내에서 논쟁을 일으켰고 특히 예수회와 격렬하게 대립했다. 이 때문에 얀선주의는 로마 교황에게 수차례 이단 선고를 받았으며, 루이 14세에게도 박해를 받았다. 1665년 얀세니우스의 저서를 단죄한 교황의 교서에 서명하기를 거부한 포르루아얄 수녀들에 대한 박해가 시작되었다. 결국 1709년 포르루아얄 수녀원 해체와 수녀들의 추방이 결정되었다. 1710~12년 사이 포르루아얄의 건물은 파괴되었고 그곳 묘지의 시신들은 인근 공동묘지에 내팽개쳐졌다고 한다.

3) la finesse: 파스칼의 '섬세함'이란 파스칼이 불신자(不信者)에게 기독교의 진리를 설득하기 위해 쓴 『설득의 기술』(L'Art de Persuader, 1657)에 등장하는 말이다. 파스칼은 이 저술에서 과학적이고 엄정한 추론에 의거하는 '기하학적 정신'(esprit

편견으로 ─ 편견은 때때로 위인들을 사로잡곤 한다 ─ 무뎌지지 않은 탁월한 지성과 판단력이 돋보인다.

몇몇 예수회 지지자들의 말에 따르면 종교에 대한 모독이지만 대부분의 사람이 생각하기에는 당연한 응보인 예수회 추방이라는 대사건이 여러 달 동안 대중의 관심을 사로잡고 있었던 터라 칼라스 재판은 주목을 받지 못했다. 그러나 국왕이 이 사건의 최종 판결을 청원재판소⁴⁾라고 불리는 법원에 위임하자, 그때까지 다른 문제에 정신이 팔렸던 바로 그 대중이 ─ 이들은 볼거리를 찾아 한 장소에서 다른 장소로 몰려다니는 법이다 ─ 예수회는 잊고 칼라스의 가족에게 모든 관심을 기울이기 시작했다.

청원재판소는 청원심사관들로 구성되어, 궁정의 조신(朝臣)들 사이에서 벌어지는 소송 그리고 국왕이 위임하는 재판을 담당하는 최고법원이다. 이 재판소의 판사들보다 칼라스 사건을 더 정확히 이해하고 있는 사람은 없었을 것이다. 왜냐하면 바로 그들이 재심을 위한 예심을 두 번이나 진행한 덕에, 이 사건의 내용은 무엇이며 어떻게 진행되어왔는지를 완전히 파악하고 있었기 때문이다. 장 칼라스의 미망인과 그의 아들 그리고 라베스 씨는 다시 투옥되었다. 재판부는 가톨릭 신자인 나이 든 하녀를 랑그도크의 시골에서 올라오게 했다. 그녀는 칼라스 가족이 자기들의 아들이자 형을 목 졸라 죽였다고 ─ 전혀 사리에 맞지 않는 일인데도 ─ 추정되는 시각에 계속해서 주인집에 있었던 사람이다. 또 장 칼라스에게는 차형을, 그의 아들 피에르에게는 추방을 선고하는 데 사용되었던 동일한 증거들에 대한 심리가 진행되었다.

---

de géométrie)을, 이것을 뛰어넘어 상상력과 심정에 호소하는 '섬세한 정신'(esprit de finesse)에 대비시키고 있다. 그에 따르면 섬세한 정신은 '머리'를 뛰어넘어 머리 뒤에서 생각하는 통찰력과 마음을 움직이는 진정한 웅변을 가능케 한다.

4) Tribunal des Requêtes de l'Hôtel: 필립 5세(1294~1322) 시대에 파리 사법궁(Palais de Justice) 안에 설립되었다가 프랑스 혁명기인 1791년 폐쇄되었다. 청원심사관(maître des requêtes)들로 구성되어, 궁정의 조신들 사이에서 벌어지는 소송 그리고 국왕이 위임하는 재판을 담당하는 최고법원이었다.

유창한 언변의 보몽 씨가 개진한 새로운 상고이유서[5]가 제출되었다. 이와 함께 툴루즈 고등법원 판사들에 의해 부당하게 이 범죄에 연루된 젊은 라베스 씨도 상고이유서를 제출했다. 툴루즈의 판사들이 이 청년에게 무죄를 선고하지 않은 것은 모순의 극치라고 볼 수 있다. 이 청년은 자신이 직접 상고이유서를 작성했으며, 이 글은 모든 사람에게 보몽 씨의 의견서에 버금가는 것으로 인정받았다. 그는 자신을 위해 그리고 자기와 함께 투옥된 칼라스 가족을 위해 호소할 기회를 얻었다.

라베스 씨로서는 단지 한마디만 했더라면, 즉 칼라스 부부가 아들을 죽였다고 추정되는 시각은 자신이 이미 칼라스의 집에서 나온 뒤라는 말만 했더라면 언제든지 툴루즈 감옥에서 풀려날 수 있었을 것이다. 사람들은 그렇게 말하라고 요구하며 그가 거부할 경우 처형하겠다고 위협했다. 고문과 죽음을 그의 눈앞에 들이댔다. 그가 자유를 되찾기 위해서는 그 한마디만 했으면 되는 일이었다. 그러나 그는 그 말, 그 거짓말을 하기보다는 차라리 형벌을 받으려고 했다. 그는 상고이유서에서 이 모든 일을 소상히 밝혔다. 그 글은 참으로 솔직하고 담백하며 고상했다. 과시의 욕망은 조금도 섞이지 않은 글이었다. 그 결과 그는 모든 사람에게 —그냥 설득하려고 했을 뿐이지만— 감동을 줬으며, 애써 명성을 얻으려 하지 않았는데도 모든 이의 찬탄을 한 몸에 받았다.

라베스 씨의 부친은 유명 변호사였으나 이유서를 작성하는 일은 조금도 도와주지 않았다. 그런데 변호사 자격을 취득한 적이 없는 아들이 단번에 그와 어깨를 견주게 된 것이다.

그동안에 고위층 인사들이 칼라스 부인이 딸들과 함께 갇혀 있는 감옥으로 몰려들었다. 그들은 동정심으로 인해 눈물까지 쏟았다. 칼라스의 부인과 딸들에게 쏟아진 도움의 손길은 인도주의라는 고귀한 정신의 발로였지, '자비'라고 불리는 감정에서 비롯된 것은 아니었다. 대개는 인색하고 모욕적인 이 자비란 것은 독신자(篤信者)들의 몫이었고, 독신자들

---

5) mémoire (judiciaire): factum이라고도 한다.

은 여전히 칼라스 가족을 적대시하고 있었다.

마침내 죄 없는 사람이 승리를 거두는 날이 왔다. 1765년 5월 9일이었다. 바캉쿠르 씨가 이 소송의 전체 과정을 보고하고 사건을 속속들이 설명한 다음 재판관 전원은, 툴루즈 고등법원에 의해 잔인하고 부당한 판결을 받았던 칼라스 가족에 대해 만장일치로 무죄를 선고했다. 재판관들은 죽은 가장의 명예를 회복시켰다. 또한 칼라스 가족에게는 관할 법원에 상고해 앞서 자신들을 유죄 판결했던 툴루즈의 판사들에게 책임을 묻고, 아울러 자신들이 당한 고통과 손해에 대해 배상을 신청하는 일이 허락되었다. 하기야 툴루즈의 판사들은 자진해서 손해배상을 해주었어야 했다.

파리 전체가 이 일을 기뻐했다. 사람들은 광장과 산책로로 모여들었고, 참으로 큰 불행을 겪었으나 결국 정의를 되찾은 이 가족을 보려고 달려왔다. 재판관들이 지나갈 때는 박수를 치며 그들을 축복했다. 더욱 감동적인 점은, 바로 이날 5월 9일이 3년 전 칼라스가 잔인한 처형으로 죽어갔던 바로 그 날이라는 사실이다.

청원심사관들은 칼라스 가족에게 정의를 회복시켜 주었으나, 사실 그들의 처지에서 볼 때 이 일은 당연한 의무를 수행한 것에 지나지 않았다. 하지만 또 다른 의무, 선행의 의무가 남아 있었다. 법원이 이런 의무까지 수행하는 경우는 거의 없다. 법관들은 공정하게 판결하는 것만으로 자신들의 본분을 다했다고 생각하기 때문이다. 그러나 청원심사관들은 단체로 국왕 전하에게 건의문을 써서 국왕의 하사금으로 빈궁한 칼라스 가족을 구원해줄 것을 호소하기로 결정했다. 국왕께 올리는 편지가 작성되었고, 국왕은 이에 대한 대답으로 칼라스 부인과 그 자녀들에게 3만 6,000리브르의 하사금을 내렸다. 이 3만 6,000리브르 가운데서 3,000리브르는 자신의 주인을 변호함으로써 변함없이 진실을 지켜낸 그 충실한 하녀의 몫이었다.

국왕은 다른 많은 선행과 함께 또 이러한 은혜를 베풂으로써, 프랑스 국민의 사랑으로 그에게 부여되는 칭호에 걸맞은 모습을 보여주었다. 국왕의 이 미덕이 본보기가 되어 사람들에게 관용의 정신을 일깨울 수 있기를! 만약 관용이 없다면 광신이 이 땅을 짓밟아 폐허로 만들 것이며, 그렇게까지 되지는 않는다 해도 우리는 늘 비탄에 잠겨 있을 것이다.

지금까지 우리가 살펴본 것이 한 가정에 닥친 불행에 지나지 않는다는 점을 명심해야 한다. 우리는 종파 간의 갈등이 빚어낸 광기 때문에 무수한 가정이 희생됐다는 것을 잘 알고 있다. 수 세기 동안의 살육을 겪고 나서 오늘날 모든 기독교 종파는 평화의 그늘에서 쉬고 있다. 바로 지금 같은 평화의 시절이야말로 칼라스 가족이 겪은 불행이, 마치 청명한 날 고요한 하늘을 뒤흔드는 천둥처럼 울려 더 큰 반향을 만들어내야만 할 때이다. 맑은 하늘에 벼락이 치는 경우란 흔치는 않지만 없는 것도 아니다. 유약한 사람들을 선동해 생각이 다르기만 하면 누구에게라도 죄를 뒤집어씌우게 하는 그 음험한 맹신이 날뛰는 때가 바로 그런 경우가 아니겠는가.

볼테르의 주석

(Note 1) 1761년 10월 12일에 있었던 일이다.

(Note 2) 시신을 시청으로 옮겨 놓고 살펴보니 시신의 코끝에 작은 찰과상이 나 있었고 가슴에는 약간의 멍이 들어 있었다. 이것은 시신을 옮기는 도중에 부주의로 생긴 것들이었다.

(Note 3) 역사를 살펴보아도 종교 때문에 아비가 자식을 살해한 예는 두 번밖에 없다.

첫 번째 예는 성녀 바라바라(sainte Barbara)의 아비가 저지른 행동이다. 그녀의 아비는 집 욕실에 창문을 두 개 내라고 지시했는데, 바르바라는 아비가 없는 사이 창문을 하나 더 만들었다. 삼위일체를 기리기 위해서였다. 바르바라가 대리석 기둥에 '손가락 끝으로' 십자가를 그리자, 십자가를 그린 자리가 깊이 패면서 기둥에 십자가 형상이 드러났다. 그녀는 달아났고 성난 아비는 칼을 들고 쫓아왔다. 그녀를 구하기 위해 산이 열려서 그녀는 산을 통과해 도망칠 수 있었다. 그러나 산을 빙 둘러 쫓아온 아비는 마침내 딸을 붙잡았고, 옷을 벗긴 채 매질했다. 신이 흰 구름을 내려보내 그녀의 벗은 몸을 덮어주었다. 결국 아비는 딸의 목을 베었다. 이것은 『성자들의 영광』(『성자들의 꽃』*Fleur des saints*)에 수록된 이야기이다.

두 번째 예는 에르메네힐데(Herménégilde) 왕자의 경우이다. 그는 부왕(父王)에 반기를 들어 584년 전쟁을 선포했으나 패배했고 결국 목숨을 잃었다. 그는 순교자로 추앙되었는데, 이유는 그의 행동이 아리우스파인 부왕에 반대한 것이었기 때문이다.

(Note 4) "도미니크회 수도사가 내가 갇혀 있는 감옥으로 와서 위협하기를, 개종하지 않으면 아버지와 똑같은 방식으로 처형당할 거라고 했습니다. 저는 하나님 앞에서 이 사실을 증언합니다." 1762년 7월 23일. 피에르 칼라스.

(Note 5) 이 변론서들이 여러 도시에서 무단으로 유포되는 바람에 칼라스 부인은 변호사들의 온정이 제공한 이익을 얻지 못했다.

(Note 6) '데보'(dévot)[1]란 말은 라틴어 데보투스(devotus)에서 왔다. 고대 로마에서 데보티(devoti)란 공화국의 안녕을 위해 헌신하는 사람을 의미했는데, 예를 들어 쿠르티우스[2]나 데키우스(Decius) 황제가 그렇게 불렸다.

(Note 7) 종교개혁가들은 성찬에 대해 베렌가리우스(Berengarius)가 주장했던 교리를 다시금 제기했다. 그들은 하나의 육신이 수없이 많은 장소에 동시에 존재할 수 있다는 견해를 부정했다. 그것은 아무리 전능한 신성이 개입되어 있다 할지라도 불가능한 일이라는 것이다. 그들은 실체 없이도 속성이 있을 수 있다는 주장을 부정했다. 그들의 믿음에 따

---

1) 프랑스어에서 독신자 '데보'(dévot)는 신앙심이 깊고 열렬한 사람을 가리키는데, 때때로 경멸적인 의미로도 사용된다.
2) 마르쿠스 쿠르티우스(Marcus Curtius): 로마 시민의 안전을 위해 자신을 희생한 고대 로마의 전설적 영웅. 라쿠스 쿠르티우스라는 연못 이름의 기원이 되었다.

르면, 눈으로 보고 혀로 맛보고 뱃속에 넣었을 때 빵과 포도주인 것이 그것의 실체가 사라진 동시에 존재한다는 것은 불가능하다. 예전에 베렌가리우스가 이런 오류들을 지적했고 그 때문에 파문당했듯이, 종교개혁가들 역시 이러한 오류들을 공격했다. 종교개혁가들이 주장의 근거로 삼았던 것은 초기 기독교 교부의 저술들이다. 그중 특히 유스티누스[3]는 트리폰(Tryphon)이라는 유대인을 반박해서 쓴 『트리폰과의 대화』에서 이렇게 말하고 있다.

질 좋은 밀가루의 봉헌은…… 예수 그리스도께서 당신의 수난을 기리기 위해 우리에게 명하신 성찬의 모습이다.

종교개혁가들은 기독교 초기에 성물 예배에 대해 제기된 갖가지 반론을 다시 일깨우면서 비길란티우스(Vigilantius)의 다음과 같은 말을 근거로 제시했다.

한갓 먼지에 불과한 것을 공경하고 또는 심지어 애모해야 하는 것일까? 순교자들의 영혼은 그들 육신의 재에도 생명을 불어넣는 것일까? 교회도 우상숭배의 관습을 받아들였다. 그리하여 이제 사람들은 밝은 대낮에도 불을 밝혀놓고 있다. 우리가 살아 있는 동안이라면 누구를 향해 또 누구를 위해 기도를 올릴 수 있다. 그러나 죽은 다음에는 이런 기도가 무슨 소용이 있는가?

---

3) Justinus(100년경~165년경): 그리스 철학을 처음으로 기독교의 계시와 긍정적으로 접목한 초기 기독교의 중요한 철학자이다. 스토아 철학과 플라톤 철학을 공부한 뒤 132년 기독교도가 되었으며, 135년부터는 자신이 새로 발견한 기독교 철학을 전파하면서 이교도 지식인들을 개종시키기 위해 노력했다. 『트리폰과의 대화』는 트리폰이라는 이름의 유대인 지식인에게 기독교의 지식을 증명하려고 한 변론서이다.

그러나 종교개혁가들은 비길란티우스의 이러한 주장에 대해 히에로니무스가 얼마나 격렬한 반박을 퍼부었는지에 대해서는 언급하지 않았다. 결국 그들은 모든 것을 사도들의 시대로 되돌려놓고자 했다. 하지만 그들은 교회가 더욱더 커지고 강력해진 만큼 당연히 그 규율도 확대되고 강화되어야 한다는 점을 인정하려 들지 않았다. 그들은 부유한 자들을 비난했다. 그러나 종교가 그 장엄함을 유지하기 위해서는 부유한 자들도 필요한 것이다.

(Note 8) 학살이 자행된 당시 주민들의 시신으로 뒤덮였던 그 지역의 토지 일부를 소유하고 있던 상탈 부인(Mme de Cental)은 국왕 앙리 2세에게 정의를 호소했고, 왕은 파리 고등법원에 맡겨 이 사건을 처리하도록 했다. 프로방스의 검찰차장(avocat général)이었던 게랭(Guérin)이라는 사람이 학살의 주동자였는데, 죄를 물어 처형된 사람은 이 사람뿐이었다. 진실하고 존경할만한 재판장 드 투(de Thou)의 말에 따르면 게랭 혼자 다른 이들의 죄까지 짊어지게 된 이유는 그가 궁정에 친구가 없었기 때문이라고 한다.

(Note 9) 프랑수아 고마르(François Gomar)는 개신교도 신학자였다. 그는 자신의 동료 신학자인 아르미니위스(Arminius)에 반대해서, 하나님은 우리 인간들 대부분에게 지옥에서 영원히 불태워질 운명을 아주 옛날부터 예정해두었다고 주장했다. 이 무시무시한 학설도 이것을 받아들이지 않는 사람들을 박해함으로써 자신을 옹호했다. 고마르의 반대파였던 재상 바르네벨트(올텐바르네벨트Oldenbarnevelte)는 "신의 교회를 극도의 비탄에 빠뜨렸다는 이유로" 1619년 5월 13일, 72세의 나이에 참수되었다.

(Note 10) 어떤 사람[4)]은 낭트칙령의 폐기를 옹호하는 책에서 영국에 대해 이렇게 말하고 있다.

그릇된 신앙이 필연적으로 그와 같은 열매들을 맺게 했을 것이다. 익어야 할 열매가 하나 남아 있었고, 이들 섬나라 국민이 그 열매를 땄다. 그것은 바로 국민에 대한 경멸이다.

그런데 이 낭트칙령 폐기 옹호론자가 영국인들이 세상에서 경멸받아 마땅하고 또 경멸받고 있다고 주장했다는 사실은, 그가 자신이 사는 시대에 대해 잘 모르고 있다는 점을 증명한다. 영국 국민이 용감하고 관대하다는 인정을 받고 전 세계에 걸쳐 승리를 구가하고 있는 이 시대에, 그들이 경멸받아 마땅하고 또 경멸받고 있다는 말을 한다는 것은 무지의 소치에 불과하다. 위의 이해할 수 없는 문장은 그의 낭트칙령 폐기 옹호론에서 불관용을 주장하고 있는 부분에 등장하는데, 불관용을 찬양하는 사람들이라면 이렇게 쓸 만도 하다. 황당무계한 궤변이 난무하는 이 가증스러운 책은 소명(召命)을 저버린 사람의 저술이다. 왜냐하면 그 어떤 목자(牧者)도 이렇게 쓸 리 없기 때문이다. 이 책의 광분은 지나치다 못해 급기야 생바르텔르미 대학살을 정당화하기까지 한다. 상식을 벗어난 추악한 주장으로 채워진 이러한 책은 적어도 그 해괴함 때문에라도 모든 이가 돌려 보아야 할 것 같다. 그러나 이 책은 거의 읽히지 않았다.

(Note 11) 리코(Rycaut)의 저술을 참조하라.

(Note 12) 이 점은 쳄퍼(Kemper)의 저술[5]을 비롯한 일본에 관한 모든 책이 입증한다.

(Note 13) 루앙 지사인 라부르도네 씨는 낭트칙령 폐기 후 개신교도들

---

4) 『종교적 불관용에 대한 신앙과 인도적 정신의 일치』(1762)를 쓴 말보 신부를 가리킨다.
5) Engelbert Kämpfer(1651~1716)의 『일본의 역사』(*The History of Japan*, 1727)를 말한다.

이 외국으로 망명함으로써 모자 제조업이 큰 타격을 입었다고 말했다. 캉 지사인 푸코 씨에 따르면, 상거래는 전체적으로 절반이 줄었다. 푸아티에 지사인 모푸 씨는 저가 모직물 제조업은 끝장났다고 말했다. 보르도 지사 브종 씨는 클레락과 네락의 상업이 거의 죽어버렸다고 불평했다. 투렌 지사 미로메닐 씨에 따르면, 투르의 상거래가 1년에 1,000만 리브르씩 감소하고 있다는 것이다. 이 모든 사태가 위그노들에 대한 박해에서 비롯된 일이다. 특히 중요한 것은 프랑스를 떠나 다른 나라로 가지 않을 수 없었고 그리하여 종종 프랑스를 적으로 삼아 맞설 수밖에 없게 된 수많은 육·해군 장교와 선원들이다. 이래도 불관용이 국가에 아무런 해악도 끼치지 않았단 말인가.

알다시피 재능이 탁월하고 인정이 많으며 출생신분만큼이나 고귀한 심성을 지닌 우리나라 대신들에게 외람되게도 무엇을 제안하려는 것이 아니다. 이 나라의 해군력을 회복하기 위해서는, 바닷가 주민들에게 어느 정도 종교의 자유를 허용할 필요가 있다는 점을 대신들께서는 잘 아실 것이다.

(Note 14) 「사도행전」 21∼24장.

(Note 15) 「사도행전」 25장 16절.

(Note 16) 「사도행전」 26장 24절.

(Note 17) 유대인들은 로마제국의 속주로 다스려지기 시작한 이래 사법권을 갖지 못했다. 그런데도 유대인들은, 종종 로마인들의 묵인하에, 열광적 신앙심에 사로잡힌 판결을 내릴 때가 많았다. 누군가가 불경을 범했다고 판단하면 모두 들고일어나 돌을 던져 죽이곤 했던 것이다.

(Note 18) 울피아누스(Ulpianus), "유대의 미신을 따르는 사람들이 명

예를 얻는 것을 허용했다." 등등.

(Note 19) 타키투스는 이렇게 말했다. "악행으로 인해서 미움을 받는 무리를 기독교도들이라고 부르곤 했다."

타키투스가 저술하던 때는 베스파시아누스 황제와 도미티아누스 황제 시대로서, 그 당시 로마에서 기독교도라는 이름은 거의 알려지지 않았다. 따라서 타키투스는 당시 기독교도들에 관한 이야기를 그대로 옮겼을 것이다. 내 생각에 "odio humani generis convicti"라는 구절은 타키투스의 문체로 풀어 읽으면 "사람들을 미워한다고 입증된"이라는 의미 외에 "사람들에게 미움을 받고 있음이 입증된"이라는 의미로도 해석할 수 있다.

실제로 이 최초의 선교사들은 로마에서 무슨 일을 했던가? 그들은 사람들을 설득하기 위해 애썼다. 그들은 사람들에게 순결한 도덕을 설파했고, 어떠한 권력에도 대항한 적이 없었다. 그들의 처지나 주변 상황이 열악했던 만큼이나 그들의 마음가짐도 지극히 겸허했다. 사람들은 그들을 거의 알지 못했고, 다른 유대교도들과 분간하지도 못했다. 그러니 기독교도들을 알지도 못하는 로마인들이 어떻게 그들을 미워할 수 있었겠는가? 또한 기독교도들이 사람들을 미워하고 있다는 것을 어떻게 입증할 수 있었겠는가?

런던이 화염에 휩싸였을 때[6] 사람들은 그 죄를 가톨릭교도들에게 돌렸다. 그러나 그 당시는 종교전쟁을 겪은 다음이었고, 또한 많은 가톨릭교도의 가증스러운 죄가 입증된 화약음모사건 이후였다.

네로 황제 시대의 초기 기독교도들의 경우는 분명 사정이 달랐을 것이다. 역사의 어둠을 뚫고 들어가 정확한 사실을 밝혀내기란 어려운 일이

---

6) 1666. 9. 2~5에 발생한 런던 대화재를 말한다. 이 화재로 인해 세인트 폴 성당을 비롯해 관공서와 주택 등, 런던시의 5분의 4가 불에 탔다고 한다.

다. 네로 황제 스스로 로마에 불을 질렀다는 의혹에 대해 타키투스는 그럴만한 근거를 전혀 밝히지 않았다. 그러니 로마 대화재의 책임을 네로 황제에게 덮어씌우기보다는, 런던의 대화재를 찰스 2세의 소행으로 돌리는 편이 더 설득력 있을 것이다. 왜냐하면 찰스 2세에게는, 그 부왕이 사형을 요구하는 민중 앞에서 처형당했다는 구실이 있기 때문이다. 하지만 네로는 구실도 변명도 이익도 없었다. 어느 나라에서나 민중은 터무니없는 헛소문을 받아들이게 마련이다. 오늘날에도 우리는 그처럼 어처구니없고 부당한 이야기를 듣고 있지 않은가.

군주들의 본성을 정확히 꿰뚫어보았던 타키투스는 민중의 본성 역시 잘 알고 있었을 것이다. 민중이란 늘 경박한 데다 시시때때로 과격하고 일시적인 견해에 취해 흥분하므로 진실을 성찰하기가 불가능한 부류들이다. 이들은 무슨 말이든 지껄일 수 있고 무엇이든 믿을 수 있다. 그러고는 모두 잊어버리고 만다.

필론[7]은 이렇게 기록했다.

티베리우스 황제 치하에서 기독교도들은 세야누스[8]의 박해를 받았으나, 황제는 세야누스가 죽은 뒤 기독교도들에게 모든 권리를 회복시켜주었다.

기독교도들은 비록 로마인들에게 업신여김을 당하긴 했어도 로마 시민의 권리를 누리고 있었다. 그들도 소맥(小麥)을 분배받았으며, 배급이 안식일에 이루어지는 경우에는 그들 몫은 미루어두었다가 다른 날에 주

---

7) Philōn ho Alexandreios(기원전 15~기원후 45): 고대 유대의 신학자이며 철학자. 헬레니즘 시대 유대 철학의 대표적 인물로서 최초의 신학자라고 알려졌다.

8) Lucius Aelius Sejanus: 티베리우스 황제의 총애를 받은 근위대 사령관으로서, 권력에 대한 욕심으로 황제의 아들 드루수스를 독살하고 황제가 카프리 섬에 은거하도록 종용했다. 이후 실질적 권력을 장악했으나 그의 위상에 두려움을 느낀 황제에 의해 처형당했다.

었다. 이러한 조치는 아마도 그들이 국가에 납부하는 세금의 액수를 고려한 결과일 것이다. 사실 어느 나라에서나 기독교도들은 돈으로 신앙의 자유를 샀으며, 자신들이 지급한 비용에 대한 보상을 얼마 지나지 않아 받아내곤 했다.

필론의 글에 비추어보면 타키투스의 글이 잘 이해된다. 타키투스에 의하면, 4,000명에 달하는 유대인과 이집트인들이 사르데냐로 쫓겨났는데 혹독한 기후와 풍토로 그들 모두가 목숨을 잃었다고 해도 그것은 그들이 겪은 고난 가운데서 차라리 견딜 만한 것이었다.

필론의 글에 내가 덧붙여 이야기하고 싶은 점은, 필론이 티베리우스 황제를 현명하고 정의로운 군주로 생각하고 있었다는 사실이다. 내 생각에 티베리우스 황제는 정의(正義)가 자신의 이익과 합치될 경우에만 정의로웠다. 그러나 필론의 이러한 찬사에 비추어볼 때, 타키투스와 수에토니우스가 이 황제에게 퍼부은 비난에 대해서는 어느 정도 의구심이 든다. 몸이 불편한 70세의 노인이 카프리 섬에 은거해 무절제하기 그지없는, 로마 청년들조차 생각해내기 힘든 갖가지 기괴한 방탕을 즐겼다는 이야기는 정말 믿기 어렵다. 타키투스나 수에토니우스는 이 황제를 알지 못했다. 이들은 민중이 떠들어대는 소문을 아무 거리낌 없이 기록했던 것이 아닐까.

옥타비아누스, 티베리우스 그리고 그 뒤를 이은 로마 황제들은 가증스럽다는 평가를 받았다. 왜냐하면 이 황제들은 자유를 원하는 민족을 다스리고 있었기 때문이다. 이러한 연유로 역사가들은 이 황제들을 기꺼이 비방하고 깎아내렸다. 그리고 사람들은 그 당시의 사실을 밝혀줄 기록이나 일지, 문서들이 없는 탓에 역사가들의 기록을 믿었다. 이 역사가들은 자기 이야기의 출처를 밝히지 않았으니 그들에게 반박할 수도 없다. 그들은 거슬리는 인물들에 대해서는 거침없이 깎아내렸고, 그리하여 후대의 판단을 자기들 마음대로 결정했다. 역사가들이 진실이라고 전하는 것들을 어느 정도까지 의심해야 할지, 문명국 출신의 권위 있는 저자들이 공공연한 사실이라고 단언하는 것들을 얼마만큼 신뢰해야 할지 그리고 이들 저자가 아무런 증거 없이 기록해둔 일화들을 어느 선까지 받아들여야 할지를 결정하는 일은 현명한 독자의 몫이다.

(Note 20) 물론 우리는 교회가 칭송하는 모든 대상을 존경한다. 우리는 순교자 성인들에게 기도를 올린다. 그러나 성 라우렌티우스의 경우, 이 성자를 경배하긴 해도 그에 대해 전해지는 이야기들은 미심쩍다. 과연 성 식스투스가 그에게 "당신은 사흘 후 내 뒤를 따라오게 될 것이오"라고 말했을까? 그 짧은 기간 안에 로마 총독이 라우렌티우스에게 기독교도들의 보화를 내놓으라고 요구하고, 또 교회 집사였던 그가 마을의 모든 가난한 자를 모이게 할 시간이 있었을까? 라우렌티우스는 총독을 데리고 가난한 자들이 모여 있는 곳으로 갔다고 한다. 이 짧은 기간 안에 이런 일이 모두 일어날 수 있었을까? 그리고 그는 재판에 넘겨져 고문을 받았다. 로마 총독이 대장장이를 시켜 사람 하나를 구울 수 있을 만큼 큰 석쇠를 만들게 했고, 로마제국의 수석집정관인 총독 자신이 이 기이한 처형을 지켜보았다. 성 라우렌티우스는 석쇠 위에서 이렇게 말했다고 한다. "내 한쪽 면이 잘 익었으니 나를 먹고 싶으면 다른 쪽으로 뒤집어놓고 구우시오." 석쇠로 사람을 굽는 처형방식은 로마인에게는 없는 발상이다. 또 로마의 전통 신들을 신봉하던, 따라서 기독교인에게는 이교도인 그 많은 작가 가운데 이런 일들에 대해 언급한 사람이 하나도 없었다는 사실에 유념해야 한다.

(Note 21) 로마인들이 모든 천상의 존재를 지배하는 지고(至高)의 신의 존재를 인정하고 있었다는 사실은 베르길리우스의 시만 보아도 알 수 있다.

인간과 신들을
영원한 왕권과 번개로써 떨게 하는 이여

오 아버지시여, 인간과 신들의 영원한 권력자여

호라티우스는 한층 더 강렬하게 표현했다.

그 어디에서도 그보다 더 큰 어떤 존재도 생겨나지 않았다.
그와 비슷한 것도, 그에 버금가는 것조차도 번성한 적이 없다.

시인들이 노래했던 것은 다름 아닌, 로마인들이라면 누구나 알던 신화들 속에 등장하는 신(神)의 단일성이다. 아름다운 오르페우스 찬가를 보라. 막시무스(Maximus)는 성 아우구스티누스에게 쓴 편지에서 "지고의 신을 모르는 것은 우둔한 자들뿐이다"라고 말했다. 로마의 신들을 숭배하는 이교도였던 롱기누스도 성 아우구스티누스에게 보낸 편지에서 신은 "단일하고 불가사의하며 말로 표현할 수 없다"라고 썼다. 신앙 문제에서 관대했다고 볼 수 없는 락탄티우스조차 "로마인들은 모든 신을 지고의 신 아래에 놓는다"라고 인정한다. 테르툴리아누스 역시 『호교서』(Apologeticum, 제24장)에서 "로마제국 전체는 세계의 지배자인, 무한한 권능과 위엄을 지닌 하나의 신의 존재를 인정하고 있다"라고 말한다. 키케로의 철학 스승인 플라톤은 "신은 단 하나다. 이 유일한 신을 경배하고 사랑하고 그 신성함과 정의로움을 닮으려고 노력해야 한다"라고 썼다. 에픽테토스[9]는 대장간에서, 마르쿠스 안토니우스[10]는 왕좌에서 이와 같은 말들을 수 없이 했다.

---

9) Epiktētos(55년경~135년경): 스토아학파 철학자. 종교적 경향의 가르침으로 유명하며 이 때문에 초기 기독교 사상가들에게 존경을 받았다. 소년시절에 노예였다가 후에 자유민이 되었다고 한다.

10) Marcus Antonius(기원전 82/81~30): 율리우스 카이사르 휘하의 장군이며 제2차 삼두정을 수립해 옥타비아누스, 레피두스와 함께 로마를 통치했다. 클레오파트라와 연대한 안토니우스가 기원전 31년 악티움 해전에서 옥타비아누스(훗날의 아우구스투스 황제)에게 패함으로써 로마는 공화정 시대를 마감하고 제정 시대를 열게 되었다.

(Note 22) 『호교서』, 제39장.

(Note 23) 『호교서』, 제35장.

(Note 24) 『호교서』, 제3장.

(Note 25) 이런 주장을 할 때는 증거를 제시할 필요가 있다. 신화 대신 역사가 기록되기 시작한 이래로 이집트인들이 보여준 것은 겁 많고 쉽 사리 맹신에 빠지는 모습이었다. 캄비세스 2세[11]는 단 한 차례의 전투로 이집트를 정복했다. 알렉산드로스 대왕은 단 한 번의 전투도 치르지 않 고 이 나라를 지배했다. 이집트 도시 가운데 대왕에 맞서 포위전에 대비 하고 버텨보려 했던 도시는 하나도 없었다. 프톨레마이오스 왕조는 이 나라를 아무런 어려움 없이 장악했다. 카이사르와 아우구스투스 역시 손 쉽게 이 나라를 정복했으며, 우마르 1세는 단 한 번의 교전으로 이 나라 전체를 손에 넣었다. 그의 뒤를 이어 콜치스[12]와 코카서스(캅카스) 인근 민족인 마말리크가 이집트의 지배자가 되었다. 성 루이 대왕(프랑스의 루이 9세)의 군대를 물리치고 대왕을 사로잡았던 자들은 이집트인들이 아니라 바로 이들 마말리크였다. 그러나 결국 마말리크도 이집트인들에 동화됨으로써, 다시 말해 이러한 풍토에 사는 원주민들과 마찬가지로 유 약하고 겁 많고 나태하고 변덕스러운 민족이 됨으로써 석 달 만에 셀림 1 세[13]에게 예속되고 말았다. 셀림 1세는 이들의 군주를 교수형에 처했고 나라는 오스만 튀르크제국에 합병시켰다. 이런 상태는 훗날 다른 침략자

---

11) Cambyses: 기원전 526년 이집트를 침략한 페르시아 왕.
12) Colchis: 그루지야 서부 캅카스 산맥에서 남쪽으로 흑해 동쪽 끝에 걸쳐 거의 삼각형 모양을 이루고 있는 지역. 그리스 신화에 따르면 이곳은 메데이아의 고 향이자 아르고선 대원들의 원정 목적지로서, 전설적인 부(富)의 땅이자 마법의 영역이었다.
13) 오스만 튀르크제국의 술탄(재위 1512~20).

들이 이 나라를 점령할 때까지 계속되었다.

헤로도토스가 전하기를, 신화시대에 세소스트리스[14]라는 이름의 이집트 왕이 세계를 정복하겠다는 굳건한 뜻을 품고 나라 밖으로 원정을 나섰다고 한다. 이러한 야망이란 분명 피크로콜[15]이나 돈키호테에게나 어울릴 법한 것이다. 또 세소스트리스라는 이름이 이집트인의 것이 아니라는 점은 거론하지 않는다 하더라도, 그의 일화는 역사 이전의 모든 일이 그렇듯이 『천일야화』와 같은 종류의 이야기로 받아들일 수밖에 없다. 정복당한 민족들이 어김없이 보여주는 공통점은, 옛 조상들이 위대하다는 전설을 꾸며내는 것이다. 이는 몇몇 나라에서 몰락한 가문들이 고대의 군주를 자기네 조상으로 내세우는 것과 마찬가지다. 이집트의 제사장들이 헤로도토스에게 세소스트리스라는 왕이 콜치스를 정복하러 갔다는 이야기를 했다고 한다. 이러한 이야기는 프랑스 왕이 투렌에서 출발해 머나먼 노르웨이를 정복하러 갔다는 이야기만큼이나 터무니없게 들린다.

이런 종류의 이야기는 아무리 많이 꾸며내도 소용이 없다. 믿을 수 없다는 점은 여전하니 말이다. 코카서스에 사는 강건하고 사나운 주민들, 콜치스인들 그리고 그 밖의 스키타이인[16]들이 이집트까지 쳐들어왔었다는 이야기가 훨씬 자연스럽다. 이들 민족은 여러 번 아시아를 공략하지 않았던가. 비록 콜치스의 제사장들이 자기 나라로 돌아가서 할례 풍습을 퍼뜨렸다고 할지라도, 이러한 사실로 인해 그들이 이집트인에게 굴복당했다고 주장할 수는 없다. 디오도로스 시켈로스[17]가 전하는 바에 따르면, 세소스트리스가 정복한 나라의 모든 왕은 매년 이집트로 와서

---

14) Sésostris: 세소스트리스의 시대는 기원전 1918~기원전 1875로 전해진다.
15) Picrochole: 16세기 프랑스 르네상스 시대의 작가 라블레의 『가르강튀아』에 등장하는 인물. 거인왕 가르강튀아와 맞서 싸우는 적국의 왕이다.
16) 스키타이, 현재의 러시아 남부.
17) Diodoros Sikelos: 기원전 1세기에 시칠리아 아기리움에서 활동한 그리스의 역사가.

공물을 바쳤고 세소스트리스는 이들을 말처럼 부리며 마차를 끌게 해 신전으로 갔다고 한다. 이런 과장된 이야기들은 언제나 되풀이되는 법이다. 마차를 끌었다는 그 왕들은 분명 아주 착했던 것 같다. 그렇지 않다면 그 먼 곳까지 와서 말 노릇을 했겠는가.

피라미드와 그 밖의 고대 유적들 역시 이집트 왕들의 거만함과 악취미를, 자신들의 유일한 자산인 노동력을 군주의 천박한 허영심을 만족하게 하는데 사용했던 우매한 민족의 노예근성을 보여줄 따름이다. 이집트인들은 자기들이 그토록 자랑하는 시대에도 불합리하고 폭압적인 통치를 받았다. 모든 토지는 그들 군주의 소유였다. 이러한 노예들이 세계를 정복하러 나섰다니 말이 되는가!

이집트 제사장들의 학문은 고대의 역사, 즉 신화에서 가장 황당무계한 것 중의 하나로 꼽힌다. 태양이 1만 1,000년 동안 천공을 오가던 중에 다시 운행을 시작하느라, 두 번 서쪽에서 떴으며 두 번 동쪽으로 졌다고 주장한 사람들의 궤변은 분명 『리에주 연감』(Almanach de Liège)[18] 필자의 수준에도 훨씬 미치지 못한다. 이집트 제사장들은 국가의 통치도 맡았는데, 이들의 종교는 극히 미개한 아메리카 민족의 종교만도 못하다. 알다시피 그들은 악어, 원숭이, 고양이, 양파 따위를 숭배했다. 그렇게 어처구니없는 종교는 오늘날 전 세계를 통틀어 아마도 대(大) 라마 숭배밖에 없을 것이다.

그들의 예술 역시 그들의 종교보다 나을 것이 없다. 고대 이집트의 조상(彫像)들 가운데 쓸만한 것은 하나도 없다. 예술품 가운데 뛰어난 것들은 모두 알렉산드리아에서, 즉 프톨레마이오스 왕조와 로마 황제들 치하에서 그리스 예술가들의 손으로 만들어졌다. 그들은 기하학도 그리스인의 도움을 얻어 배웠다.

---

18) 17세기부터 1792년까지 리에주 공국에서 발간된 연감으로, 인간사에 대한 천체의 영향을 예언하면서 의학과 가사 등 다양한 조언을 하고 역사와 당시의 관심사들에 관련된 일화들을 소개해 상당한 성공을 거두었다. 그러나 볼테르를 비롯한 계몽주의자들은 몽매주의의 근원이라고 질타했다.

저 유명한 보쉬에는 루이 14세의 왕세자에게 바친 『세계사 서설』 (*Discours sur l'Histoire universelle*)에서 이집트의 미덕에 대한 찬탄을 늘어놓고 있다. 그가 웅변적이고 과장된 미문(美文)으로 젊은 왕세자를 현혹할 수는 있다. 그러나 학자들을 만족하게 하지는 못한다. 역사가라면 웅변보다는 철학에 의지해야 한다. 여기서 이집트인들에 대한 지금까지의 논의가 추측에 불과하다는 사실을 지적해야 한다. 하기야 고대에 대한 모든 이야기에 추측 이외의 다른 어떤 이름을 붙일 수 있겠는가?

(Note 26) 성 이그나티오스가 순교했다는 사실에 대해 이의를 제기하는 사람은 없다. 그러나 양식 있는 사람이라면 그의 죽음에 관한 이야기를 읽으면서 머릿속에 어떤 의혹이 고개를 드는 것을 느끼지 않을까? 이름이 밝혀지지 않은 이 순교자 열전의 작가는 다음과 같이 말하고 있다.

트라야누스 황제는 기독교인들의 신을 로마제국에 복속시키지 않는 한 자신의 영광이 온전한 것이 될 수 없다고 믿었다.

이 무슨 어처구니없는 소린가! 트라야누스 황제가 신들과 겨루어 이기려 한 사람이라는 말인가? 이그나티오스가 황제 앞에 나갔을 때 이 군주는 이렇게 물었다고 한다.

불순한 악마여, 너는 누구인가?

황제가 일개 죄수에게 말을 걸고 또 직접 사형선고를 내렸다는 것은 정말 믿기 어려운 일이다. 그것은 군주들의 관례가 아니기 때문이다. 설령 트라야누스가 이그나티오스를 데려오게 했을지라도 그에게 "너는 누구인가?"라고 묻지는 않았을 것이다. 이미 누구인지 잘 알고 있었으니까 말이다. '불순한 악마'라는 말도 트라야누스 황제 같은 사람이 했을 리 없다. 이것은 구마사(驅魔師, 엑소시스트)가 마귀를 쫓을 때나 쓰는 말로,

어떤 기독교도에 의해 황제의 말로 둔갑했을 것이다. 맙소사! 이것이 트라야누스의 어법이라고 믿으란 말인가?

이그나티오스는 황제에게 자기는 가슴속에 예수를 모시고 다니므로 스스로 테오포르[19]라 칭한다고 답했다. 또 트라야누스 황제는 그와 함께 예수 그리스도에 대해 이야기를 나누었다고 한다. 과연 믿을 수 있는 이야기인가? 이그나티오스 순교전에 따르면, 트라야누스 황제는 그와 대화를 나눈 끝에 이렇게 말했다고 한다.

명하노니 이그나티오스, 자신의 마음속에 '십자가에 못 박힌 사람'을 모시고 다니는 것이 자랑스럽다는 이 자를 쇠사슬로 묶어 가두어라.

기독교인들을 미워하는 소피스트였다면 예수 그리스도를 '십자가에 못 박힌 사람'이라고 부를 수도 있었을 것이다. 그러나 판결문에서 이러한 말이 사용되었을 리는 없다. 십자가에 매다는 처형방법은 로마인들이 흔히 쓰는 방법이다. 그러므로 법률적인 표현을 쓰면서, 기독교인들의 숭배 대상을 가리켜 '십자가에 못 박힌 사람'이라고 지칭했을 리는 없다. 이런 표현은 법정이나 황제가 판결을 내릴 때 쓰는 말이 아니다.

순교전에 따르면, 성 이그나티오스는 즉시 로마의 기독교인들에게 긴 편지를 썼다. 편지에서 그는 "나는 온몸이 쇠사슬에 묶인 채 여러분께 이 글을 씁니다"라고 말했다. 만약 이그나티오스가 로마 기독교인들에게 편지를 쓰도록 허락받았다면, 기독교인들이 박해를 받은 것이 아니라는 사실은 분명해진다. 트라야누스에게는 기독교인들의 신을 자신의 제국에 복속시킬 뜻이 없었다는 말이다. 그렇지 않고 기독교인들이 박해를 받았다면, 이그나티오스는 그들에게 편지를 보냄으로써 엄청나게 경솔한 짓을 저지른 것이 된다. 그것은 기독교인들의 정체를 드러내고 적

---

19) Théophore: 'théo-'(신)와 '-phore'(지니다, 보존하다)가 합해진 말. '신을 지닌 자'라는 뜻이다.

들의 손에 넘겨주는, 스스로 기독교인들의 밀고자가 되어 그들을 위험에 처하게 하는 행동이기 때문이다.

이 순교자 행전을 쓴 사람들은 개연성과 합리성이라는 측면을 좀더 배려해야만 했다. 성 폴리카르푸스[20]의 순교는 더 큰 의혹을 불러일으킨다. 높은 하늘에서 어떤 목소리가 "용기를 내라, 폴리카르푸스!"라고 소리쳤으며, 이 소리는 기독교인들에게는 들렸으나 다른 사람들에게는 들리지 않았다고 한다. 폴리카르푸스를 처형대에 묶고 장작에 불을 붙이자 불길은 그를 피해서 머리 위로 아치를 그렸으며 비둘기 한 마리가 날아올랐다는 것이다. 불길에게도 경배를 받은 이 성자는 향기를 뿜어 모인 사람 모두를 향기롭게 만들었다. 그러나 불길도 감히 범하지 못했다는 그도 칼날 아래서는 어쩔 수가 없었다. 이런 이야기들을 듣고 미심쩍어하기 보다는 신앙심이 더 깊어지는 사람들을 용서하지 않을 수 없다.

(Note 27) 에우세비오스 드 카이사레아, 『교회사』, 제8권.

(Note 28) 로크가 신앙의 자유에 대해 쓴 뛰어난 글을 보라.[21]

(Note 29) 예수회 수도사 부젠바움(Busembaum)은 또 다른 예수회 수도사 라크루아(Lacroix)가 주석을 붙인 저술에서 다음과 같이 말했다.

왕이 교황에게 파문을 당했을 때는 이 왕을 죽이는 일이 허용된다. 왜냐하면 세계 전체가 교황에게 속해 있기 때문이다. 그러므로 군주의

---

20) Saint Polycarpus: 안티오크의 주교 성 이그나티오스와 같은 시대에 스미르나(지금의 터키 이즈미르)의 주교를 지낸 인물. 성 이그나티오스가 로마 군인들에게 끌려갈 당시 가는 곳마다 기독교인들이 나와 다음 도시까지 동행해주었는데, 스미르나에서도 폴리카르푸스를 비롯한 교인들이 따뜻하게 영접했다고 한다.
21) 영국의 철학자이자 사상가인 존 로크(John Locke, 1632~1704)의 『종교적 관용에 대한 편지』(1689)를 가리킨다.

시해를 떠맡는 사람은 자비를 베푸는 것이다.

지옥에서나 생각해낼 만한 이러한 논리가 모든 프랑스인이 예수회에 대해 극렬한 반감을 품게 한 계기가 되었다. 예수회가 계속 가르쳐왔고 또 빈번히 철회하기도 했던 이 교리가 그때만큼 비난의 대상이 된 적은 없었다. 예수회는 자신들의 정당성이 입증되었다고 생각했으며, 그 증거로 성 토마스 아퀴나스와 도미니크 수도회 여러 수도사의 모든 저술이 거의 동일한 결론을 내렸다는 점을 제시했다(기회가 있다면, 1762년 예수회에서 간행한 소책자 『성 토마스의 신학론에 대해 사교계 인사가 신학자에게 보낸 편지』*Lettre d'un homme du monde à un théologien, sur saint Thomas* 를 읽어보라).

천사박사(Doctor Angelicus)이며 신의 의지의 해설자(이것이 성 토마스의 칭호들이다)인 성 토마스 아퀴나스는 다음과 같은 주장을 한 적이 다. 배교(背敎)한 군주는 왕좌에 앉을 권리가 없고 백성이 그에게 복종해서는 안 되며 교회는 그에게 죽음을 내려 벌할 수 있다. 율리아누스 황제가 벌 받지 않고 넘어간 것은 단지 그를 벌할 힘이 없었던 탓이다. 이 교도는 모두 죽이는 것이 당연하다. 폭압으로 다스리는 군주에게서 백성을 구해내는 사람은 상찬받을만하다 등등.

우리는 스콜라 신학의 천사 성 토마스를 깊이 존경한다. 그러나 같은 도미니크 수도회 수도사 자크 클레망과 쾨양회원 라바야크의 시대로 와서 모든 프랑스인을 향해 이런 주장을 내세운다면 어떻게 그를 스콜라 신학의 천사라고 떠받들 수 있겠는가?

파리 대학 총장인 장 제르송[22]은 성 토마스보다 한술 더 떴으며, 성 프란체스코회 수도사 장 프티[23]는 제르송보다도 훨씬 더 과격한 주장을

---

22) Jean Gerson(1363~1429): 프랑스의 신학자, 정치인으로서 파리 대학 총장을 역임하고 로마 교황과 아비뇽 교황이 대립한 서방 교회의 분열을 종식하는 데 큰 역할을 담당했다.
23) Jean Petit(1360년경~1411): 프랑스의 신학자로 파리 대학 교수 역임.

했다. 많은 성 프란체스코회 수도사가 장 프티의 끔찍한 주장을 지지했다. 국왕 시해를 정당화하는 이 사악한 교리는, 오랫동안 모든 수도사가 사로잡혀 있던 어리석은 생각에서 나온 것이다. 교황은 지상의 신으로서 왕들의 지위와 생명을 자기 뜻대로 할 수 있다는 논리 말이다.

이러한 점에 비추어볼 때 우리 유럽인들은 대 라마가 불멸한다고 믿는 저 타타르인들보다도 한참 열등했던 셈이다. 타타르인들은 대 라마의 좌변기[24]를 대대로 물려받고 대 라마의 성유물들을 말려 소중히 보관해 경건하게 입이나 맞출 뿐이다. 나로서는 교황이 왕들의 지상권에 조금이라도 관여할 권리가 있고 혹시라도 나의 세속적 권한을 좌우할 권리까지 있다고 인정하느니보다는, 차라리 목에 그런 성유물들을 걸고 다니겠다. 평화라는 행복을 얻기 위해서 말이다.

(Note 30) 『구약성서』, 「신명기」 14장.

(Note 31) 몇 가지 유용한 주석을 덧붙이려는 생각에서 다음과 같은 점을 지적한다. 『성서』에서 말하기를, 하나님은 노아 그리고 모든 동물과 언약을 세웠다. 노아에게 '무릇 살아 움직이는 모든 것을 먹어도 좋다고' 허락했으며, 다만 피를 먹는 것만은 금지했다. 하나님은 또 이렇게 말했다.

사람의 피를 흘리게 하는 짐승은 어떤 것이나 사람에 의해 피를 흘리게 되리라(「창세기」 9장 5절).

이 구절과 몇몇 다른 구절로 미루어 짐승들에게도 어느 정도 인식작용이 있다는 결론을 내릴 수 있다. 이 점은 모든 고대인에서부터 오늘날에 이르기까지 전해져온 생각이며 양식 있는 사람들의 생각이기도 하다. 하

---

24) chaise percée: 가운데 구멍이 난 의자식 실내용 변기.

나님은 나무나 돌과는 언약을 세우지 않았다. 이것들은 감정이 없는 탓이다. 그러나 짐승들과는 언약을 세웠는데, 이들 짐승에게는 인간의 것보다도 더 정묘한 감정과 이 감정에 결부된 사고를 부여해주었다.

하나님이 짐승의 피를 먹지 말라고 한 이유는, 피가 바로 생명의 원천이므로 감정의 원천이기 때문이다. 어떤 짐승에게 몸속의 피를 전부 빼앗으면 모든 기관과 장기는 움직임을 멈춘다. 따라서 영혼, 우리가 '느끼는 영혼'이라고 부르는 것이 피 속에 들어 있다고 말하는 구절이 『성서』에 수없이 나오는 데는 타당한 이유가 있다. 지극히 자연스러운 이러한 생각은 모든 종족이 지녔던 것이다.

우리 인간이 짐승들을 측은하게 여겨야 한다는 것은 바로 이러한 생각에 근거한다. 노아의 일족들이 받은 일곱 가지 계율 ── 이를 유대인들은 자신들이 지켜야할 계율로 받아들였다 ── 가운데는 살아 있는 짐승의 사지(四肢)를 먹지 말라는 것이 있다. 이 계율이 증명하는 것은, 인간이 잔인하게도 짐승의 다리를 잘라서 음식으로 먹고 다른 부분들은 나중에 먹기 위해 그 짐승을 살려두었다는 사실이다. 실제로 야만족들에게는 이러한 풍습이 남아 있는데, 예를 들어 키오스 섬에서 제물을 바칠 때 날고기를 먹는 바쿠스 오마디오스(Bacchus Omadios)가 여기에 해당한다.

하나님은 우리에게 짐승을 익혀 먹으로라고 함으로써 인간의 도리를 지키도록 하신 것이다. 정말이지 짐승에게 고통을 안겨주는 일은 잔인하다. 우리 손으로 먹이를 주며 기른 가축의 멱을 따는 일에 대해 당연히 느끼게 마련인 거부감은, 늘 그렇게 해온 관례라고 치부할 수 있을 때만 약해진다. 짐승을 먹는 일을 꺼린 민족들은 늘 있었고, 인도 반도에서는 여전히 이런 일에 양심의 가책을 느낀다. 이탈리아와 그리스의 피타고라스파[25]는 여전히 육식을 삼가고 있다. 포르피리오스[26]는 『소재』[27]에

---

25) 이오니아 사모스 태생의 철학자이자 수학자인 피타고라스(기원전 580년경~기원전 500년경)가 창설했다고 하는 철학학파이자 종교결사체. 영혼의 윤회를 믿고 철학을 영혼의 정화 수단으로 여겼으며, 수(數)의 형이상학을 전개해 존재의 본성을 실체가 아니라 수학적 형상에서 찾았다. 피타고라스파는 수에 관한

서 야만적 식욕에 탐닉하기 위해 종파를 저버린 제자를 꾸짖기도 했다.

짐승들이란 감정이나 감각 없이 움직이는 존재에 불과하다고 감히 주장하는 것은 자연적 진리를 단념한 뒤에나 가능할 것 같다. 하나님이 짐승들에게 감정을 느낄 몸의 기관을 주었다는 점은 인정하면서, 감정은 전혀 부여하지 않았다고 주장하는 것은 명백한 모순이다.

짐승들을 관찰해본 적이 한 번도 없는 사람만이 짐승들이 배고픔과 고통, 기쁨, 두려움, 사랑, 분노, 그 밖의 갖가지 감정에 따라 각기 다른 소리를 낸다는 것을 알아차리지 못한다. 짐승들이 그렇게 잘 표현하는 것을 느끼지 못한다니 말이 되는 소리인가.

이러한 고찰을 통해 인간은, 전능한 손으로 직접 빚어 만든 존재들에게 생명과 감정, 사고와 기억을 부여해주신 조물주의 권능과 선의에 대해 심사숙고하게 된다. 우리는 신이 만든 육체의 기관들이 어떻게 형성되고 발달하며 인간이 그것들을 통해 어떻게 생명을 받는지, 감정·사고·기억·의지가 어떤 법칙에 의해 이 생명에 연결되는지 알지 못한다. 인간의 본질에 내재하고 있는 이 깊고도 끝없는 무지에 잠겨 있으면서도 우리 인간들은 쉴 새 없이 논쟁을 벌이고 서로를 박해한다. 마치 황소들이 자신들에게 뿔이 왜 있으며 그 뿔을 어떻게 지니게 되었는지도 모르면서 서로 뿔을 부딪치며 싸우는 것처럼 말이다.

(Note 32) 「아모스」 5장 26절.

(Note 33) 「예레미야」 7장 22절.

합리주의적 이론을 수수께끼 같은 관념과 결합하고 사변적 우주론을 영혼에 관한 신비스러운 이론과 결합함으로써 합리주의와 비합리주의를 뒤섞어놓은 특성을 보여주었다.
26) Porphyrios(234~305?): 그리스의 신플라톤주의 철학자.
27) 小齋: 육식을 하지 않기.

(Note 34) 「사도행전」 7장 42~43절.

(Note 35) 「신명기」 12장 8절.

(Note 36) 여러 작가가 이 구절에 근거해 경솔하게도 다음과 같이 결론짓고 있다. 황금송아지(다름 아닌 아피스 신[28])에 관한 장은 다른 몇몇 장들이 그렇듯이 『구약성서』의 모세서에 덧붙여진 부분이라는 결론이다.

아벤 에스라(Aben-Hezra)는 모세오경이 유대 왕들의 시대에 씌어졌다는 것을 가장 먼저 증명하려고 한 사람이다. 울러스턴(Wollaston), 콜린스(Collins), 틴들(Tindal), 섀프츠베리(Shaftesbury), 볼링브로크(Bolingbroke)을 비롯한 다른 많은 논자도 같은 주장을 했다. 석판이나 점토벽돌, 연판(鉛版) 또는 나뭇조각에 글을 새겨놓는 기술이 당시에는 유일한 기록 방법이었으며, 모세의 시대에 갈대아인과 이집트인들이 이런 방식을 사용했다는 것이다. 당시에는 후세에게 전하려고 하는 내용의 골자를 상세한 이야기가 아닌 매우 요약된 상태로 상형문자를 사용해서 새겼다고 한다. 그러므로 빈번히 이동하며 생활해야 하는 광야에서 두꺼운 책에 해당할 만큼의 내용을 석판에 새기는 것은 불가능하다는 주장이다. 광야에서는 의복을 재단하고 만들 사람도 신발을 수선할 사람도 없었다. 그래서 하나님은 40년 동안 기적을 일으켜 유대 민족의 의복과 신발이 해어지지 않도록 조치해야만 했다(「신명기」 8장 4절).

그들의 말에 따르면, 의식주를 위해 필수적인 기술도 없는 상태에서,

---

28) Apis: 고대 이집트 종교에 나오는 신성한 황소 신. 멤피스에서 숭배되었다. 본래 나일 강의 신 하피(Hapi)와 같은 형상을 지닌 아피스는 이집트의 다른 황소 신들과 같이 처음에는 가축의 번성과 관련된 다산의 신이었을 것으로 추정된다. 그러나 이후 멤피스의 최고 신 프타, 죽음의 신 오시리스, 지하세계의 신 소카리스와 연결되었다. 특히 아피스-아툼이라는 이름으로 태양숭배와도 관련되었는데, 이 황소 신은 뿔 사이의 햇무리로 표현된다.

심지어 빵을 만들 수도 없는 상태에서 그렇게 많은 사람이 돌에 글자를 새기는 일에 전념했을 리는 없다는 것이다. 유대인들의 성막 기둥들이 청동으로 만들어졌고 기둥머리는 큰 은덩어리로 장식되었다는 사실을 상기시키면 그들은 이렇게 반박했다. 기둥 양식은 광야에서 생활할 때 정했을 수도 있으나, 기둥을 실제로 만든 것은 훨씬 안정된 생활에 들어간 다음에야 가능했다는 것이다.

이렇게 주장하는 사람들은 이 고달픈 민족이 모세가 하나님에게 말씀을 들은 바로 그 산 아래, 우레와 번개가 치고 나팔소리가 울렸던(「출애굽기」 19장 16절) 그곳에서 신으로 경배하기 위해 금송아지를 만들었다는 사실(「출애굽기」 32장 1~6절)을 이해하지 못한다. 그들은 모세가 산에서 내려오기 바로 전날에 유대 백성 모두가 모세의 형 아론에게 금송아지를 만들라고 청했다는 이야기에 의혹을 제기한다. 아론이 무슨 수로 단 하루 만에 금송아지 형상을 빚어낼 수 있었단 말인가(「출애굽기」 32장 4절)? 또 모세가 무슨 수로 그것을 가루로 만들어버릴 수 있었단 말인가(「출애굽기」 32장 20절)? 그들은 그 어떤 장인도 석 달 안에 금으로 조상을 만든다는 것은 불가능하며, 또 아무리 고도의 화학기술을 발휘한다 해도 그것을 사람이 마실 수 있을 정도의 가루로 곱게 부수기 어렵다는 점을 지적한다. 따라서 아론의 어긋난 행동 그리고 이에 대한 모세의 대응은 둘 다 기적이었다는 것이다.

그들은 모세가 속죄를 위해 2만 3,000명을 도륙하게 했다는 구절(「출애굽기」 32장 28절)을 믿지 못한다. 세 번째 기적이 일어나지 않는 한, 2만 3,000명이 레위인들에 의해 학살당했으리라는 것에 대해 그들은 의심을 품는다. 또 다른 사람들은 그렇게 가혹한 벌을 받았지만 가장 잘못이 큰 아론은 오히려 그 죄로 인해 상을 받았다는 것도 이상하다는 것이다(「출애굽기」 33장 19절, 「레위기」 8장 2~13절). 실제로 아론은 대제사장이 되었고, 피 흘리며 죽어간 그의 형제들 2만 3,000명의 시체는 그가 제물을 드리러 간 제단 아래 쌓여 있었다.

그들이 해석하기에 어려움을 느끼는 부분은 또 있다. 미디안 여인과 함께 왔다가 붙잡혀 죽은 남자 한 사람의 죄의 대가로 모세가 명을 내려 이스라엘인 2만 4,000명이 죽임을 당했다는 구절이다. 솔로몬 왕을 비롯한 많은 유대 왕이 이방의 여인들과 아무런 제재 없이 혼인한 것을 아는 터라, 이 성서 연구자들은 미디안 여인과의 혼인이 그렇게 큰 죄가 되었다는 것을 인정할 수 없었다. 룻은 가족이 베들레헴 사람이긴 했어도 모압 여인이었다. 『성서』는 그녀를 언제나 모압 여인 룻이라고 부르고 있다. 그러나 그녀는 어머니가 일러준 대로 보아스의 침상으로 가서 몸을 뉘었고, 그 대가로 보리 6부아소[29]를 받았다. 그녀는 곧 그와 결혼했으며 그리하여 다윗의 조상이 되었다. 라합 역시 이방 여인이었고 또한 창녀였다. 라틴어역 『성서』[30]는 그녀에게 'meretrix'(娼婦)라는 호칭을 부여하고 있다(「여호수아」 6장 17절). 이 여인은 유대 왕 살몬과 혼인했고 또한 다윗의 조상이 되었다. 라합은 기독교 교회의 형상처럼 여겨지기도 한다. 적지 않은 교부들이 그렇게 주장했고, 특히 오리게네스는 여호수아에 대한 주석서 제7권에서 이러한 견해를 개진하고 있다.

우리아의 아내 밧세바는 다윗의 아들 솔로몬을 낳았지만, 원래 헷 여인이었다. 더 거슬러 올라가면 족장 유다는 가나안 여인과 결혼했으며, 그의 자식들은 아람 족속의 타마르를 아내로 얻었다. 유다가 모르고 범한 이 여인도 이스라엘 부족이 아니다.

그리하여 우리의 주 예수 그리스도는 조상 가운데 다섯 명이 이방 여인이었던 유대인의 가정에서 태어나심으로써, 이방 민족들도 예수 그리스도의 역사에 참여하게 된다는 것을 보여주셨다.

앞에서 언급한 대로, 율법박사 아벤 에스라는 모세오경이 모세 이후 긴 시간이 지난 다음에 씌어졌다고 가장 먼저 주장한 사람이다. 그는 여러 구절을 근거로 들고 있다.

---

29) 곡물을 재는 옛 용량 단위, 1부아소는 약 13리터였다.
30) 불가타 성서. 4세기 말 성 히에로니무스가 번역해 1546년 트리엔트 공의회에서 정식으로 채택했다.

가나안 사람도 당시에는 이 땅에 있었다.

모리아 산은 '하나님의 산'이라고 불렸다.

바산의 족장 옥의 침상이 그때까지도 랍바에 있었으며, 그는 바산의 영토 전체를 그때까지도 야일의 마을들이라고 불렀다.

이스라엘에는 모세와 같은 선지자가 없었다.

이곳에서 족장들이 이스라엘 자손을 다스리는 왕이 있기 전까지 에돔 땅을 다스렸다.

아벤 에스라는 이 구절들이 모세 이후에 일어난 일들을 언급하고 있으므로 모세의 시대에 씌어졌을 리는 없다고 주장한다. 이러한 주장에 대해, 이 구절들은 후대에 『성서』를 필사한 사람들이 덧붙인 주석들이라고 반박하는 것이 일반적이다.

뉴턴은 분명 우리의 존경을 받아 마땅하지만 역시 인간인지라 착오를 일으킬 수 있었다. 뉴턴 역시 「다니엘서」와 「요한복음」의 주해서 서문에서 모세오경, 「여호수아」, 「사사기」가 후대의 경건한 작가들에 의해 씌어졌다고 보고 있다. 「창세기」 36장, 「사사기」 가운데 17~19, 21장, 「사무엘」 8장, 「역대」 2장, 「룻기」 4장이 그가 그렇게 생각하는 근거였다. 실제로 「창세기」 36장과 「사사기」에서 왕들이 언급되고, 「룻기」에서 다윗 왕의 이야기가 등장하는 터라 이것들이 모두 유대 왕들의 시대에 씌어진 것 같기도 하다. 르클레르(Leclerc)를 비롯한 몇몇 신학자들도 이러한 견해를 지니고 있다.

그러나 이러한 견해는 호기심에서 이 수수께끼 같은 문제를 파고드는 일부 학자들의 주장에 불과하다. 이런 호기심이 인간의 의무에 속하는 것이 아님은 분명하다. 박식하건 무식하건 군주이건 목동이건 우리는 모두 이 세상에서의 짧은 생을 마치면 내세의 주인 앞으로 나아가서, 자신이 정의롭고 인간적이며 너그럽고 동정심이 많다는 판결을 받고 싶어 할 것이다. 그 자리에서 모세오경이 정확히 언제 씌어졌는지를 이미 알고 있었으며 또한 유대 율법학자들이 덧붙인 주석들을 원전과 분간했노라고 뽐낼 사람은 없다.

하나님이 우리에게 탈무드에 반대하고 마소라[31] 학자들 편을 들었느냐, 'caph'를 'beth'로, 'yod'를 'vaü'로, 'daleth'를 'res'로 여긴 적은 없느냐는 질문을 하시지는 않을 것이다. 하나님은 우리가 한 것을 보고 우리를 심판하시지, 히브리어 지식에 따라 판결하시지 않을 것은 분명하다. 이런 지식에 관한 문제에서는 교회가 내린 결정을 굳게 따르기만 하면 된다. 그것이 독실한 기독교 신자로서의 당연한 의무이다.

이런 논의를 끝내기 전에 살펴보아야 할 것은, 황금송아지 숭배가 있은 다음에 씌어진 「레위기」에 나오는 중요한 구절이다. 하나님은 유대 민족에게 털 난 짐승, '숫염소'를 숭배하지 말라고 명했다. 유대인들이 가증스럽고 파렴치한 짓, 수간(獸姦)을 저지른 그 숫염소들 말이다. 우리는 이 해괴한 숭배의 풍속이 미신과 마법의 본고장인 이집트에게 유래한 것인지 아닌지는 모른다. 그러나 우리가 마법사라고 부르는 사람들이 장터에서 광적인 춤을 추며 숫염소를 숭배하고 입에 담기도 힘들고 생각하기도 끔찍한 난행(亂行)에 몸을 맡기는 관습은 고대 유대인에게서 왔다고 본다.

실제로 유럽 일부 지역에 주술을 전해준 것은 고대 유대인들이었다. 그들은 참으로 혐오스러운 민족이다! 그처럼 유별난 파렴치에 대해서는 그들이 예전에 황금송아지 때문에 받았던 것과 비슷한 벌을 내려야 마땅한데도, 정부는 금지령이나 내리고 말 뿐이다. 여기서 이러한 사실을 이야기하는 것은, 유대 민족에 대해 알고자 하는 목적 외에 다른 뜻은 없다. 유대 민족이 수간을 저질렀다는 것은 확실하다. 어떤 정부도 짐작

---

31) massorah: 유대 율법학자들이 만든 히브리어 성경의 주석.

하지 못했던 그 죄를 범하지 말라고 율법으로 금한 것은 유대 민족뿐이었다.

바란, 호렙, 가데스바네아 사막에서 유대인들이 겪어야 했던 피로와 궁핍으로 인해 남자들보다 더 연약한 여인네들이 먼저 희생당했으리라는 점은 이해할 수 있다. 유대 민족이 아스팔티트(Asphaltite) 호수(아라바 바다, 사해) 좌안이나 우안의 성읍이나 마을을 점령할 때 마을 사람들을 남김없이 죽이되 혼인할 수 있는 나이의 여인들은 살려두라는 명령이 늘 내려졌던 점을 보면, 유대 민족에게는 여인들이 부족했음이 분명하다. 지금도 이 사막 어느 곳에선가 살아가고 있는 아랍인들은 대상들과 교역할 때면 거래 약정을 따라 혼인할 나이의 처녀들을 대가로 요구하곤 한다.

이 모질고 척박한 땅에서 살아야 했던 청년들은 인간의 본성이 망가진 나머지 암염소들과 교합하게 되었던 것 같다. 칼라브리아의 몇몇 양치기들이 그랬다는 것처럼 말이다.

이제 남은 문제는 이러한 교합을 통해 괴물이 태어났는가를 밝히는 일이다. 사티로스, 목신, 켄타우로스, 미노타우로스 같은 괴물들이 옛이야기로 전해지는 데는 무슨 근거가 있는 것인가? 역사는 그렇다고 말한다. 그러나 이런 끔찍한 문제가 자연학(自然學)을 통해 규명된 적은 아직 없다.

(Note 37) 「여호수아」(가나안 정복사) 24장 15절부터.

(Note 38) 「민수기」 21장 9절.[32]

(Note 39) 「열왕기」[33] 상 15장 14절; 같은 책 22장 44절.

---

32) 『성서』에서는 이 부분을 다음과 같이 말하고 있다. "모세가 놋뱀을 만들어 장대 위에 다니 뱀에게 물린 자마다 놋뱀을 쳐다본 즉 살더라."

(Note 40)「열왕기」하 16장.

(Note 41)「열왕기」상 18장 38, 40절;「열왕기」하 2장 24절.

(Note 42)「민수기」31장.

(Note 43) 미디안은 약속의 땅(가나안)에 속한 지역이 아니라, 중앙 아라비아 이두메의 작은 주(州)이다. 이곳은 북쪽으로 아르논 강(江)에서 세렛 강에 이르는 바위 지대로서 사해의 동쪽 연안에 접해 있는데, 오늘날 아랍의 소부족이 살고 있다. 이 땅의 길이는 80리가량 되고 폭은 그보다 좀 작을 것이다.

(Note 44)『성서』에 따르면(「사사기」11장 39절) 입다는 하나님에게 자신의 딸을 제물로 바친 것이 분명하다. 동 칼메는『입다의 언약에 대한 고찰』에서 이렇게 말했다.

> 하나님은 이러한 희생을 용인하시지 않는다. 하지만 사람들이 그러한 희생을 맹세했을 경우 그 희생을 실천할 것을 바라신다. 그런 희생을 맹세한 사람들을 벌하시기 위해서, 또 희생의 실천을 두려워하지 않은 사람들의 경솔함을 꾸짖기 위해서 그렇게 하신 것이다.

성 아우구스티누스를 비롯한 대부분의 교부도 입다의 행동을 비난했다. 하지만 입다에 대해『성서』에 "여호와의 성령이 그에게 충만하니"라고 씌어 있는 것도 사실이다(「사사기」11장 29절). 성 요한은 「히브리서」 11장(32절)에서 입다를 찬양하며 그를 사무엘과 다윗의 반열에 올려놓

---

33) 볼테르가 참조한 플레이아드(Pleiade)판『성서』는 「사무엘」상하권을 「열왕기」 제1, 2권으로, 「열왕기」상하권을 「열왕기」제3, 4권으로 표시하고 있다.

았다.

히에로니무스는 율리아누스에게 보낸 편지에서 다음과 같이 말했다.

입다는 자신의 딸을 여호와에게 제물로 바쳤다. 사도 요한이 그를 성자로 기리는 이유는 바로 그 때문이다.

이 두 가지 관점에 대해 우리는 판단을 내릴 자격이 없다. 우리로서는 어떤 의견을 갖는 일조차 삼가야 할 것이다.

(Note 45) 아각 왕의 죽음은 진정한 희생이라고 볼 수 있다. 사울은 이 아말렉 부족의 왕을 전쟁포로로 사로잡았다. 그는 사울에게 넘겨질 때 몸이 성한 상태였다. 그러나 제사장 사무엘은 사울에게 전쟁에서 아무것도 남기지 말고 모두 죽이라고 지시했다.

남자와 여자, 어린아이와 젖먹이까지 모두 죽여라(「사무엘」 상 15장 3절).

길갈에서 사무엘은 아각 왕의 몸을 쪼개서 여호와 앞에 바쳤다.

동 칼메는 이렇게 이야기한다.

열렬한 믿음으로 고양된 이 선지자는 여호와의 영광을 다시금 회복하고 사울을 벌하기 위해 손에 칼을 들게 되었다.

이 끔찍한 일에는 헌신과 제사장 그리고 희생물이라는 요소가 다 갖추어져 있다. 하나님에게 제물을 바치는 의식인 것이다.

중국인을 제외하고, 우리가 역사를 알고 있는 모든 민족은 인간을 신에게 제물로 바쳐왔다. 플루타르코스는 공화정 시대의 로마인들도 사람을 제물로 바쳤다고 이야기한다.

『갈리아 원정기』에는, 게르만인들이 카이사르가 보낸 인질들을 막 제물로 바치려고 하는 순간에 카이사르가 승리를 거두어 그들을 구해냈다는 내용이 나온다.

나는 게르만인들이 카이사르의 인질들을 신에게 제물로 바치고 또 끔찍하게도 여인네들의 손을 빌려 이 인간 제물들을 죽임으로써 인간의 권리를 말살했다는 사실이 타키투스가 『게르만의 풍속』(De Moribus Germanorum)에서 늘어놓은 찬사와는 다소 어울리지 않는다는 점을 지적한 바 있다. 내 생각에 타키투스는 잘 알지도 못하는 게르만인들을 칭찬하기 위해서라기보다는, 로마인들을 풍자하기 위해 그 글을 쓴 것 같다.

지나가는 말이지만, 타키투스는 진실을 이야기하기보다는 풍자하기를 더 즐겼다. 이 역사가는 모든 것을, 심지어는 사소한 일들까지 추악하게 보이게 하려고 한다. 이러한 악의는 그의 문체와 함께 우리를 즐겁게 한다. 왜냐하면 우리는 재치 있는 비방에서 쾌감을 느끼기 때문이다.

다시 인간 제물 이야기로 돌아가자. 우리 선조들도 게르만인들과 마찬가지로 인간을 제물로 바치곤 했다. 이러한 일이야말로 인간의 본성을 제멋대로 내버려두었을 경우 도달하게 되는 극단적 어리석음의 경지이며 또한 인간의 미약한 판단력이 초래하는 귀결이다. 우리 인간들은 이런 생각을 했을 것이다.

신에게는 우리가 가진 것 가운데 가장 귀하고 아름다운 것을 바쳐야 한다. 우리에게 자식들만큼 소중한 것은 없다. 따라서 제일 예쁘고 어린아이들을 골라 신에게 바치자.

필론이 전하는 바에 따르면, 가나안 땅에서는 하나님이 아브라함의 믿음을 시험하기 위해 독자인 이삭을 바치라고 명하기 이전에도 아이들이 제물로 바쳐진 경우가 가끔 있었다고 한다.

에우세비오스가 인용한 상코니아톤(Sanchoniathon)의 이야기에 따르면, 페니키아인들은 환난이 닥치면 가장 아끼는 자식을 제물로 바치곤 했다. 또 하나님이 아브라함의 믿음을 시험했던 것과 거의 같은 시기에, 일루스는 아들 예훗을 제물로 바쳤다고 한다. 역사의 어둠에 묻힌 아득한 옛날의 일들을 확인하기는 어렵다. 그러나 이 끔찍한 희생 의식이 거의 모든 지역의 관습이었다는 것은 너무나 분명하다. 이후 인류는 그런 관습을 버리게 되었는데, 이는 오로지 문명의 교화를 통해서였다. 문명이 사람들에게 인도적 정신을 가져다준 것이다.

(Note 46) 「사사기」11장 24절.

(Note 47) 「사사기」17장 마지막 구절.

(Note 48) 「열왕기」하 5장 18~19절.

(Note 49) 고대인들의 관습을 잘 모르고 주변에 보이는 것에만 의거해서 판단하는 사람들은 이처럼 기이한 일들에 놀랄 것이다. 그러나 당시 이집트와 아시아의 많은 지역에서는 대개 그림이나 상형문자, 상징(기호signum), 표본들을 사용해서 뜻을 표현했다는 점을 고려해야 한다.
　이집트인들과 유대인들이 '선지자'라고 불렸던 예언자들이 알레고리에만 의지한 것은 아니었다. 그들은 알리려고 하는 사건을 상징으로 표현하기도 했다. 유대 민족의 4대 예언자 가운데 으뜸인 이사야는 하나님이 이르는 대로 서판을 들어 이렇게 썼다.

Maher-Salas-Has-Bas(샤스바스, 빨리 노략질하라)(「이사야」8장).

그런 다음 그는 아내와 동침했고, 아내는 잉태해 아들을 낳았다. 그는 이 아들의 이름을 마헬살랄하스바스(Maher-Salas-Has-Bas)라 지었는데, 이것은 이집트인들과 아시리아인들이 유대인들에게 주게 될 고통을 은유적으로 표현한 것이다.

예언자 이사야는 다음과 같이 말했다.

이 아이가 버터와 꿀을 먹을 나이가 되기 전, 악을 버리고 선을 택할 줄 알게 되기 전에 너희가 미워하는 그 땅이 두 명의 왕에게서 벗어나리라. 여호와께서 이집트의 파리들과 아시리아의 벌들을 불러오실 것이다. 주께서는 세내어온 삭도(削刀)를 들고 그것으로 아수르 왕의 모든 수염과 발의 털을 깎으실 것이다(「이사야」 7장 15, 16, 18, 20절).

당시에는 피리나 다른 농사 도구의 소리를 내서 벌떼를 불러 모았다는 사실을 아는 사람들, 남자에게 줄 수 있는 가장 큰 모욕은 그의 수염을 깎는 일이었다는 사실을 아는 사람들, 음모(陰毛)를 발의 털이라고 불렀다는 사실을 아는 사람들, 이 털을 깎는 경우는 문둥병과 같은 추한 질병에 걸렸을 때뿐이었다는 점을 아는 사람들만이 여호와께서 벌떼를 불러 모으시고 수염과 발의 털을 깎으시리라는 예언을 이해할 수 있을 것이다. 우리에게는 아주 생소한 이러한 표현들의 의미는 다름 아니라 주께서 몇 년 후에 자신의 백성을 압제에서 구하시리라는 것이다.

또한 이사야는 벌거벗은 채 걸어갔는데, 이는 아시리아 왕이 이집트와 에티오피아에서 사로잡은 자들을 끌고 갈 때 이 포로들이 벌거벗은 몸을 가리지 못하고 수치를 당하리라는 예언이었다(「이사야」 20장).

에스겔은 여호와가 주신 양피지 두루마리를 먹고 여호와의 말씀을 전했다. 그러고는 자신이 먹을 빵을 쇠똥으로 덮어서 유대인들이 굶주리게 되리라는 것을 예언했다. 또 390일을 왼편으로 눕고 40일을 오른편으로 누워 지냄으로써, 유대인들이 포로 상태로 지낼 세월의 햇수를 보여주었다. 그는 사슬로 자신의 몸을 동여매서 이 백성이 노예가 되리라는 것을 알려주었다. 또한 그는 자신의 머리카락과 수염을 깎아 삼등분해두었다가 3분의 1은 성읍 안으로 가져가 태우고, 다른 3분의 1은 성읍 주변에서 칼로 치고, 나머지 3분의 1은 바람에 흩어질 것이라고 했다. 이를 통해 성읍 안에서 죽을 사람들, 성읍 주변에서 죽임을 당할 사람들, 바빌론으로 끌려갈 사람들을 예언한 것이다(「에스겔」3~5장).

예언자 호세아는 은 15개와 보리 한 호멜 반으로 간음한 여인을 사서 혼인하고 이렇게 말했다.

> 당신은 많은 날 동안 나를 기다릴 것이며 그동안 다른 남자는 아무도 가까이하지 말라. 이것은 이스라엘 자손들이 오랫동안 왕도 왕자도 제사도 제단도 제의도 없이 지내게 되리라는 것을 의미한다(「호세아」 3장).

이처럼 히브리의 나비(nabi)들, 즉 선지자와 예언자들은 예언할 때 언제나 미리 상징으로 보여주곤 했다. 따라서 예레미야가 목에 줄을 매고 등에 멍에를 짊어진 뒤 이 굴레와 멍에를 보냄으로써, 이것을 받을 자들에게 그들이 장차 노예가 되리라는 것을 예언했던 일은 당시 관습에 합당한 행동일 뿐이다. 우리는 고대 세계가 모든 면에서 현대와는 전혀 다르다는 점을 명심해야 한다. 사람들의 생활, 법률, 전쟁 방식, 종교의식 등 모든 것들이 완전히 달랐다. 호메로스의 저서와 헤로도토스의 『역사』 제1권을 열어보기만 해도, 우리가 상고시대 사람들과는 닮은 점이 전혀 없으므로 그들의 관습을 우리의 관습과 비교하려 할 때는 함부로 판단을 내리지 말아야 한다는 것을 깨닫게 된다.

자연조차 오늘날의 자연과 같지 않았다. 그때의 주술사들은 자연에 대해 요즘에는 상상하기 어려운 힘을 발휘했다. 그들은 뱀을 부르고 죽은 자들을 깨워냈던 것이다. 신이 꿈을 보내주면 인간은 그 꿈을 해석했다. 누구나 예언의 능력을 지니고 있었다. 당시에는 네부카드네자르가 황소로 변하고, 롯의 아내가 소금 기둥으로 변하며, 마을 다섯 개가 역청 호수로 바뀌는 조화가 일어나곤 했다.

이제는 더 이상 볼 수 없는 인종들도 있었다. 거인종족인 레파임(Réphaïm), 에님(Enim), 네피림(Néphilim), 에나신(Enacin)들은 이제는 사라지고 없다. 성 아우구스티누스는 『신국』 제5권에서, 고대 거인의 치아를 보았는데 우리 보통 사람 어금니의 100배는 된다고 말했다. 에스겔은 두로의 포위공격에서 싸우던 키가 1쿠데[34] 정도 되는 소인족 가마딤(Gamadim)에 대해 이야기하고 있다. 이와 같은 이야기들에서는 대부분 기독교 작가들과 속인(俗人) 작가들이 일치한다. 질병과 처방약들도 오늘날과는 전혀 달랐다. 마귀가 들린 자를 치료할 때는 바라드(barad)라는 뿌리를 고리에 끼워 병자들의 코앞에 놓는 방법을 쓰곤 했다.

결국 고대세계는 모든 면에서 오늘날의 세계와 전혀 달랐으므로 행동의 규범을 본받기는 불가능하다. 그러므로 그 까마득한 고대에 사람들이 종교를 이유로 서로서로 박해하고 억압했다 할지라도, 이러한 잔인한 행동을 신의 율법이라는 핑계로 따라 해서는 안 될 것이다.

(Note 50) 「예레미야」 27장 6절.

(Note 51) 「예레미야」 27장 17절.

(Note 52) 「이사야」 64장, 65장.[35]

(Note 53) 「출애굽기」 20장 5절.[36]

(Note 54) 「신명기」 28장.

(Note 55) 모세의 계율 속에는 모세가 이집트인들에게서 그들의 지배

---

34) 약 50센티미터.
35) 볼테르의 착오. 이 부분은 「이사야」 45장 1~3절이다.
36) 『성서』는 이 부분을 다음과 같이 적고 있다. "나 여호와 너의 하나님은 질투하는 하나님인즉 나를 미워하는 자의 죄를 갚되 아비에게서 아들에게로 4대까지 이르게 하거니와……"

적인 생각, 즉 영혼은 육체와 함께 죽는 것이 아니라는 생각을 배워왔다고 결론지을 수 있는 구절이 딱 하나 있다. 「신명기」18장에는 다음과 같은 중요한 구절이 등장한다.

구름의 움직임으로 길흉을 점치는 점쟁이, 뱀을 호리는 요술쟁이, 피톤[37]의 정령에 귀 기울이는 무당 그리고 사자(死者)들과 소통하며 그들에게서 앎을 구하는 접신자(接神者)에게 가서 의견을 구하지 마라.

이 구절이 이야기하는 것처럼, 죽은 자의 혼을 불러냈다면 그러한 비술은 영혼의 불멸성을 전제하고 있었던 것이다. 그러나 모세가 말하고 있는 마법사들이란 천한 사기꾼에 불과했으므로 자신들 스스로는 어떤 비술을 펼치고 있다고 믿으면서도 그것에 대해 정확히 몰랐다. 그들은 자기들이 펼치는 우스꽝스러운 일들이 영혼의 불멸성이라는 교리를 뒷받침할 수 있는지 아닌지는 검토조차 하지 않고 속임수를 써서 사람들이 다음과 같은 사실을 믿게 하려 했다. 자기들이 죽은 자를 깨워 말하도록 한다고, 비술을 써서 죽은 자의 육체를 살아 있는 상태로 되돌려놓는다고 말이다. 이 마법사들은 철학자가 전혀 아니었다. 그들은 우매한 자들 앞에서 재주를 피우는 광대였다.

기이하게도 '피톤'이라는 단어가 히브리인들이 이 그리스어 단어를 알게 되기 훨씬 이전인 모세의 설교 속에 등장하고 있다는 사실을 지적할 수 있다. 히브리어에는 '피톤'이라는 단어가 없고 정확한 번역어도 없다.

히브리어에는 해결하기 힘든 난점들이 적지 않다. 이 고어(古語)는 페니키아어, 이집트어, 시리아어, 아랍어가 뒤섞여 형성된 언어이기 때문이다. 게다가 이 고대 언어들의 혼합체는 오늘날에는 전혀 다른 모습으로 변질되었다. 히브리어에는 동사의 시제가 현재와 미래밖에 없으므로

---

37) Python: 그리스 신화에서 아폴론이 죽인 거대한 비단뱀.

다른 시제는 의미를 통해 짐작하는 수밖에 없다. 서로 다른 모음들이 동일한 철자로 표현되기도 하는데, 때로는 이 철자들이 모음을 표현하지 않기도 한다. 문장의 마침표는 해독의 어려움을 증대시킬 뿐이다. 한 개의 부사에 20개나 되는 의미가 있기도 하며 동일한 단어가 상반되는 뜻으로 사용되기도 한다.

이와 같은 혼란 이외에도 히브리어는 건조하고 빈약하기 그지없다. 유대인들은 표현기법이 부족했으므로 자신들이 모르는 것을 표현할 수 없었던 것이다. 한마디로 말해, 히브리어와 그리스어의 차이는 농부의 언어와 학술원 회원의 언어의 차이와 같은 것이다.

(Note 56) 「에스겔」 18장 20절.

(Note 57) 「에스겔」 20장 25절.[38]

(Note 58) 유대교에서는 결국 에스겔의 이러한 견해를 채택했다. 그러나 영벌을 믿는 것과 동시에 하나님이 아비의 죄를 그 자식들에게까지 묻는다고 믿었던 유대인들이 있었다. 오늘날 유대인들은 50대(代) 후손을 넘어서까지 벌을 받고 있으며 앞으로도 영벌이 계속될 것이라고 두려워하고 있다. 당시 유대인들 가운데는 예수의 죽음에 가담한 공범이 아닌 사람들이 있다. 예루살렘에 살면서도 그 일과는 무관한 유대인들 그리고 다른 지역에 흩어져서 살던 유대인들이 그들이다. 이 유대인들의 후손들이 자기 선조들과 마찬가지로 죄가 없는데도 벌을 받는 것은 이해하기 힘들다. 그러나 그들이 현세에서 받고 있는 벌, 달리 말하자면 여느 민족들과는 다르고 조국도 없이 장사에 나서는 그들의 존재방식, 그들이 예수를 믿지 않음으로서 초래하는 영벌에 비하면 벌이라고 볼 수도 없다. 유대인들은 진정한 개종으로만 이 영벌을 피할 수 있을 것

---

38) "내가 그들에게 선치 못한 율례와 능히 살게 하지 못할 규례를 주었고……"

이다.

(Note 59) 우리가 이해하고 있는 바와 같은 천국과 지옥의 교리를 모세오경에서 찾으려 했던 사람들은 큰 착각을 한 것이다. 그들의 오류는 단어들에 대한 착오에 기인한다. 불가타 성경은 '구덩이'(묘혈)라는 뜻의 히브리어 'sheol'을 'infernum'(지옥)으로 옮겼고, 'infernum'이라는 이 라틴어 단어는 프랑스어로의 번역 과정에서 'enfer'(지옥)로 옮겨졌다. 이러한 모호한 단어를 근거로 고대 히브리인들에게 그리스인들의 하데스[39]와 타르타로스 같은 개념이 있었다고 믿게 된 것이다. 실제로 그리스인 이전의 다른 민족들은 이 개념을 알고 있었지만 다른 이름으로 부르고 있었다.

「민수기」 16장(31~33절)에 따르면, 고라와 다단, 아비람의 장막 아래서 땅이 갈라지면서 그 구덩이가 그들과 그들의 장막을 모두 삼켜버렸다. 그리하여 그들은 산채로 땅속 무덤에 파묻히게 되었다. 이 구절이 이 히브리인 세 명의 영혼이나 지옥의 고통 또는 영벌에 관한 이야기가 아니라는 점은 분명하다.

『백과전서』의 '지옥'(ENFER) 항목이 고대 히브리인들이 지옥의 실재를 인정했다고 설명한 것은 이해하기 힘들다. 만약 그랬다면 그것은 모세오경에 비춰볼 때 받아들일 수 없는 모순이 될 것이다. 모세가 율법에서는 사후의 고통에 대해서 전혀 언급하지 않았는데, 어떻게 그 단 한 구절에서만 이야기할 수 있었겠는가? 흔히 「신명기」의 32장(21~24절)이 일부 삭제된 채로 지옥을 인정하는 증거로 인용되곤 하지만, 온전한 전문은 다음과 같다.

---

39) Hades, Adès: 그리스 신화에 나오는 지하세계로서 하데스(플루톤)가 이곳에서 지옥의 신들과 죽은 자들을 다스린다. 하데스라는 단어는 그리스어 『구약성서』에서 죽은 자들이 있는 어두운 지역을 가리키는 히브리어 'sheol'을 옮기는 데 쓰였다. 타르타로스는 원래 하데스보다 훨씬 밑에 있는 지옥을 가리켰지만 후에는 구별이 없어지고 하데스와 거의 같은 뜻이 되었다.

그들이 신이 아닌 자를 섬김으로써 나에게 도발하고, 허영을 찬양함으로써 나를 진노하게 했다. 그러니 나도 백성이 없게 함으로써 그들을 도발하고 미친 민족으로 만들어 그들을 분노하게 하리라. 내 분노에서 불길이 일어났으니, 땅 깊은 곳까지 불사르고 땅의 근원까지 삼키며 산들의 뿌리까지도 불태우리라. 내가 재앙을 모아 그들 위에 쏟을 것이요 화살을 그들에게 퍼부을 것이다. 그들은 굶주림으로 지쳐 쓰러지고 새들이 모질게 물어뜯어 삼켜버리리라. 내가 들짐승의 이빨과 뱀의 독을 보내 그들을 짓밟게 하리라.

이 구절에 지옥의 벌에 대한 우리의 개념을 조금이라도 표현하는 말이 있는가? 오히려 이 구절은 고대 유대인들이 오늘날 우리가 알고 있는 지옥을 전혀 몰랐다는 사실을 증명해주는 것 같다.

모세오경에서 천국과 지옥의 교리를 찾으려 한 이 글의 저자는 「욥기」 24장의 다음 구절을 인용하고 있다(15~19절).

간음하는 자의 눈은 저물기를 바라며 아무 눈도 나를 보지 못하리라 하고 얼굴을 변장한다. 낮에 이야기했던 대로 밤중에 집으로 숨어 들어가니 그들은 광명을 모르리라. 혹여 별안간 새벽빛이 나타난다 해도 그들은 그것을 어둠으로 여기리니, 그리하여 그들은 어둠 속을 빛 속에서처럼 걸으리라. 그들은 물 위로 떠서 흐를 것이고 그의 몫은 이 땅에서 저주받을 것이니 그들이 다시는 포도밭 길로 걷지 못할 것이며, 눈 녹은 물에서 뜨거운 열탕에 이르리라. 그들은 죄를 짓고 무덤에 이르리라.

무덤이 죄짓는 자를 흩어버렸다.

그들의 죄악은 기억 속에 새겨졌다.

여기서는 문제의 구절 전문을 고스란히 그대로 인용했다. 그렇지 않고서는 이 구절을 올바로 이해하기가 불가능하기 때문이다.

모세가 사후의 벌이나 보상에 대한 간단명료한 교리를 유대인들에게 가르쳤다고 결론지을 만한 단서가 이 구절에 조금이라도 있는가?

「욥기」는 모세의 율법과는 아무 관련도 없다. 게다가 욥은 유대인이 아니었던 것 같다. 이러한 견해는 히에로니무스가 「창세기」에 대한 주석에서 제시한 것이다. 「욥기」에 등장하는 '사탄'(Sathan)이라는 말(1장 6, 12절)은 유대인들은 쓰지 않던 단어로서 모세오경에는 나오지 않는다. 유대인들이 이 이름을 알게 된 것은 갈대아에서였다. 마찬가지로 그들은 가브리엘이나 라파엘이라는 이름을 바빌론의 유수 이전에는 모르고 있었다. 따라서 「욥기」의 위 구절은 아주 적절치 못한 인용인 것이다.

저자는 「이사야」 마지막 장(66장 23, 24절)도 증거로 들고 있다.

여호와께서 말씀하시기를, 달마다 그리고 안식일마다 모든 혈육이 내 앞에 경배하러 오리라. 그들이 나가서 내게 패역한 자들의 시체가 길에 널려 있음을 볼 것이라. 그 벌레가 죽지 아니할 것이며, 그 불이 꺼지지 아니할 것이다. 그리하여 모든 혈육의 눈은 그들을 보고 진저리를 치리라.

여호와에게 패역한 자들의 시체가 길가에 버려져 사람들이 진저리를 쳤고 벌레들이 그 몸뚱이를 먹어치웠다는 이야기가, 모세가 유대인들에게 영혼의 불멸이라는 교리를 가르쳤다는 증거는 분명 아니다. 또한 "그 불이 꺼지지 아니하리라"라는 표현이 "사람들의 눈앞에 내팽개쳐진 시체들이 지옥의 영벌을 겪고 있다"라는 의미라고 할 수도 없다.

모세의 시대에 유대인들이 영혼의 불멸이라는 교리를 인정했다는 점을 증명하기 위해서 「이사야」의 한 구절을 인용하는 일이 과연 타당한가? 이사야가 예언한 시점은 히브리력(曆)으로 3380년이었다. 모세는 2500년경에 살았다. 두 사람 사이에 800년이 흘러간 것이다. 어떤 사람이 어떠한 견해를 지니고 있었다는 것을 증명하기 위해, 800년이나 지난 후의 사람을 끌어들이는 식의 마구잡이 인용은 상식에 대한 모독이거나 말장난이다. 더구나 그 나중 사람은 그러한 견해에 대해 아무런 이야기도 하지 않았다. 영혼의 불멸 그리고 사후의 벌과 보상을 예고하고 인정하고 확인한 것은 분명 『신약성서』이다. 그러나 모세오경 어디에도 그러한 이야기가 없다는 점 역시 분명하다. 이것이 바로 대(大)아르노가 포르루아얄을 위한 변론에서 단호하게 강조하고 있는 점이다.

그 이후의 유대인들은 영혼의 불멸을 믿으면서도 영혼의 정신적인 면은 전혀 이해하지 못했다. 거의 모든 민족과 마찬가지로 유대인들도 영혼이 공중을 떠다니는 가냘픈 것, 즉 가벼운 실체이고 그 영혼에 의해 살아 움직이는 육체의 형상을 띠고 있다고 생각했다. 그것을 사람들은 '귀신' '육신의 넋'이라고 부른다. 여러 명의 교부가 이러한 의견에 동조했다. 예를 들어, 테르툴리아누스는 『영혼의 증명에 대해』 제22장에서 다음과 같이 이야기하고 있다.

우리가 영혼을 정의하건대, 그것은 신의 입김에서 태어난 것으로 영원불멸하며 육체를 지녔고 형상이 있으며 그 실체는 단순하다.

성 이레나이우스는 "영혼은 한시적 육체에 비하면 육체의 성질이 없다"라고 말했다. 그는 "예수 그리스도께서 영혼이 육체의 모습을 보존하고 있다고 가르치셨다"라고 덧붙인다. 그러나 예수 그리스도가 이러한 교리를 가르친 적이 있는지는 알 수 없고 성 이레나이우스가 한 이야기의 의미는 짐작하기 어렵다.

성 힐라리우스는 「마태복음」에 대한 주석에서 더 단호하고 긍정적인 견해를 제시했다. 영혼은 분명히 육신이라는 실체를 지닌다는 것이다.

성 암브로시우스는 아브라함에 대한 저술에서, 성삼위일체의 본체만이 물질에서 빠져나올 수 있다고 주장했다.

존경스러운 이들 교부의 성찰이 그릇된 것이라고 비난할 수도 있다. 그러나 영혼의 불가해한 본성을 몰랐던 이들이 영혼이 불멸하고 기독교적이라고 단언했다는 점에서 그들의 신학이 매우 건전했다는 것을 알

수 있다.

우리가 알기로 영혼은 정신적인 것이다. 그러나 우리는 정신이 무엇인지 전혀 모른다. 물질에 대한 우리의 지식도 매우 불완전해서, 물질이 아닌 것에 대해 분명하게 이해하기란 불가능하다. 우리는 감각에 대해서도 아는 것이 거의 없으므로, 감각 너머에 있는 것을 우리 힘으로 알아낼 수가 없다. 우리는 이해하지도 표현하지도 못하는 것들을 피상적으로라도 파악하기 위해, 일상적으로 쓰는 단어 몇 개를 형이상학과 신학이라는 심연 속으로 옮겨 놓는다. 우리는 이 몇 마디 단어에 의지해, 미지의 영역들에 대한 우리의 빈약한 이해력을 유지하려고 애쓸 뿐이다.

우리는 물질이 아닌 것을 표현하기 위해 '입김'(souffle), '숨'(vent)에 연결된 '정신'(esprit)이라는 단어를 사용한다. 이 입김, 숨, 정신이라는 단어들이 부지불식간에 섬세하고 가벼운 어떤 실체를 떠올리게 하므로, 우리는 여기에서 벗어나 순수한 정신성을 이해하는 데 도달하려고 노력한다. 그러나 우리는 정신성에 대한 명확한 이해에 절대 도달하지 못한다. 하기야 우리는 그 의미를 알지도 못하면서 '실체'(substance)라는 단어를 사용한다. '실체'란, 글자 그대로, 밑에 있는 것을 말한다. 이러한 점만 보더라도 실체는 우리가 파악할 수 없는 것이다. 밑에 있는 것이란 도대체 무엇이란 말인가? 하나님의 비밀을 아는 일은 이승에서는, 현생에서는 허용되지 않는다. 이 세상에서 우리는 깊은 칠흑 같은 암흑 속에 빠져 허우적거리며 서로를 상대로 싸우고 있다. 우리는 무엇 때문에 싸우는지도 정확히 모르는 채 이 암흑 속에서 닥치는 대로 주먹을 휘두르는 것이다.

이렇게 진지한 성찰의 결론은 단 하나이다. 지각 있는 사람이라면 타인의 의견에 대해 반드시 관대해야 한다는 것이다.

지금까지 우리는 인간들이 서로에 대해 관용을 베풀어야 할지 아닌지를 따져 보았다. 우리는 인간들이 어느 시대건 오류에서 벗어나지 못했다는 점을 충분히 입증했다. 그러므로 우리가 어느 시대건 서로에게 관용을 베풀어야만 한다는 점도 입증된 것이다.

(Note 60) 운명론은 오래되고 보편적인 신념으로, 호메로스의 시에도 스며 있다. 주피터는 아들 사르페돈의 목숨을 구하려 했지만, 운명이 죽음을 준비해두고 있었기에 순종할 수밖에 없었다. 철학자들은 운명이란 자연이 필연적으로 빚어내는 원인과 결과들의 불가피한 연쇄이거나, 신의 섭리가 정해놓은 동일한 연쇄라고 보았다. 이는 운명에 대해 훨씬 더 합리적인 인식이라고 할 수 있다. 세네카의 다음 시구는 운명이 어떻게 작용하는지를 아주 잘 보여준다.

운명은 원하는 자를 인도해주고, 원치 않는 자는 끌고 간다.

사람들은 언제나 하나님이 영원하고 보편적이며 변함없는 율법으로 이 우주를 지배하고 있다고 믿어왔다. 이러한 진리에서 자유에 대한 모든 논쟁이 출발했다. 그러나 자유를 둘러싼 논쟁은 로크 이전까지는 자유라는 개념이 정의되지 않았으므로 복잡하고 이해하기 어려운 것이었다. 로크는 자유가 행동할 수 있는 능력임을 논증했다. 이 행동능력은 신이 인간에게 부여해준 것이다. 인간은 신이 정해준 영원한 질서에 따라 자유롭게 행동함으로써 세계라는 거대한 기계를 움직이는 하나의 바퀴가 되는 것이다. 고대인들도 자유에 대한 논쟁을 펼쳤으나 이 문제 때문에 누구를 박해하지는 않았다. 아르노, 사시,[40] 니콜을 비롯해 프랑스의 등불이었던 수많은 사람이 자유를 둘러싼 논쟁의 가운데서 투옥되고 추방당했으니 이 얼마나 부조리하고 끔찍한 일인가!

(Note 61) 윤회 또는 영혼의 전생(轉生)에 대한 신학적 해석은 인도에서 전래한 것이다. 일반적으로 알려진 것보다 훨씬 더 많은 설화가 인도에서 왔다. 윤회론은 오비디우스의 『변신』 제5권에서 설명되고 있다. 이

---

40) Louis-Isaac Lemaistre de Sacy(1613~84): 포르루아얄과 가까운 신학자로 18세기에 가장 널리 보급된 프랑스어판 『성서』인 '포르루아얄판 성서'를 번역했다.

믿음은 거의 전 세계로 전파되었지만 언제나 비판의 대상이 되어왔다. 고대의 신관이 피타고라스의 제자에게 파문을 명하는 봉인장을 보냈다는 소리는 들은 적이 없다.

(Note 62) 고대 유대인, 이집트인, 그리스인들은 인간이 죽은 후 그 영혼이 하늘로 올라간다고 믿지 않았다. 유대인들은 해와 달이 인간의 머리에서 몇 리외 높은 곳에서 같은 궤도를 따라 움직이고, 창공은 두껍고 견고한 둥근 천장으로 그 위에 고인 물의 무게를 떠받치고 있는데, 간혹 이 천장이 열리면서 비가 쏟아지는 것이라고 믿었다. 그리스인들은 신들의 궁전이 올림포스 산에 있다고 믿었다. 호메로스의 시대에는 영웅들이 죽은 후 바다 건너 어느 섬에 가서 산다고 생각했는데, 에세네파 신도들이 이렇게 믿었다.

호메로스 이후 사람들은 신들이 행성에 살고 있다고 생각했다. 그러나 달 주민들이 지구가 신의 처소라고 생각하는 것과 마찬가지로, 우리가 달에 신이 산다고 여기는 것도 터무니없다. 주노[41]와 아이리스[42]의 거처는 구름 위였다. 신들이 발을 딛고 있는 곳은 없었다. 시바교도들은 신들이 각각 자기 별을 갖고 있다고 생각했다. 그러나 별 가운데 하나인 해에서는 신의 속성이 불이 아닌 이상 거기서 살 방도가 없다. 이처럼 고대인들의 천체관을 논하는 것은 아무런 쓸모가 없다. 고대인들은 하늘에 대해 아무 생각도 없었다는 것이 최선의 답이다.

(Note 63) 「마태복음」 22장 4절.

(Note 64) 「누가복음」 14장.

---

41) 주피터의 아내로 빛의 여신.
42) 무지개의 여신.

(Note 65) 「누가복음」 14장 26절부터.

(Note 66) 「마태복음」 18장 17절.

(Note 67) 「마태복음」 23장.

(Note 68) 「마태복음」 26장 59절.

(Note 69) 「마태복음」 26장 61절.

(Note 70) 사실 유대인들로서는 하나님 자신이 하나님의 아들로 강생했다는 이 숭고한 신비를 어떤 특별한 계시 없이 이해하기란, 불가능했다고는 할 수 없으나 지극히 어려운 일이었다. 「창세기」(6장)에서는 용사의 아들을 '신의 아들'이라고 부르고 있다. 마찬가지로 「시편」에서도 큰 백향목을 '하나님의 백향목'이라고 부른다(제79편 11절[43]). 사무엘은 '하나님의 두려움'이 백성들을 덮쳤다고 말하는데, 이 말은 큰 두려움을 뜻한다(「사무엘」상 16장 11절). 거센 바람은 '하나님의 바람'이며 사울의 병은 '하나님의 우울증'이다. 이런 차이에도 유대인들은 예수가 자신을 하나님의 아들이라고 한 말의 뜻을 이해했다. 이 말의 원래 의미를 글자 그대로 이해하기는 한 것이다. 하지만 유대인들이 이 말을 불경하다고 여겼다는 사실에서, 인간을 구원하기 위해 하나님의 아들 곧 하나님이 지상에 보내졌다는 강생의 신비를 그들이 이해하지 못했음을 알수 있다.

(Note 71) 이 글을 쓴 1762년 당시에 프랑스에서는 예수회 교단이 해

---

43) '하나님의 백향목'이라는 말이 등장하는 「시편」은 제80편으로, 볼테르가 착각한 것 같다.

산되지 않은 상태였다. 만약 그들이 불행을 당했더라면 필자도 분명 그들을 존중해주었을 것이다. 하지만 예수회는 남들에게 박해를 가했으므로 박해를 당했을 뿐이라는 사실을 영원히 기억해야 한다. 또 예수회에 대한 박해는, 그들보다 한층 더 가차 없는 불관용을 견지하면서 강경하고 부조리한 자신들의 견해를 받아들이지 않는 동료 시민들을 탄압하려고 벼르는 자들에게 경종이 되어야 할 것이다〔1771년에 덧붙인 주석〕.

(Note 72) 이 점에 대해서는 『종교재판 입문』(*Le Manuel de l'Inquisition*)을 참조하라.

칼라스 사건 일지

1685년 7월: 육군대신 루부아[1]가 남서부 지방에서 군대를 동원해 '이 단'(남서부의 가톨릭 신도들은 개신교도들을 이렇게 불렀다)을 제 거하라고 명령함으로써 '용기병의 박해'(dragonnades)가 시작 되었다. 군대 가운데 용기병[2]이 가장 빨리 이동할 수 있었고 규 율이 문란해 이 난폭한 작전에 제일 적합했다. 그래서 이런 명칭 이 생긴 것이다. 용기병들은 개신교도들의 집에서 숙식을 제공 받으면서 온갖 패악으로 개종을 강요했다. 용기병들에게는 살

---

1) François Michel Le Tellier, marquis de Louvois(1639~91): 육군대신인 아버지 르 텔리에와 함께 1661년부터 30년간 사실상 프랑스 육군의 최고 책임자 역할을 했다. 전략에 뛰어난 그는 루이 14세의 신임을 얻어 모든 전쟁을 지휘했으며 30 만 대군을 양성했다. 그러나 '용기병의 박해'를 만들어낸 장본인이라는 오명을 남겼다. 루부아는 1681년 서부 지역에서 개신교도들 집에 기병들을 상주시켜 징 세와 개종을 독려하라는 지시를 내렸다. 개신교도들은 기병들에게 숙식을 비롯 한 모든 편의를 제공해야 했고 기병들의 폭력은 적극적으로 권장되었다. 개종자 들에 대해서는 이런 의무를 면제해주었다. 그 결과 수많은 개신교도가 개종했고 해안지역 주민들은 집단으로 망명했다.
2) dragons: 프랑스에서는 16세기에 출현한 부대의 명칭으로 힘과 용맹의 상징인 용을 그린 군기를 사용했으므로 이런 명칭이 만들어졌다고 보는 것이 일반적이 다. 기병은 승마전투만 했지만, 용기병은 이동 시에는 말을 타고 전투는 보병으 로 했다.

인을 제외한 모든 패악이 허용되고 마음껏 먹고 마실 수 있었다. 그 결과 용기병들만 보아도 개종하는 경우가 폭발적으로 증가했다. 이러한 보고를 받은 루이 14세가 완전한 가톨릭 왕국이 가능하다고 확신하게 되어 낭트칙령을 폐기하기로 결심했다고 보는 것이 일반적이다.

1685년 10월 18일: 루이 14세가 퐁텐블로칙령에 의해 앙리 4세의 낭트칙령(1598년 4월)을 폐기했고, '용기병의 박해'는 파리를 제외한 전국에서 일반화되었다. '용기병의 박해'는 개신교도 개종의 가장 효과적인 동시에 극악한 수단이었다. 퐁텐블로칙령 이후 목사직을 수행하다가 적발된 목사들은 사형에 처했고, 예배를 보다가 적발된 개신교도들은 종신 중노동형에 처했다. 또 개신교도들은 공직을 포함한 몇몇 직업에 종사할 수 없었다. 구체제에서 호적은 가톨릭교회에서 관리했으므로 모든 출생, 혼인, 사망 신고는 교회에서 했다. 개신교도들은 호적에 등록되지 않았다.

1698년 3월 19일: 프랑스 남부 랑그도크 지방의 카스트르 부근에서 장 칼라스 출생. 칼라스 집안은 개신교도였으나 장 칼라스는 출생 4일 후에 호적 등록을 위해 가톨릭교회에서 형식적인 세례를 받음.

1715년: 루이 14세 사망, 루이 15세 즉위, 오를레앙 공작의 섭정.

1722년: 옷감 장수 장 칼라스가 랑그도크 지방의 중심 도시인 툴루즈에 정착.

1731년 10월 19일: 장 칼라스가 개신교도 집안의 안로즈 카비벨(Anne-

Rose Cabibel)과 결혼. 이 부부는 아들 네 명(마르크앙투안, 피에르, 루이, 도나)과 딸 두 명(안, 안로즈)을 두게 됨. 독실한 가톨릭 신도인 하녀 잔 비기에르(Jeanne Viguière)가 아이들 양육을 담당.

1732년 11월 5일: 장남 마르크앙투안 칼라스 출생, 11월 7일 가톨릭교회에서 세례를 받음.

1756년: 루이가 가톨릭으로 개종. 하녀 잔 비기에르의 영향 때문에 개종했다고 추정되는데, 장 칼라스는 이런 점을 알고도 하녀를 존중하고 계속 고용. 가족과 절연한 루이는 직업 없이 아버지가 지급해야 하는 돈으로 생활. 개종한 개신교도 자식에게 부모는 생활비를 지급해야 함.

1759년 5월 18일: 마르크앙투안이 법과대학 입학. 마르크앙투안은 변호사를 지망했으나, 개신교도는 변호사가 될 수 없음. 학위 논문 발표에 필요한 증명서 발급을 교회 당국이 거부. 낙담한 마르크앙투안은 아버지 일을 도와주면서 생활.

1761년 1월 24일: 랑그도크 지사의 툴루즈 담당 보좌관이 장 칼라스가 개종한 아들 루이의 생활비를 제대로 대주지 않는다고 지사에게 보고.
당시 툴루즈는 '완강한 가톨릭' 도시였다. 1761년 툴루즈에는 가톨릭 신도 5만과 칼뱅파 개신교도 200명 정도가 거주하고 있었다. '용기병의 박해', 경제난, 7년전쟁[3]의 패전 등으로 개신교도 또는 위그노들은 극도로 조심하며 숨을 죽인 채 살고 있

---

3) 7년전쟁(1756~63년)에서 가톨릭 국가인 프랑스와 에스파냐 등은 개신교 국가인 영국과 프로이센 등에 참패했다.

었다.

1761년 10월 13일: 칼라스 가족이 마르크앙투안의 친구인 고베르 라베스(Gaubert Lavaysse)와 함께 집 2층에서 저녁 식사. 7시 반 경에 마르크앙투안이 산책을 한다고 외출. 10시경에 라베스가 일어서자 피에르가 배웅하기 위해 함께 1층 가게로 내려옴. 두 사람이 가게 문에 목을 매어 죽은 마르크앙투안을 발견하고 가족에게 알림. 칼라스 가족은 자살자 시신에 대한 법규[4]를 회피하기 위해 사인을 밝히지 않기로 합의. 가족들의 비명에 이웃 사람들이 모여들고 소문이 퍼져나감. 시행정관 다비드 드 보드리그(David de Beaudrigue)가 수사에 착수. 자연사가 아니라는 결론을 내리고 집 안에 있던 사람들을 모두 체포하고 시신은 시청으로 이송.

1761년 10월 14일: 저녁부터 보드리그가 장 칼라스에 대한 심문에 착수. 장 칼라스는 아들의 시신이 바닥에 있었다고 진술. 아들의 개종을 막기 위해 아버지가 죽였다는 소문이 돌기 시작. 보드리그 역시 칼뱅파의 살인이라고 단정.

1761년 10월 15일: 이날 심문에서 사태가 이상하게 돌아가자 장 칼라스가 진술을 번복하고 아들이 목을 맨 채로 발견되었다고 토로. 그러나 보드리그는 장 칼라스의 비속살해를 확신하고 자백을 강요.

1761년 10월 17일: 국왕검찰관 팽베르(Pimbert)가 증언명령서를 발부했다. 마르크앙투안의 개종을 막기 위한 비속살해라고 유도하

---

4) 당시에는 형법에 따라, 자살자에게 유죄를 선고한 다음 그 시신을 엎은 채로 끌고 다녀 주민들에게 보여주고 마지막으로는 교수대에 매달았다.

는 네 개의 질문을 제시. 87개의 증언이 제출되었으나 결정적인 것은 없었음.

1761년 11월 8일: 마르크앙투안의 시신을 가톨릭 의식에 따라 성대하게 매장.

1761년 11월 18일: 1심 재판 시작. 재판부는 툴루즈 시행정관 네 명(보드리그 외 한 명은 예심에도 참여)과 배석 세 명으로 구성. 당시에는 변호사가 형사재판 과정에 간여할 수 없었고 따로 피고인들에게 조언만 할 수 있었다. 국왕검찰관 라간(Lagane)이 장 칼라스 부부와 피에르에게 사형, 라베스에게 종신 중노동형, 잔 비기에르에게 5년형 구형. 재판부는 장시간의 토론과 두 번의 표결을 거쳐, 정식 선고를 내리기 전에 칼라스 가족은 고문을 받고 라베스와 비기에르는 그 고문을 참관하라는 내용의 유죄 판결을 내렸다. 당시에 고문은 자백을 받아내기 위해 실시했고 일반 고문과 특별 고문이 있었다. 일반 고문은 도르래로 팔다리를 잡아당기는 것이고, 특별 고문은 엄청난 양의 물을 마시게 하는 것이었다. 무죄를 주장하는 피고인들과 처벌이 약하다는 검찰이 같이 툴루즈 고등법원에 항소했다.

고등법원 재판부는 피고들에 대한 분리 심리를 결정했다. 고등법원의 재판 과정에서 살인의 결정적인 증거가 나오지 않았고 어떤 피고도 자백을 하지 않았다. 검사장 리케 드 봉르포(Riquet de Bonrepos)는 칼라스 가족에게 사형, 라베스와 비기에르에게는 추가 심문을 구형했다.

고등법원 판사 13명으로 구성된 재판부는 의견이 엇갈려 열 번의 회의를 거친 후에야 판결을 내릴 수 있었다. 다수 의견이 소수 의견보다 두 표 이상 차이가 나야 판결을 내리게 되어 있었다.

1762년 3월 9일: 툴루즈 고등법원 재판부가 여덟 명 찬성, 다섯 명 반대의 표결로 장 칼라스에게 사형을 선고했다. 장 칼라스는 처형 이전에 자백을 받아내기 위해 일반 고문과 특별 고문을 받도록 했다. 다른 피고인들에 대한 판결은 장 칼라스의 자백을 받아낸 이후로 유예했다.

1762년 3월 10일: 아침에 보드리그가 장 칼라스에 대한 마지막 심문을 진행했다. 장 칼라스는 탈진했는데도 계속 결백을 주장했다. 일반과 특별 고문에서도 자백은 나오지 않았다.

오후에 장 칼라스에 대한 차형(車刑)이 집행되었다. 집행인이 "그의 팔, 다리, 정강이, 허리를 부러뜨린 다음 그의 몸을 교수대 바로 옆에 설치된 바퀴 위에 눕혀놓았다. 그의 얼굴은 저지른 죄를 회개하고 다른 악인들에게 본보기가 되도록 하늘을 향하게 했다." 그러나 장 칼라스는 이 끔찍한 고통 속에서도 위엄을 유지하고 당당했다. 그는 집행인이 몽둥이로 내려칠 때마다 비명만 지를 뿐이었다. 그는 신부에게 아무것도 고백하지 않았다. 그는 개신교도로 죽겠다고 말하고 하나님에게 재판관들을 용서하라고 기도했다. 바퀴 위에서 두 시간이 지난 다음에 집행인이 장 칼라스를 목 졸라 죽였다. 시신은 활활 타는 장작불에 던지고 재는 바람에 날려 보냈다.

1762년 3월 17일: 고등법원 재판부가 피에르 칼라스를 영구 추방하고 나머지 3인은 방면했다. 칼라스의 두 딸은 수녀원에 유폐하고 가족의 전 재산을 몰수했다.

당시 스위스에 인접한 페르네(Ferney)[5]에 거주하던 볼테르는 칼라스 사건을 전해 듣고 처음에는 개신교도들의 광신이 빚어

---

5) 이 코뮌의 현재 명칭은 페르네-볼테르이다.

낸 사건이라고 생각했다. 그러나 좀더 많은 이야기를 들은 다음에는 조사를 결심하고 관련 서류를 검토하기 시작했다. 볼테르는 제네바로 피신한 피에르와 루이 칼라스 형제를 불러서 면담한 후에는 장 칼라스의 무죄를 확신하게 되었다. 그는 다양한 노력을 전개하면서 이 문제에 대한 베르사유 궁전의 관심을 불러일으켰다. 볼테르는 1762년 10월부터 『관용론』 집필에 착수했다. 볼테르는 칼라스 부인을 파리로 보내 대신들을 면담하도록 주선했다.

1763년 3월 1일: 국무참사회 파기부(bureau des cassations)가 칼라스 가족의 청원을 받아들임. 칼라스 부인이 베르사유 궁전에서 루이 15세를 알현하고 개입을 간청했다.

1763년 3월 7일: 국무참사회가 만장일치로 툴루즈 고등법원에 칼라스 재판 관련 서류 일체를 제출하라고 명령했다. 툴루즈 고등법원은 버티다가 7월 말에야 서류를 제출했다.

1763년 11월: 볼테르의 『관용론』이 출판되고 판매가 금지되었는데도 커다란 반향을 일으켰다.

1764년 6월 4일: 80명의 판사로 구성된 판사회의가 툴루즈 고등법원의 판결을 파기하고 전면적인 재심을 명령했다. 툴루즈 고등법원이 이 판결에 대한 인준을 거부하자 재심을 파리에서 진행하기로 결정했다. 관련 피고인 전원은 형식적인 절차를 위해 파리 감옥(la Conciergerie)에 수감되었다.

1765년 2월 25일: 툴루즈 시행정관 보드리그가 해임되었다. 그는 얼마 지나지 않아 자살했다.

1765년 3월 9일: 청원재판소가 만장일치로 장 칼라스의 복권을 선고했
다. 루이 15세가 칼라스 부인에게 보상금으로 3만 6,000리브르
를 하사했다.

칼라스 사건의 영향으로 툴루즈 시가 1562년 학살을 기념하던
축제는 즉각 폐지되었다.

1787년 11월 7일: 루이 16세가 베르사유칙령에 의해 개신교도들에게 호
적 등록을 허락했다.

1789년 8월 26일: 프랑스 제헌의회가 인권선언을 선포했다. 제10조. 누
구도 자신의 발언이 법으로 확립된 공공질서를 어지럽히지 않
는 한, 종교적 견해를 포함해 자신의 견해를 밝히는 행위가 방해
받아서는 아니 된다.

볼테르 연보

1694 파리에서 출생. 본명은 프랑수아마리 아루에(François-Marie Arouet). 그의 아버지는 공증인(公證人)이었다가 나중에 국왕참사직을 사들였다. 아버지의 직업은 볼테르가 전형적인 부르주아 출신임을 말해준다.

1701 어머니 사망.

1704 예수회가 운영하는 콜레주 루이르그랑(collège de Louis-le-Grand)에 입학. 신부들은 그에 대해 이렇게 평했다. '총명한 아이. 그러나 비상한 악동.'

1711 콜레주 루이르그랑을 마치고 법률 공부를 시작. 아버지는 그를 후계자로 삼을 작정이었으나 그는 문학에 더 큰 흥미를 느끼고 있었다.

1714 사교계 르탕플(le Temple)에 출입하며 자유사상가들과 교류.

1715 루이 14세 사망. 볼테르는 비극 『오이디푸스』와 서사시 『앙리아드』(Henriade)[1]를 쓰기 시작함.

1717 당시 섭정이었던 오를레앙 공작을 야유한 풍자문을 쓴 죄목으로 11개월 동안 바스티유 감옥에 투옥됨. 옥중에서 『오이디푸스』를 완성함.

1718 『오이디푸스』를 공연해 성공을 거둠. 이어 아루에라는 평민적인 성을 버리고 볼테르라는 필명을 선택. 볼테르는 『오이디푸스』의 성공으로 얻은 이익

---

1) 낭트칙령으로 개신교도들에게 종교의 자유를 부여한 앙리 4세와 관용에 대해 경의를 표하는 내용.

을 사업에도 투자했다.

1722 아버지 사망.

1726 로앙 기사[2]와의 분쟁. 이 고위 귀족은 부르주아 출신인 볼테르가 거둔 문학적 성공과 그의 당돌함에 반감을 느껴 하인들을 시켜 그를 몽둥이로 때려주었다. 이에 분개한 볼테르는 로앙 기사에게 결투를 신청했고, 그 오만불손한 행동으로 인해 다시 바스티유 감옥에 투옥되었다. 약 보름 후에 볼테르는 영국으로 망명한다는 조건으로 감옥에서 풀려났다. 이 일을 통해 그는 당시 사회의 불평등과 특권계급의 횡포를 자각하게 되었다.

1727 영국 체류. 볼테르는 자신의 표현에 따르면 '자유의 나라'인 영국에 머문 2년 7개월 동안 종교와 사상의 자유, 인간 생활의 개선, 정신의 사회적 가치 등에 눈을 뜨게 되었다. 또한 그는 셰익스피어의 연극을 관람하고, 영국 작가들(볼링브로크, 포프, 스위프트 등)과 교류했으며, 뒤에 집필하게 될 역사서와 철학서를 위한 방대한 독서와 자료수집에 몰두했다.

1728 서사시 『앙리아드』 출판. 이 서사시는 영국 여왕에게 헌정되었다. 연말에 프랑스로 귀국.

1731 스웨덴 국왕 카를 12세에 대한 역사서 『카를 12세의 역사』(*Histoire de Charles XII*)를 출판.

1732 희곡 『자이르』(*Zaïre*) 발표.

1734 영국 견문기라는 명목 아래 프랑스 사회를 신랄하게 비판한 『철학서간』 (*Letters philosophiques*)을 출간. 프랑스 문학사가 구스타브 랑송에 의하면, 이 책은 구체제에 던져진 최초의 폭탄과 같은 것이었다. 모든 기성 제도를 공격하는 이 책의 진의를 간파한 당국은 즉각 분서(焚書) 처분 명령을 내리고, 출판자를 바스티유 감옥에 투옥했으며, 볼테르에게는 체포영장을 발부했다. 신변의 위험을 느낀 볼테르는 애인 샤틀레 부인[3]과 함께 부인의

---

2) Guy-Auguste de Rohan-Chabot, chevalier de Rohan(1683~1760): 구체제 프랑스의 유명 권세가인 로앙 가문의 일원.

3) Émilie du Châtelet(1706~49): 프랑스의 수학자, 문인, 물리학자. 샤틀레 후작과 결혼했으나 자유분방해 여러 명의 정부가 있었다. 특히 볼테르와는 15년 동안

성이 있는 샹파뉴 지방의 시레(Cirey sur Blaise)로 도피해 이후 10년 동안 머물게 된다.

1737 『뉴턴 철학 입문』(*Eléments de Newton*) 출간.

1741 희곡 『마호메트』(*Mahomet*) 발표.

1743 희곡 『메로페』(*Mérope*)로 성공을 거둠. 이후 그는 파리로 돌아와 문단과 정치계의 환영을 받았다. 그는 국왕의 사료편찬관 겸 시종이 되었고, 정치 신문의 편집자로 활약하는 한편 외교관의 임무도 수행했다.

1746 아카데미 프랑세즈 회원이 됨. 그러나 일부 지위 높은 사람들이 그의 빠른 출세를 시기하며 반감을 보이자 분개함.

1747 철학 콩트 『자디그』(*Zadig*)를 씀.

1749 샤틀레 부인 사망.

1750 프로이센의 프리드리히 2세의 초청으로 포츠담으로 감.

1751 역사서 『루이 14세의 시대』(*Le Siècle de Louis XIV*) 발표.

1753 프리드리히 2세와의 불화로 프로이센을 떠남.

1754 프랑스 당국과의 마찰로 파리에 돌아갈 수 없었던 볼테르는 프랑스의 압력에 대비해 제네바 근처에 주거를 정함. 그는 독립자존의 생활을 위해 스위스에 두 채의 집을 샀는데, 하나는 제네바 근처에 있는 레델리스(les Délices)였으며, 다른 하나는 로잔 근처에 있었다.

1755 「리스본의 대지진에 관한 시」(Poème sur le désastre de Lisbonne)로 루소와 논쟁을 벌임. 12월 『백과전서』 집필에 참여. 디드로, 달랑베르 등이 편찬한 『백과전서』에 볼테르는 처음부터 큰 관심을 기울였고, 역사를 중심으로 많은 항목을 집필했다.

1756 『풍속론』(*Essais sur les moeurs*) 출판.

1758 연극작품의 상연을 둘러싸고 제네바 당국과 알력이 발생하자, 제네바에 대한 방어책으로 스위스 국경에 가까운 지역 투르네(Tournay)와 페르네 (Ferney)의 두 토지를 사들임. 그의 말에 따르면 "앞발은 로잔과 제네바에

같이 지내면서 커다란 영향을 받았다.

걸치고, 뒷발은 페르네와 투르네에 걸친" 상태가 되어, 스위스에서 문제가 생기면 프랑스로, 프랑스에서 문제가 생기면 스위스로 달아날 준비를 함. 그는 "철학자들은 뒤쫓아오는 개들을 피하고자 땅속에 두세 개의 굴을 지니고 있어야 한다"라고 말했다.

1759 『캉디드』(*Candide*) 출판.

1760 페르네에 정착. 그는 페르네에서 농촌을 개혁하고 빈민구제를 위한 시계공장도 만들었다.

1762 툴루즈에서 장 칼라스가 처형됨. 볼테르는 칼라스 사건을 접하고 이 사건의 진상을 규명하기 위해 독자적인 조사를 벌임. 또한 그는 칼라스 사건 이외에도 시르방 사건[4]과 라바르 기사 사건[5]에 뛰어들어 이들의 복권을 위해 노력했으며, 아울러 이 사건들이 드러내는 기성 체제의 결함과 폐습을 공격했다.

1763 프랑스 국무참사회에서 칼라스 사건의 재심을 결정. 11월 『관용론』 출판.

1764 『철학사전』(*Dictionnaire philosophique*)의 초판본이 나옴.

1765 장 칼라스가 복권됨.

1766 슈발리에 라바르 사건에 관여한 일을 계기로 스위스에 잠시 피신.

1769 「신과 인간들」(*Dieu et les hommes*)을 비롯한 수많은 팸플릿을 발표.

1773 파리로 돌아오려는 시도가 좌절됨. 이 해에 볼테르는 중병을 앓은 후 기력이 많이 쇠약해짐.

1774 루이 15세 사망. 이후 볼테르는 파리 귀환을 결심하게 됨.

---

4) 1760년 프랑스 남부의 카스트르에 거주하는 개신교도 시르방(Sirven) 부부가 개종을 막기 위해 지적 장애가 있는 딸을 죽였다는 모함을 받고 스위스 로잔으로 도피했다. 그들에게는 궐석재판을 통해 사형이 선고되었다. 그러나 로잔에서 그들을 만난 볼테르의 개입 덕에 1771년 복권되고 보상까지 받게 된다.

5) François-Jean Lefebvre de La Barre(1745~66): 프랑스 북부 피카르디 지방의 아베빌에 거주하던 귀족으로 십자가 등을 훼손한 독신(瀆神)죄 판결을 받고 1766년 21살의 나이에 화형당했다. 볼테르는 칼라스 사건으로 인한 탈진과 병환에도 이 사건에 개입해 많은 노력을 했으나 구체제에서는 라바르의 복권이 이루어지지 않았다. 1793년 혁명기의 국민공회가 라바르를 복권했다.

1778 1월에 시민들의 열광적인 환영을 받으며 파리로 귀환. 그러나 볼테르는 긴 여행의 피로와 연일 이어지는 대환영으로 인한 극도의 흥분 때문에 탈진해 5월 30일 파리에서 숨을 거두었다.

찾아보기

지은이 볼테르

볼테르는 프랑스의 작가이자 사상가로
본명은 프랑수아 마리 아루에(François-Marie Arouet)이다. 아버지의 뜻에 따라
17세부터 법률 공부를 시작했으나 문학에 더 큰 흥미를 느꼈다.
1715년 첫 번째 비극인『오이디푸스』를 쓰기 시작한 볼테르는
1717년 당시 섭정이었던 오를레앙 공을 야유한 풍자문을 쓴 죄목으로
바스티유 감옥에 투옥되어 옥중에서『오이디푸스』를 완성한다.
이 무렵 볼테르로 필명을 바꾼다. 이후 볼테르는 문학적 성공을 이루지만,
거침없는 그의 글은 적들을 만들고 그로 인해 투옥과 망명을 거듭하게 된다.
『앙리아드』『철학서간』『메로페』『자디그』『풍속론』『캉디드』등 많은 글을 출판하던
볼테르는 1762년 칼라스 사건의 진상을 규명하기 위해 독자적인 조사를 벌여 마침내
프랑스 국왕의 국무회의 재판부에서 재심판결을 이끌어낸다.
그 외에도 시르방 사건과 라바르 기사 사건 등에 뛰어들어
기성체제의 결함과 폐습을 공격했다. 그러나 라바르 기사 사건은
성공하지 못했고 그는 스위스로 피신해야 했다.
1778년 1월 열광적인 환영을 받으며 파리로 돌아온 볼테르는 긴 여행의 피로와 연일
이어지는 대환영으로 인한 극도의 흥분으로 그해 5월 30일 숨을 거둔다.

옮긴이 송기형

송기형(宋紀炯)은 서울대학 불어불문학과를 졸업하고 같은 대학 대학원에서「프랑스
혁명기 언어정책 연구」로 박사학위를 받았다. 현재 건국대학교 교수로 있다. 주요 논문
으로는「현대 프랑스의 언어정책과 불어 사용법」등이 있으며, 저서로는『앙드레 말로,
문학과 행동』『프랑스 문화예술, 악의 꽃에서 샤넬 No.5까지』(공저)가 있다.

옮긴이 임미경

임미경(林美京)은 서울대학 불어불문학과를 졸업하고 같은 대학 대학원에서
「스탕달의 글쓰기와 자기 탐구」로 박사학위를 받았다.
옮긴 책으로『민주주의로 가는 길』『어느 전쟁영웅의 당연한 죽음』
『파르마의 수도원 1, 2』『여성과 성스러움』등이 있다.

관용론

지은이 볼테르
옮긴이 송기형 임미경
펴낸이 김언호

펴낸곳 (주)도서출판 한길사
등록 1976년 12월 24일
주소 10881 경기도 파주시 광인사길 37
홈페이지 www.hangilsa.co.kr
전자우편 hangilsa@hangilsa.co.kr
전화 031-955-2000~3 **팩스** 031-955-2005

부사장 박관순 **총괄이사** 김서영 **관리이사** 곽명호
영업이사 이경호 **경영이사** 김관영 **편집주간** 백은숙
편집 박희진 노유연 최현경 이한민 김영길
관리 이주환 문주상 이희문 원선아 이진아 **마케팅** 정아린
디자인 창포 031-955-2097
CTP출력 블루엔 **인쇄** 오색프린팅 **제책** 경일제책사

제1판 제1쇄 2001년 9월 15일
개정판 제4쇄 2022년 9월 20일

값 22,000원

ISBN 978-89-356-6445-0 94160
ISBN 978-89-356-6427-6 (세트)

• 잘못 만들어진 책은 구입하신 서점에서 바꿔드립니다.

한길그레이트북스 인류의 위대한 지적 유산을 집대성한다